자기주식의 법리

자기주식의 법리

김순석 저

Chonnam National University PRESS

■ 머리말

우리나라 상법이 2011년 개정에서 배당가능이익에 의한 자기주식의 취득을 자유화하고, 2015년에는 기업구조조정 과정에서의 자기주식 이전에 관해 규정함에 따라 자기주식이 기업의 재무전략상 매우 중요한 수단으로 등장하였다. 한편 상법은 자기주식의 처분에 대해서도 과거 일정한 기간 내에 매도하도록 하였던 정책에서 기간의 구속을 받지 않고 이사회 결의를 통하여 처분할 수 있도록 함으로써 소위 금고주를 도입하였다. 즉, 자기주식의 처분에 대해 처분할 주식의 종류와 수, 처분가액과 납입기일 그리고 처분할 상대방 및 처분방법 등에 대하여 정관에 따르고 정관에 규정이 없는 경우에는 이사회가 결정하도록 규정하고 있다. 그러나 정관에서 자기주식의 처분에 관하여 미리 장래의 상황을 대비하여 자세하게 규정하기는 어렵기 때문에 자기주식의 처분에 관해서도 이사회에 많은 재량을 부여할 수밖에 없다. 이에 따라 자기주식의 처분방법, 처분가격의 결정이나 처분 상대방의 선택 등에 대해 불공정한 의사결정이 이루어질 가능성이 문제된다. 특히 자기주식의 처분을 자유화하면서 처분 대상이 되는 자기주식의 범위를 한정하지 않았고, 또한 처분할 상대방의 선택에 대해서도 명확하게 규정하지 않음으로써 실무상·해석상 혼란을 야기하고 있다.

한편 2015년 개정상법은 기업의 원활한 구조조정 및 투자활성화를 위하여 주식의 포괄적 교환, 흡수합병, 흡수분할합병의 경우에 각각 조직개편의 대가로서 자기주식을 이전할 수 있다는 점을 명시하였다. 즉, 주식의 포괄적 교환의 경우 완전모회사로 되는 회사는 교환대가로 자기주식을 완전자회사로 되는 회사의 주주에게 이전할 수 있고, 흡수합병의 경우 존속회사는 소멸회사의 주주에게 합병대가의 전부 또는 일부를 자기주식으로 제공할 수 있게 되었다. 흡수분할합병의 경우에도 분할승계회사는 분할합병 대가의 전부 또는 일부를 분할회사의 주주에게 자기주식으로 지급할 수 있다.

그러나 이러한 구조조정 과정에서 지배주주가 당사회사로 하여금 대상회사의 자기주식을 대량으로 보유하도록 한 후에 구조조정을 하도록 함으로써 지배주주의 지분비율을 실질적으로 확대시키는 데에 자기주식을 활용하고 있다는 비판이 제기된다. 현행 실무는 이러한 방식을 허용함으로써 주식회사의 기본적 질서를 위태롭게 하는 것 아닌가 하는 의문이 제기된다.

이처럼 상법은 자기주식의 용도를 다양화하였음에도 불구하고 이에 수반되는 법적 쟁점에 관하여 명확하게 규정하지 않은 경우가 많아서 실무상 혼란이 초래되고 있으며, 이를 시정하기 위한 상법개정안도 국회에 다수 상정되어 있는 상황이다. 자기주식 제도의 운용은 기업의 재무전략을 지원하면서도 주주의 비례적 지분에 영향을 미치지 않도록 하는 것이 글로벌 스탠더드에 부합한다고 본다. 우리나라 기업들이 구조조정 과정에서 자기주식을 활용하여 지배주주의 지분을 실질적으로 확대하는 경향이 있는데, 이에 대하여 우리 기업에 장기적으로 투자하고 있는 외국인 기관

투자자들이 강한 불만을 표출하고 있는 점은 시사적이라 본다.

이 책자는 필자가 그동안 자기주식 및 주식소각 제도에 관하여 발표한 글들을 보완하여 가필한 것이다. 제2장에서는 상법상 자기주식 제도를 다루고, 제3장에서는 자본시장법상 자기주식의 취득 및 처분의 특례를 논의하였으며, 제4장은 자기주식의 활용 문제를 검토하고, 제5장에서는 주식소각 제도를 논의하였다.

이 책자가 우리나라의 자기주식 제도를 발전시키는데 조그만 도움이 되었으면 한다. 이 책자의 교정과 색인 작업을 위해 힘써 준 전남대학교 법학전문대학원 신이나 연구원에게도 고마운 마음을 전한다. 마지막으로 출간작업을 위해 힘써 주신 전남대학교 출판문화원 직원 여러분께도 감사드린다.

2019년 2월

저 자 씀

■ 목 차

제1장
서 론

제1장 서 론

우리나라 상법은 2011년 개정을 통하여 자기주식에 대하여 그 취득을 금지하는 정책에서 배당가능이익의 범위 내에서는 원칙적으로 허용하는 방향으로 수정하였다. 또한 2015년 개정에서는 그동안 해석상 논란이 있었던 기업구조조정 과정에서의 자기주식 활용에 대해서도 규정함으로써 자기주식이 더 다양하게 이용되고 있다. 한편 자기주식의 처분에 대해서도 과거 일정한 기간 내에 매도하도록 하였던 정책에서 기간의 구속을 받지 않고 이사회 결의를 통하여 처분할 수 있도록 함으로써 소위 금고주를 도입하였다.

즉, 자기주식의 처분에 대해 처분할 주식의 종류와 수, 처분가액과 납입기일 그리고 처분할 상대방 및 처분방법 등에 대하여 정관에 따르고 정관에 규정이 없는 경우에는 이사회가 결정하도록 규정하고 있다. 그러나 정관에서 자기주식의 처분에 관하여 미리 장래의 상황을 대비하여 자세하게 규정하기는 어렵기 때문에 자기주식의 처분에 관해 이사회에 많은 재량을 부여할 수밖에 없게 되었다. 이에 따라 자기주식의 처분방법, 처분가격의 결정이나 처분 상대방의 선택 등에 대해 불공정한 의사결정이 이루어질 가능성이 문제된다.

특히 자기주식의 처분을 자유화하면서 처분 대상이 되는 자기주식의 범위를 한정하지 않고, 또한 처분할 상대방의 선택에 대해서도 명확하게 규정하지 않음으로써 실무상·해석상 혼란을 야기하고 있다. 또한 기업구조조정 과정에서 최대주주가 합병회사로 하여금 대상회사의 자기주식을 대량으로 보유하도록 한 후에 합병이나 분할을 함으로써 최대주주의 지분비율을 실질적으로 확대시키는 데에 자기주식을 활용하고 있다는 비판이 제기된다. 그러나 현행 실무는 이러한 방식을 허용함으로써 주식회사의 기본적 질서를 위태롭게 하는 것 아닌가 하는 의문이 제기된다.

한편 2015년 개정상법은 기업의 원활한 구조조정 및 투자활성화를 위하여 기업의 조직개편제도를 획기적으로 개선하였다. 자기주식과 관련하여 개정 전 상법은 합병, 분할, 주식교환 등 조직개편을 할 때 그 대가로 신주 이외에 자기주식을 이전할 수 있다는 규정을 두지 않아 그 인정여부를 둘러싸고 논란이 제기되었다.

이에 따라 2015년 개정에서 주식의 포괄적 교환, 흡수합병, 흡수분할합병의 경우에 각각 조직개편의 대가로서 자기주식을 이전할 수 있다는 점을 명시함으로써 이를 입법적으로 해결하였다. 즉, 주식의 포괄적 교환의 경우 완전모회사로 되는 회사는 교환대가로 자기주식을 완전자회사로 되는 회사의 주주에게 이전할 수 있고, 흡수합병의 경우 존속회사는 소멸회사의 주주에게 합병대가의 전부 또는 일부를 자기주식으로 제공할 수 있게 되었다. 흡수분할합병의 경우에도 분할승계회사는 분할합병대가의 전부 또는 일부를 분할회사의 주주에게 자기주식으로 지급할 수 있게 되었다. 한편 대가로 자기주식을 이전하는 경우에 이를 기재한 조직개편 계약서를 공시하도록 규정하였다.

이러한 기업조직개편 과정에서 자기주식의 활용은 두 가지 측면에서 문제된다. 첫째, 상법상 자기주식의 취득 규제와 관련하여 기업조직개편 과정에서 당사회사가 보유하고 있는 자기주식의 처리가 문제된다. 둘째, 대가의 유연화와 관련하여 원할한 기업구조개편을 위하여 당사회사가 보유하고 있는 자기주식을 어떻게 활용할 것인지가 문제된다.

상법은 자기주식의 용도를 이처럼 다양화하였음에도 불구하고 이에 수반되는 법적 쟁점에 관하여 명확한 규정을 하지 않은 경우가 많아서 실무상 혼란이 초래되고 있으며, 이를 시정하기 위한 상법개정안도 국회에 다수 상정되어 있는 상황이다. 이 책자는 필자가 그동안 자기주식 및 주식소각 제도에 관하여 발표한 글들을 보완하여 가필한 것이다. 제2장에서는 상법상 자기주식 제도를 다루고, 제3장에서는 자본시장법상 자기주식의 취득 및 처분의 특례를 논의하였으며, 제4장은 자기주식의 활용 문제를 검토하고, 제5장에서는 주식소각 제도를 논의하였다.

제2장
상법상 자기주식 제도*

* 이 장은 ① “미국의 배당규제와 자기주식 제도”, 「비교사법」 제13권 제2호(2006), 251~283면; ② “상법개정안상 자기주식 및 주식소각 제도의 검토”, 「일감법학」 제18호(건국대학교 법학연구소, 2010), 135~190면; ③ 「주식 및 자본금 제도」, 전남대학교출판부, 2015, 215~282면을 수정·보완한 것이다.

제1절 자기주식 제도의 의의 및 규제 동향

자기주식에 대한 주요국의 입법동향을 보면 자기주식의 취득으로 인한 폐해를 방지하기 위한 조치를 강구하면서,[1] 자기주식의 취득목적, 취득수량, 취득재원, 보유 및 처분 등에 대한 규제를 대폭적으로 완화하여 기업이 상황변화에 따라 신축적인 재무관리를 할 수 있도록 배려하고 있다.

2011년 개정전 상법은 자기주식의 취득을 원칙적으로 금지하고 일부 예외적인 경우에만 이를 허용하며(개정전 상법 제341조), 허용하는 경우에도 그 보유 및 처분에 대하여 규제를 하고 있었다. 반면 「자본시장과 금융투자업에 관한 법률」(이하 “자본시장법”이라 한다)은 자기주식의 취득을 원칙적으로 허용하고 예외적인 경우에만 제한하며, 보유 및 처분에 대해서도 제한을 완화함으로써 상법과는 정반대의 규제방식을 취하고 있었다(자본시장법 제165조의2).[2] 이처럼 기업의 상장 여부에 따라 차별하는 논거가 약하고, 자기주식의 취득은 회사재산을 주주에 반환한다는 점에서 본질적으로 배당과 유사하며, 모든 주주로부터 지분비율에 따라 취득하면 주주 간에 불공정한 문제도 발생하지 않으므로 자기주식의 취득을 제한하는 제도에 대하여 그 타당성이 없다는 점이 문

1) 예컨대, 자기주식의 취득현황 등에 대한 공시의무를 강화하고, 내부자거래 및 시세조종을 방지하기 위한 규정을 보완하는 것 등이다.

2) 구 증권거래법의 개정으로 주권상장법인(1994년)과 코스닥상장법인(1998년)에 대해서는 자기주식의 취득이 원칙적으로 자유화되었으나, 비상장법인의 경우 상법이 적용되기 때문에 원칙적으로 금지되었다. 그러나 비상장법인이더라도 기업구조조정이나 신축적인 재무관리를 위하여 자기주식 취득의 필요성이 제기되었다.

제로 지적되었다.[3] 더불어 그 동안 자기주식의 취득에 대해 제한적인 입장을 취하였던 일본이 2001년 그 규제를 완화하였으며, EU와 영국도 규제를 완화하는 추세이다.[4]

자기주식의 취득이라 함은 주식을 발행한 회사가 그 주주들로부터 자기회사의 주식을 취득하는 것을 말한다.[5] 일단 유효하게 성립한 주식을 회사가 사후적으로 다른 자로부터 유상으로 취득하는 행위(승계취득)를 말한다. 종래 자기주식의 취득을 금지하는 취지는 회사 자신에 의한 자사주식의 취득을 금지하는 것이다. 자기주식의 취득은 회사가 자기의 계산으로 그 회사의 주식을 취득하는 것으로(개정전 상법 제341조) 그 명의가 누구이냐는 불문하였다.[6] 그러나 법형식상으로는 회사 이외의 주체에 의한 취득이더라도 실질적으로 회사에 의한 취득과 차이가 없는 경우에는 규정의 실효성을 확보하기 위하여 그 취득을 제한하였다. 즉, 회사가 타인명의로 자기의 계산으로 자기주식을 취득하는 경우를 금지하였다.[7]

종래 자기주식의 취득을 제한하는 근거는 자기주식을 취득함으로써 발생할 수 있는 폐해를 제거하거나 완화하기 위한 정책적 목적에 두었다. 자기주식 취득의 폐해는 크게 다섯 가지로 구분

---

3) 이범찬·임충희, “자기주식취득의 규제에 관한 몇 가지 문제”, 「현대상사법의 제문제(일석박상조교수화갑기념)」, 한올출판사, 1998, 326~327면; 국회 법제사법위원회, “상법 일부개정법률안(정부제출) 검토보고”, 2007. 11., 61~62면; 김홍식, 「M&A 개론」, 박영사, 2009, 254면.

4) 김순석, “미국의 배당규제와 자기주식 제도”, 「비교사법」 제13권 제2호(2006), 251~253면.

5) Ok-rial Song, “Hidden Social Costs of Open Market Share Repurchases”, 27 J. Corp. L. 425, 426 n.1 (2002).

6) 이범찬·임충희, 전게논문, 322면.

7) 대법원 2003.5.16. 선고, 2001다44109 판결; 김순석, 전게논문, 253면.

할 수 있다. 즉, ⅰ) 자본금이나 법정준비금을 재원으로 하는 경우 주주에게 출자를 환급하는 결과가 되어 채권자의 이익을 해하며(자본의 유지), ⅱ) 배당가능이익을 재원으로 하는 경우일지라도 유통성이 낮은 주식을 일부 주주로부터만 매수하는 경우 주주 상호간에 투자자본 회수기회에 불평등이 생길 수 있으며, 취득가액을 공정하게 결정하더라도 잔존주주 등과의 사이에 불공평한 결과가 생길 수 있다(주주상호간의 공평). ⅲ) 반대파 주주(그린메일 등을 포함)로부터 주식을 매수한 이사가 회사지배를 유지하는 등 경영을 왜곡하는 수단으로 이용되거나(회사지배의 공정), ⅳ) 시세조종, 내부자거래 등에 이용될 수 있다(증권시장의 공정).[8)]

그러나 ⅰ)의 근거에 대해서는 자기주식을 배당가능이익으로 한정하여 취득하면 채권자의 이익을 해하지 아니한다는 반론이 제기된다. ⅱ)와 ⅲ)의 근거에 대해서는 시장거래나 공개매수 또는 다른 주주도 매각에 참가할 수 있는 절차(tag along right)[9)]를 구비하거나, 자기주식의 처분에 대해 신주발행과 같은 절차를 따르도록 함으로서 해소할 수 있다. ⅳ)의 근거에 대해서는 내부자거래와 시세조종에 관한 자본시장법의 규정을 통해서 해결할 수 있다.[10)] 따라서 오늘날은 이러한 정책적 이유에 의한 자기주식의 취득제한 제도도 그 근거가 약해지고 있다.[11)]

8) 江頭憲治郎, 「株式會社法[第7版]」, 有斐閣, 2017, 247面. 특히 폐쇄회사의 경우 공개회사와는 달리 매수한 자기주식을 처분하기가 쉽지 않기 때문에 회사채권자에게 손해를 끼칠 위험성이 높다고 한다.

9) 神田秀樹·武井一浩 編, 「新しい株式制度」, 有斐閣, 2002, 83面.

10) 神田秀樹·武井一浩 編, 前揭書, 63~64面.

11) 김순석, 전게논문, 255~256면.

제2절 2011년 개정전 상법상 자기주식 제도의 내용 및 문제점

Ⅰ. 취득목적, 취득재원

1. 2011년 개정전 상법

2011년 개정전 상법은 자기의 계산으로 자기의 주식을 취득하는 것을 금지하고 있었다. 다만, 그 예외로서 i) 주식을 소각[12]하기 위한 때, ii) 회사의 합병 또는 다른 회사의 영업전부의 양수로 인한 때, iii) 회사의 권리를 실행함에 있어 그 목적을 달성하기 위하여 필요한 때, iv) 단주의 처리를 위하여 필요한 때, v) 주주가 주식매수청구권을 행사한 때 등에 대해서는 자기주식의 취득을 허용하고 있었다(개정전 상법 제341조). 또한 주식매수선택권을 부여한 후 그 행사에 대비하여 자기주식을 취득하거나(개정전 제340조의2 제1항), 발행주식총수의 20분의 1의 범위에서 자기주식을 질권의 목적으로 받을 수 있다(개정전 제341조의3). 반면 합병 또는 다른 회사의 영업 전부의 양수로 인한 경우 및 회사의 권리를 실행함에 있어 목적달성을 위해 필요한 경우(개정전 제341조 제2호 및 제3호)에는 그 한도를 초과하여 질취할 수 있다(개정전 제341조의3 단서).

그 이외에도 해석상 자기주식의 취득이 허용되는 경우로 i) 자기주식을 무상으로 양수하는 경우, ii) 위탁매매업자가 위탁자

12) 주식소각의 종류에는 자본감소 절차에 의한 경우(개정전 제343조 제1항 본문)와 주주에게 배당할 이익으로 소각하는 경우로 구분되었으며, 후자는 정관규정에 의한 경우(개정전 제343조 제1항 단서), 정기주주총회에 의한 경우(개정전 제343조의2) 및 상환주식의 상환(개정전 제345조)에 의한 경우로 나누어졌다.

의 계산으로 자기주식을 매수하는 경우, iii) 신탁회사가 자기주식의 신탁을 인수하는 경우, iv) 자기주식을 채무이행의 담보로서 점유하는 경우 등이다.[13)]

상법 제341조의 예외적 사유로서 자기주식을 취득하는 때에는 재원규제가 없으나, 주식매수선택권 부여목적 등으로 자기주식을 취득하는 경우에는 배당가능이익의 한도 내에서 허용되었다(개정전 제341조의2 제1항 단서).

2. 자본시장법

주권상장법인은 다른 법률에 따르는 경우 외에는 해당 법인의 명의와 계산으로 자기취득을 취득할 수 있도록 규정하고 있다(자본시장법 제165조의2 제1항). 이 때 자기주식의 취득금액은 배당가능이익 한도 이내이어야 한다(동조 제2항).

3. 문제점

이처럼 기업이 증권시장에 상장되어 있는지 여부에 따라 자기주식의 취득에 대하여 차별적으로 규율하여야 할 합리적인 이유가 존재하지 않는다. 회사가 자기주식을 취득하는 데에는 적정한 수준의 주가유지 등 재무전략적 차원이나, 주주의 이익을 환원하는 등 다양한 동기가 존재하며, 이러한 유인을 기업의 상장 여부에 따라 다르게 취급할 이유는 없다.[14)]

13) 최준선, 「회사법강의[제5판]」, 삼영사, 2010, 237면.

14) 최준선·김순석, 「회사법 개정방향에 관한 연구」, 한국상장회사협의회, 2004, 142~143면; 김병연, 「자기주식의 처분 및 활용방안」, 한국상장회사협의회, 2005, 47~48면.

II. 취득방법

1. 상법

2011년 개정전 상법은 자기주식의 취득을 예외적으로 허용하면서도 그 취득방법에 대해서는 명문의 규정을 두고 있지 않았다. 전술한 개정전 제341조에서 규정한 다섯 가지의 자기주식 취득금지 예외사유의 경우에는 자기주식의 취득이 선행하는 다른 자본거래의 목적을 달성하기 위하여 이루어지며, 그 요건과 효과에 대하여 단체법리가 적용되었다. 따라서 이사의 재량이 개입할 소지가 적으므로 공정성이 문제될 여지가 거의 없었다. 그러나 주식매수선택권 부여목적의 자기주식 취득(개정전 제341조의2 제1항), 이익소각을 위한 자기주식의 취득(개정전 제343조 및 제343조의2) 등에는 가격결정과 상대방 선택에 있어서 회사의 재량여지가 있었다. 자본충실의 원칙상 가격결정이 공정해야 하며, 전술한 바와 같이 자기주식의 취득은 출자의 환급효과가 있으므로 주식평등의 원칙에 따라 모든 주주에게 주식을 매도할 기회가 균등하게 제공되어야 한다.[15)]

2. 자본시장법

자본시장법에 의한 자기주식 취득의 경우(자본시장법 제165조의2)에도 가격결정과 상대방의 선택에 있어서 회사의 재량의 여지가 있다. 그러나 자본시장법은 자기주식의 취득에 대하여 일정한

---

15) 이철송, 「회사법강의[제18판]」, 박영사, 2010, 320면; 동, "불공정한 자기주식 거래의 효력－주식평등의 원칙과 관련하여", 「증권법연구」 제7권 제2호(2006)(이하 "전게논문Ⅰ"이라 한다), 6~11면.

절차적 규제를 함으로써 공정성의 문제를 해결하고 있다. 즉, 주권상장법인이 자기주식을 취득하는 경우에는 i) 증권시장에서 취득하는 방법, ii) 공개매수의 방법, iii) 신탁계약에 따라 자기주식을 취득한 신탁업자로부터 신탁계약이 해지되거나 종료된 때 반환받는 방법(다만, 신탁업자가 해당 법인의 자기주식을 i), ii)에 따라 취득한 경우만 해당)에 따라야 한다(동법 제165조의2 제2항). 이러한 증권시장을 통한 매수와 공개매수 자체가 불공정하지 않는 한 상대방 선택과 가격결정은 공정하게 이루어지는 것으로 해석한다.16)

3. 문제점

개정전 상법 제341조가 규정한 자기주식 취득금지의 예외사유 가운데 이익소각을 제외하고는 각각의 거래절차에 따라 가격결정 및 상대방 선택의 공정성이 보장된다고 본다. 이익소각의 경우에도 자본시장법에 의한 경우는 취득방법을 규율하는 규정에 의해 공정성이 확보된다고 할 수 있다(동법 제165조의2 제2항). 상법에 의한 이익소각에 대해서는 명문의 규정이 없었지만, 단체법적 거래라는 특성으로 인해 해석상 적절한 가격과 상대방 선택의 공정성이 요구되었다.17)

개정전 상법 제341조의2 주식매수선택권의 행사에 대비한 자기주식의 취득의 경우 발행주식총수의 100분의 10 이상을 가지고 있는 주주로부터 취득하는 경우에는 주주총회 특별결의를 거치고 주주총회에서 가격을 정하도록 하고 있었다. 이를 통하여 공정성이 담보된다. 그러나 100분의 10 미만의 주주로부터 취득

16) 이철송, 전게논문 I, 10~11면. 독일주식법 제71조 제1항 제8호.

17) 이철송, 전게논문 I, 8면.

하는 경우에 대해서는 규정이 없었다. 이 경우에는 이사와 매도인간의 개인법적 거래로 이루어지므로 상대방 선택과 가격결정이 불공정해질 우려가 있으므로 입법적 보완이 필요하다고 지적되었다.[18)]

Ⅲ. 자기주식의 처분

1. 자기주식 처분의 법적 성격

서울서부지방법원은 자기주식의 처분에 관하여 기존 주주들에게 신주를 발행하는 것과 유사한 효과를 가져오기 때문에 신주발행과 같은 통제를 가할 필요성이 있으며, 전환사채 발행의 경우에 사실상 신주를 발행하는 것과 유사하여 신주발행무효의 소에 관한 상법 제429조를 유추적용하고 있는 것과 마찬가지로, 자기주식 처분의 경우에도 다른 주주들에게 매수 기회를 주지 않은 채 특정한 주주에게 일방적으로 매도하는 것은 주주평등의 원칙에 반하고 주주의 회사지배에 대한 비례적 이익과 주식의 경제적 가치를 현저하게 해하는 경우라면, 이러한 자기주식의 처분행위는 무효라고 판시하였다.[19)] 이 결정을 둘러싸고 자기주식 처분의 법적 성격에 대한 논의가 제기되었다.

2011년 개정전 상법상 자기주식의 처분은 주주평등의 원칙과 같은 단체법적 원리가 적용될 수 없는 손익거래로 파악하고 신주발행절차를 유추적용하는 것에 반대하여 이 하급심의 결정에 대

18) 이철송, 전게논문Ⅰ, 10면.

19) 서울서부지방법원 2006.3.24. 선고, 2006카합393 결정; 서울서부지방법원 2006.6.29. 선고, 2005가합8262 판결.

해 비판하는 견해가 제기되었다.[20] 즉, 주주평등의 원칙은 자본거래와 같은 단체법적 거래에 적용되는 이념으로 자기주식의 처분과 같은 개인법적 거래에 적용하는 것은 타당하지 않다는 것이다. 또한 주주의 지분비율이 희석화 되는 등의 폐해를 시정하기 위하여 주식평등의 원칙과 같은 단체법적 원리를 적용하여 신주발행절차를 준용하는 것은 자기주식 처분의 재무전략적 활용 등 순기능을 억제하는 과잉입법의 여지가 있다고 한다.[21] 대법원은 법인세법상 과세대상인 손익거래에 해당하는지 여부를 판단한 사례에서 자본감소절차의 일환으로서 자기주식을 취득하여 소각하거나 회사합병으로 인하여 자기주식을 취득하여 처분하는 것은 자본의 증감에 관련된 거래로서 자본의 환급 또는 납입의 성질을 가지므로 자본거래로 봄이 상당하지만, 그 외의 자기주식의 취득과 처분은 순자산을 증감시키는 거래임에 틀림이 없고, 그것은 법인세 과세대상인 자산의 손익거래에 해당한다고 한다.[22]

그러나 자기주식의 처분을 단체법적 거래(자본거래)로 파악하느냐, 개인법적 거래(손익거래)로 파악하느냐는 것은 자기주식의 본질적인 성격에서 유래하는 것이 아니라 입법정책의 선택문제이다. 또한 전술한 대법원 판례(94누21583 판결)는 법인세 과세사건에 관한 것이므로, 자기주식의 회사법적 성질을 언급한 것으로 보기 어려운 측면이 있다.[23] 독일주식법은 자기주식의 처분을 주

20) 국중권, 「적대적 M&A 방어법제에 관한 연구」, 성균관대학교대학원 법학박사 학위논문, 2006, 142면; 송종준, “자기주식의 처분절차규제에 관한 소고”, 「법률신문」 제3504호(2006.11.9), 13면; 이철송, 전게논문 I, 18, 22면; 신우진, “경영권 방어를 위한 자기주식의 제3자에 대한 처분의 법적 문제점”, 「기업법연구」 제21권 제1호(2007), 154~155면.

21) 송종준, 전게논설, 13면.

22) 대법원 1995.4.11. 선고, 94누21583 판결.

식평등의 원칙에 따르도록 함으로써(독일주식법 제71조 제1항 제8호) 자기주식의 처분에 대해 단체법적 구속을 가한다. 2011년 개정전 우리나라 상법 제342조와 유사한 규정을 가지고 있었던 2001년 개정 이전의 일본 상법 제211조 아래에서는 자기주식 처분의 법적 성질을 신주발행이 아니라 '민법상 매매'[24]로 해석하여 개인법적 거래로 보는 것이 통설이었다.[25] 그러나 일본은 2001년 개정상법과 2005년 회사법에서 자기주식의 취득을 자유화하면서 자기주식의 처분에 대해서는 신주발행절차를 따르도록 하고(일본회사법 제199조 이하) 처분의 하자를 형성의 소로 다투도록 규정함으로써(일본회사법 제828조 제1항 제3호), 자기주식의 처분을 자본거래로 파악한다.[26]

2. 상법

2011년 개정전 상법은 자기주식의 처분에 대하여 처분의 시기를 제외하고는 처분의 절차나 요건에 대해 규정하지 않고 있었

23) 이철송, 전게논문 I, 18면.

24) 우리나라에서도 자기주식의 처분계약의 성질, 효력 등에 대해서 민법상 매매에 관한 규정이 적용되므로, 자기주식의 처분은 신주인수권과는 무관하고, 액면 이하의 대가라도 상관이 없다는 견해가 있다(이범찬, 「자기주식취득규제에 관한 연구」, 한국상장회사협의회, 1993, 61면).

25) 上柳克郎·鴻常夫·竹內昭夫 編, 「新版注釋會社法(3)」, 有斐閣, 1986, 265面.

26) 이철송, 전게논문 I, 18~19면. 일본의 경우 자기주식을 처분하면 처분가액이 대차대조표상 자산의 部에 계상되어 공제되었던 순자산의 部가 회복되지만, 당해 처분은 손익거래가 아니라 자본거래로 회계처리된다. 그 결과 처분차익은 대차대조표상 기타자본잉여금으로 계상되며, 처분차손은 우선 기타자본잉여금의 감소로 처리하고 충분하지 않을 경우 기타이익잉여금의 감소로서 처리된다. 세제상으로도 자기주식의 처분은 자본거래로서 양도손익은 0으로 보며, 처분차손익은 자본금 등의 증감으로 처리된다(일본 법인세법시행령 제8조 제1항 제1호)(江頭憲治郎, 前揭書, 271面).

다. 소각을 목적으로 한 주식은 지체 없이 실효절차를 밟아야 하고 그 이외의 자기주식은 상당한 시기에 처분하도록 규정하고 있었다(개정전 상법 제342조). 따라서 자기주식의 처분은 개인법적 거래를 통하여 이루어졌다.

3. 자본시장법

자본시장법도 자기주식의 취득방법에 대해서는 규정하고 있으나(동법 제165조의2 제2항), 처분에 대해서는 처분시기와 내부자거래를 방지하기 위한 것을 제외하고는 특별히 규정하고 있지 않다. 따라서 상법과 마찬가지로 개인법적 거래를 통해 처분이 이루어진다.

4. 문제점

2011년 개정전 상법은 자기주식의 취득을 예외적으로 허용하는 경우에도 자기주식의 보유기간을 엄격하게 제한하며, 주식소각을 위해 취득한 경우에는 지체 없이 실효절차를 거쳐야 하고, 그 이외 합병 등의 경우에는 상당한 기간 내에 처분하여야 하였다(개정전 상법 제342조). 이에 따라 구조조정이나 스톡옵션 또는 신주인수권이 행사된 경우 등에 자기주식을 효율적으로 활용할 수 없었다.

또한 자기주식을 처분하는 경우 가격의 공정성은 이사의 선관주의의무의 대상이 되므로 이를 통해 규제할 수 있지만, 상대방의 선택에 대해서는 주식평등을 의식한 규정이 없어 입법적 보완이 필요한 실정이었다.[27)]

제3절 자기주식에 관한 입법례

Ⅰ. 미국[28)]

1. 서설

자기주식취득[29)]에 대한 미국의 주별 회사법상 규제는 배당규제와 밀접하게 관련되어 있으며[30)] 매우 다양한 형태로 나타나고 있다. 미국의 모든 주가 목적을 불문하고 자기주식의 취득을 인정하며, 논의의 초점은 주로 자기주식 취득의 '재원 및 한도액'에 대한 문제가 중심이 되고 있다.

자기주식에 관한 미국의 제도를 이해하기 어려운 이유는 ① 자기주식을 주주로부터 현금으로 취득하는 것은 주주에게 현금을 교부한다는 측면에서 '배당'과 같은 형태이므로, 많은 주의 회사

27) 이철송, 전게논문 I, 13, 22면.

28) 이 부분은 김순석, "미국의 배당규제와 자기주식 제도", 「비교사법」 제13권 제2호(2006), 258~273면을 수정·보완한 것이다.

29) 미국의 경우 자기주식의 취득이 배당지불을 대체하고 있다는 증거는 없지만 배당지불은 지속적으로 감소하고 있는 것으로 나타나고 있다. 공개회사 및 비금융회사 등의 경우 배당지불을 한 회사는 1978년 66.5%에서 1999년 20.8%로 감소하고 있다(Eugene F. Fama & Kenneth R. French, "Disappearing Dividends: Changing Firm Characteristics or Lower Propensity to Pay?", 60 J. Fin. Econ. 3, 35-36 (2001)). 그러나 이에 비해 자기주식의 취득은 1978-82년간 총수익의 5.12%에서 1988-92년에는 30.02%, 1993-98년에는 35.46%로 증가하고 있다(Id.).

한편 1996-98년 사이 미국 회사들은 약 5,500억불의 자기주식을 취득하였으며 같은 기간 동안 뉴욕증권거래소(NYSE) 상장기업들은 4,900억불의 현금배당을 하였다(David Ikenberry et al., "Stock Repurchases in Canada: Performance and Strategic Trading", 55 J. Fin. Econ. 2373 (2000)).

30) 양자가 현금을 주주에게 분배하는 메카니즘으로서 경제적으로 상호 호환적이기 때문이다(Ok-rial Song, op. cit., p.439).

법에서 자기주식의 취득과 배당규제를 주주에 대한 분배로서 일체화해서 다룬다는 점이다. 또한 ② 금고주(Treasury Stock) 라는 개념 자체도 회사법 차원에서는 기본적으로 폐지되어 있다는 점이다.[31)]

2. 미국 주별 배당규제의 유형

미국의 주별 배당규제의 유형은 잉여금(Surplus), 자본금(Capital) 및 액면주식(Par Value Share) 등의 개념을 유지하고 있는 전통적 입법모델(법정자본금제도에 근거한 모델)과 이를 폐지한 현대적 입법모델(법정자본금제도를 폐지한 모델)로 구분할 수 있다. 전통적 입법모델에는 델라웨어주회사법, 뉴욕주회사법, 1969년 모범사업회사법(Model Business Corporation Act : MBCA) 등이 속하며, 이 모델은 금고주[32)]의 개념을 유지하고 있다. 반면 현대적 입법모델은 1970년대 후반 이후 등장한 모델로서 캘리포니아주회사법, 1984년 개정모범사업회사법(Revised Model Business Corporation Act : RMBCA) 등이 여기에 속한다. 이 모델은 배당(Dividend)과 자기주식의 취득(Repurchase)을 모두 '분배(Distribution)'라는 개념 아래 통일적으로 이해하고, 금고주의 개념을 폐지하고 있다.[33)]

현대적 모델에서는 금고주 내지 자기주식의 취득한도액이라는 문제 자체가 독립적인 논점은 아니며, 이 문제는 주주에 대한 '분배'의 재원 및 한도의 문제 중에 포함된다.[34)] 반면 전통적 모델에

31) 太田 洋, "「金庫株」の解禁問題に關する論点整理[I]－米國の關係規制からの示唆－", 「商事法務」 No. 1586(2001)(이하 "前揭論文[I]"라 칭한다), 15面.

32) 금고주라 함은 취득목적을 특정하지 않거나 취득목적을 묻지 않고 취득·보유할 수 있는 자기주식을 말한다.

33) 太田 洋, 前揭論文[I], 15面.

서는 금고주의 취득한도액이라는 문제 자체는 계속 법적 논점으로 존재한다.[35]

<표 6-1>에 나타난 것처럼 미국의 배당규제는 배당가능이익의 산정방식에 따라 크게 여섯 가지로 분류할 수 있다. 즉, ① 실질지불불능기준(Equitable Insolvency Test)은 회사가 지불불능상태이거나, 배당을 하면 지불불능상태에 빠지는 경우 배당을 금지한다. 이 기준은 실질적으로 모든 주(델라웨어주 제외)가 채택하고 있으며, 다른 배당기준을 채택하고 있는 주일지라도 실질지불불능기준을 모두 동시에 채택하고 있다. ② 델라웨어주 등이 채택하고 있는 당기이익에 의한 배당기준은 잉여금이 존재하지 않더라도 당기 또는 전기에 회사이익이 있으면 그 범위 내에서 현금배당을 인정한다. ③ MBCA가 채택하고 있는 이익잉여금기준은 이익잉여금이 존재하여야 배당이 가능하다. ④ 대차대조표잉여금방식은 자본잉여금과 이익잉여금으로 배당할 수 있으며 뉴욕주 등이 채택하고 있다. ⑤ RMBCA가 채택하고 있는 대차대조표기준의 경우 순자산이 플러스이면 배당이 가능하다. ⑥ 캘리포니아주 등이 채택하고 있는 재무비율방식은 가장 제한적인 기준으로 자기자본비율이나 기타 재무제표에 의한 재무기준을 충족하여야 배당이 가능하다.[36]

---

34) 현대적 모델에서는 자본금, 자본준비금이라는 개념 자체가 존재하지 않기 때문에 이러한 개념을 전제로 하는 '감자', '자본준비금을 이용한 주식소각'이라는 개념 내지 절차가 존재하지 않는다. 따라서 현대적 모델에서는 우리나라의 이익배당, 주식의 이익소각, 자본준비금에 의한 소각, 감자 등이 모두 '주주에 대한 분배'의 문제로 취급된다.

35) 자기주식 취득의 재원규제와 그 수량한도는 대개 배당규제와 일치하지만, 델라웨어주처럼 자기주식 취득의 재원 및 그 수량한도가 배당규제에 비하여 엄격한 주도 상당수 존재한다.

표 6-1. 미국의 주별 배당규제의 유형[37)]

배당규제의 기준	해당 주
이익잉여금기준(MBCA) (자산>부채+자본금+자본잉여금)	없음
잉여금기준 (Balance Sheet Surplus) (자산>부채+자본금)	Missouri, New York, Ohio, Texas
잉여금기준과 당기이익 병용	Delaware, Kansas, Louisiana, Oklahoma
대차대조표기준 (RMBCA) (자산>부채)	Alabama, Arizona, Arkansas, Colorado, Connecticut, Florida, Georgia, Hawaii, Idaho, Illinois, Indiana, Iowa, Kentucky, Maine, Maryland, Massachusetts, Michigan, Minnesota, Mississippi, Montana, Nebraska, Nevada, New Hampshire, New Jersey, New Mexico, North Carolina, Oregon, Pennsylvania, Rhode Island, South Carolina, South Dakota, Tennessee, Utah, Vermont, Virginia, Washington, West Virginia, Wisconsin and Wyoming(39)
자기자본비율 기타 재무기준	Alaska, California
실질지불불능기준	North Dakota

36) 자세한 내용은 Craig A. Peterson & Norman W. Hawker, "Does Corporate Law Matter? Legal Capital Restrictions on Stock Distribution", 31 Akron L. Rev. 175, 183-195(1997). Richard O. Kummert, "State Statutory Restrictions on Financial Distributions by Corporations to Shareholders", 59 Wash. L. Rev. 185, 193-266(1984); 太田 洋, "「金庫株」の解禁問題に關する論点整理[Ⅱ]－米國の關係規制からの示唆－", 「商事法務」 No.1587(2001)(이하 "前揭論文[Ⅱ]"라 칭한다), 28~35面; 김재문, "주식회사의 이익배당에 관한 법적 고찰－이익배당의 기준을 중심으로－", 「상사법연구」 제14집 제2호 (1995), 241면 이하 참조.

37) Barbara Black, Corporate Dividend and Stock Repurchases, Westlaw DB CORPDIVSR (updated to November 2018) §1:3; ABA, Model Business Corporation Act Annotated 4th ed., vol.1, 2008, pp.6-242~6-245.

3. 배당규제 유형별 자기주식 취득규제

(1) 법정자본금제도에 근거한 모델에서 자기주식 취득규제

1) 델라웨어주회사법상 자기주식 취득규제

(가) 회사법상의 규제

자기주식의 취득에 대한 델라웨어주회사법[38]상의 규제로는 잉여금에 의한 규제와 자본침해금지 기준을 들 수 있다. 또한 판례법상 발달한 "부적정 목적 기준"(Improper Purpose Doctrine)도 적용된다.

델라웨어주회사법 아래에서는 자기주식의 취득재원 및 취득한도액에 관한 규제내용과 배당의 지불재원 및 한도액에 대한 규제내용 간에는 약간 차이가 있다. 즉, 동법은 배당의 경우 ① 잉여금이 존재하거나, ② 당기 그리고/또는 전기에 순이익(Nimble Profit)이 있으면 일정한 범위에서 배당할 수 있도록 규정하고 있다.[39] 그러나 자기주식 취득은 잉여금이 있는 한 자유롭게 할 수 있지만, 잉여금이 없으면 당기 그리고/또는 전기에 순이익이 있더라도 할 수 없도록 규정하고 있다.[40][41] 또한 배당규제나 자기주식 취득규

---

38) 델라웨어주에 본사를 두고 있는 법인은 100만개 이상이며, Fortune 500에 등재되어 있는 기업의 약 60%를 비롯하여 미국 증권시장에 상장되어 있는 기업의 약 50%가 포함된다(<http://corplaw.delaware.gov/why-business-choose-delaware/>, 2019.2.5. 방문). 따라서 델라웨어주회사법이 가지는 실무상 중요성은 매우 높다.

39) Del. Code. Ann. tit. 8, §170(a).

40) Del. Code. Ann. tit. 8, §160.

41) 델라웨어주회사법은 뉴욕주회사법처럼 감자를 통한 방법에 의해 사실상 자본금을 재원으로 현금배당 내지 자기주식의 취득을 할 수 있다. 또한 감자절차 자체도 이사회결의로 가능하다. 다만 감자결과로서 잔존하는 회사의 자산이 채무지불에 충분하지 않는 경우에는 감자를 할 수 없다(Del. Code. Ann. tit. 8, §244).

제에 있어서도 실질지불불능기준이 명문으로 채택되어 있는 것은 아니지만, 보통법상 사기양도금지(Fraudulent Conveyance) 법리나 州의 사기양도금지법령, 연방도산법 등이 적용된 결과 실제상은 이미 실질지불불능에 빠져 있는 경우 또는 자기주식을 취득하면 실질지불불능 상태에 빠지는 경우에는 잉여금이 존재하더라도 자기주식의 취득은 허용되지 아니한다.[42]

잉여금의 존재여부나 자본잠식이 있는지 여부를 어떻게 결정할 것인가 라는 문제는 자기주식의 취득이나 배당을 결정하는데 매우 중요하다.[43] 델라웨어주회사법상 잉여금이라 함은 총자산에서 총부채 및 자본금(Stated Capital)을 공제한 항목으로 표시되며,[44] 우리나라의 자본준비금도 여기의 잉여금에 포함되기 때문에 자본준비금을 재원으로 자기주식을 취득할 수 있다.

델라웨어주 판례법은 잉여금을 산정하는데 있어서 자산은 현재가치를 사용하여 평가해야 한다고 한다.[45] 자산평가에 대한 단일한 객관적인 표준은 존재하지 아니한다. 이사들은 입수 가능한 자료와 현재가치를 반영한다고 합리적으로 믿을 만한 기준에 의할 수 있다.[46] 델라웨어주회사법 제154조에 근거한 총자산 및 총부채의 평가가 부적절하게 이루어졌기 때문에 자기주식의 취득

42) Richard A. Booth, Financing the Corporation (Supp. 2005, West), §5:9; 太田 洋, "「金庫株」の解禁問題に關する論点整理[Ⅲ]－米國の關係規制からの示唆－", 「商事法務」 No. 1588 (2001)(이하 "前掲論文[Ⅲ]"이라 칭한다), 15~16面.

43) Rodman Ward, Jr., Edward P. Welch & Andrew J. Turezyn, Folk on the Delaware General Corporation Law 4th. ed., vol. Ⅰ, Aspen, 2005, §154.2.

44) Del. Code. Ann. tit. 8, §154.

45) Farland v. Wills, C.A. No. 4888 (Del. Ch. Nov. 15, 1975).

46) Morris v. Standard Gas & Electric Co., 63 A.2d, 577, 582 (Del. Ch. 1949).

이 불법이라고 주장한 사건에서 델라웨어주 대법원의 판결[47]도 같은 맥락이다. 즉, 이사가 입수 가능한 데이터 및 그들이 현재가치를 반영하는 것이라고 합리적으로 신뢰할 수 있는 방법에 따라 자산 및 부채를 성실하게 재평가하고 있는 한, 부외자산재평가익을 자기주식의 취득재원으로 하여도 좋다고 판시하였다. 이러한 판례를 종합하면 결국 델라웨어주 법규범은 대체로 이사가 기본적으로 공인회계사의 감사를 받은 재무제표상 숫자에 의거할 수 있으며, 부외함익에 관한 자산재평가익에 대해서도 이를 자기주식의 취득재원으로 하는데 대해서 투자은행 등 외부전문가에 의한 적정의견(Solvency Opinion 등)이 있으면 이에 근거할 수 있다는 것이다.[48]

한편 이러한 자기주식의 취득으로 인하여 자본금이 잠식되지 않아야 한다.[49] 자본금 잠식은 회사자산이 당해 회사의 사외주식(Outstanding Shares)[50]총액보다 적게되는 경우를 말한다.[51] 즉, 회사는 자기주식을 취득하기 위해서는 잉여금(순자산이 자본을 초과하는 금액)만을 사용할 수 있다는 것이다. 이러한 자본금 잠식 금지의 기준은 회사채권자와 주주의 이익을 위한 것이다.[52]

자기주식의 취득은 이사회결의에 의하며 이 결의에 대해서는 경영판단의 원칙에 의해 사법적 판단이 배제된다.[53] 그러나 공개

47) Klang v. Smith's Food & Drug Centers, Inc., 702 A.2d 150 (Del. 1997).

48) 太田 洋, 前揭論文[Ⅲ], 16面.

49) Del. Code Ann. tit. 8, §160(a)(1).

50) 사외주식이라 함은 발행주식(issued stock) 중 발행회사가 보유하고 있는 자기주식(treasury stock: 金庫株)을 제외한 주식을 말하며, 이익배당청구권이나 의결권 등 주주로서 권리는 사외주식의 주주가 행사한다.

51) In re International Radiator Co., 92 A.2d 255, 256 (Del. Ch. 1914).

52) Rodman Ward, Jr., Edward P. Welch & Andrew J. Turezyn, op. cit., §160.4.

매수 등의 경우에 이사는 자기주식의 취득이 회사의 이익을 위한 것이라는 입증책임을 부담한다.[54] 한편 자기주식의 취득 권한을 이사 등에게 위임하는 것도 허용된다고 해석된다.[55] 다만 자본금 감소[56]에 대해서는 이사회결의가 필요하다.

(나) 판례상의 규제

자기주식 취득에 대해서는 회사법상의 규제 이외에도 판례법상 부적정 목적 기준(Improper Purpose Doctrine)이나 정관상 양도금지조항의 타당성 등에 의해서도 규제된다. 부적정 목적 기준이라 함은 자기주식 취득의 유일한 목적이 회사의 지배권을 유지하기 위한 것인 때에는 자기주식의 취득은 허용되지 아니한다는 원칙이다.[57] 그러나 이 원칙은 판례에 의해 여러 가지 예외가 인정된다.[58] 회사가 자기주식을 시장가격보다 프리미엄을 주고 취득하고, 당해 취득이 이사 지위에 대한 위협을 제거하기 위하여 필요한 경우, 이사회가 당해 취득이 회사의 이익을 위한 것이라는 입증책임을 부담한다. 당시 특정인에게 주식이 집중되는 것이 회사의 유지 등을 하는데 합리적인 위협이 된다고 믿을 만한 합리적

53) Cheff v. Mathes, 199 A.2d 548, 555 (Del. 1964); Kaplan v. Goldsamt, 380 A.2d 556, 569 (Del. Ch. 1977).

54) Crane Co. v. Harsco Corp., 511 F. Supp. 194, 305 (D. Del. 1981).

55) Richard A. Booth, op. cit., §5:6.

56) Del. Code Ann. tit. 8, §244(a). 자본금을 새원으로 사기주식을 취늑하는 경우(감자의 경우)에는 주식의 소각이 필요하기 때문에 금고주가 생기지 않는다(§160(a)(1)). 반면 잉여금을 재원으로 자기주식을 취득하는 경우(감자 이외의 경우)에는 주식소각이 반드시 필요한 것은 아니며, 취득한 자기주식을 금고주로 보유할 수 있다(§160(b)).

57) Potter v. Sanitary Co. of America, 194 A. 87 (Del. Ch. 1937).

58) Kors v. Carey, 158 A.2d 136 (Del. Ch. 1960); Bennett v. Propp, 187 A.2d 405 (Del. 1962); Cheff v. Mathes, 199 A.2d 548 (Del. 1964).

인 정당성이 있었다는 것을 입증하여야 한다. 이러한 판단을 하는데 있어서 이사들은 자신들의 조사나 관찰, 전문가의 조언에 의지할 수 있다. 이사들의 판단이 당시에 합리적이었다면 면책된다. 따라서 판례는 자기주식의 취득을 결정하는데 있어서 기준으로 신의성실, 합리적인 조사, 논증할 수 있는 정당성 등을 들고 있다.[59)]

또한 정관상 주주에게 부과된 주식의 양도제한 조항의 적법성이 문제된다. 즉, 주주가 주식을 매도하는 경우 당해 회사에게 우선적으로 매도하여야 한다는 정관상의 제한이 적법한지 여부에 대한 문제이다. 델라웨어주 법원은 주주가 지분을 매각하고자 하는 경우 회사 자산의 현재가치로 회사에 대해 최우선적으로 청약(Offer)하여야 한다는 규정에 대해 적법성을 인정하였다.[60)] 그러나 이사가 원하는 경우 주주는 언제든지 회사에 매각하여야 한다는 조항은 제3자에 대한 매각 가능성을 배제하는 것으로 이는 부당하고 불법적인 양도금지에 해당한다고 한다.[61)]

2) 1969년 모범사업회사법(MBCA)상 취득규제[62)]

MBCA는 배당가능이익의 산정방식에 관해 이익잉여금기준을 채택하고 있다. 자기주식의 취득재원 및 취득한도액에 관한 규제내용과 배당의 지불재원 및 지불한도액에 관한 규제내용 간에는 약간 차이가 있다. 원칙적으로 이익잉여금이 있으면 그 범위 내에서 현금배당의 지불이나 자기주식의 취득을 이사회의 재량에

---

59) Good v. Texaco, Inc., C.A. No. 7501, slip op. at 31-32 (Del. Ch. Feb. 19, 1985).

60) Lawson v. Household Finance Corp., 152 A. 723 (1930).

61) Greene v. E.H. Rollins & Sons, Inc., 2 A.2d 249, 253 (Del. Ch. 1938).

62) 太田 洋, 前揭論文[Ⅲ], 16~17面.

의해 자유롭게 할 수 있다. 그러나 자본잉여금이 재원으로 된 경우에 배당의 지불과 자기주식의 취득 간에 취급이 다르다. 즉, 자본잉여금을 재원으로 배당을 하기 위해서는 기본정관에 의한 수권이나 또는 '의결권부 주식 여부를 불문하고 각 종류의 사외주식(Outstanding Stock) 총수의 과반수의 승인'이 필요하다.[63] 반면 자본잉여금을 재원으로 자기주식을 취득하기 위해서는 기본정관에 의한 수권 또는 '의결권부 주식총수의 과반수의 승인'이 있으면 된다.[64] 또한 잉여금이 전혀 없는 경우 현금배당을 할 수 없지만, 상환주식의 상환 등 네 가지 예외적인 경우에는 자본금을 재원으로 자기주식을 취득할 수 있다.[65] 델라웨어주회사법이나 뉴욕주회사법에 의하면 감자를 통한 방법에 의해 사실상 자본금을 재원으로 하여 현금배당을 하거나 자기주식을 취득할 수 있다. 감자절차의 실행에는 원칙적으로 이사회결의 뿐만 아니라 의결권주식의 과반수의 승인이 필요하다.[66]

MBCA도 실질지불불능기준을 채택하고 있다.[67] 이미 실질지불불능에 빠진 경우 또는 자기주식을 취득하면 실질지불불능의 상태에 빠지는 경우에는 잉여금이 존재하더라도 자기주식을 취득하는 것은 허용되지 않는다.[68]

63) MBCA §46.

64) MBCA §6.

65) MBCA §6. 구체적으로는 ① 단주의 상환, ② 회사채권의 회수 또는 회사의 채권·부채에 관한 화해, ③ 반대주주가 소유한 주식에 대해 주식매수청구권을 가진 경우의 대가지불, ④ 법률의 규정에 따라 행하는 자사가 발행한 상환주식의 매입 혹은 상환의 이행목적이라면 자본금(또는 기타 자본계정)을 재원으로 하여 자기주식을 매수하는 것 등이 인정된다.

66) MBCA §§58, 59, 69.

67) MBCA §§6, 45.

68) MBCA §§2(n), 6, 66; Barbara Black, Corporate Dividends and Stock

MBCA 아래에서도 자본잉여금의 계산에 있어서 그 기준이 되는 총자산 및 총부채 금액을 장부가기준으로 산출하여야 하는지 시가기준으로 산출하여야 하는지에 대해 다툼이 있지만, 기본적으로 시가(공정시장가치)기준으로 산출하여야 한다고 해석된다.[69)]

더불어 MBCA는 델라웨어주 등의 경우와 달리 자회사에 의한 친회사 주식의 취득도 자기주식 취득의 일종으로 규제되는 점에 주의할 필요가 있다.[70)] 한편 자기주식의 취득은 이사회 결의사항으로 규정되어 있다.[71)]

3) 뉴욕주회사법상 자기주식취득규제[72)]

뉴욕주회사법 제510조는 배당금의 지불을 위해서는 잉여금기준[73)]과 지불불능기준[74)]을 동시에 만족하도록 명문으로 규정하고 있다. 기본적으로 자기주식의 취득재원 및 취득한도액에 관한 규제는 배당재원 및 배당한도액에 관한 규제와 일치한다. 즉, 잉여금[75)]이 존재하는 한 자기주식 취득과 소각을 자유롭게 할 수 있는 것이 원칙이다. 그러나 이미 실질지불불능 상태인 경우 또는 자기주식을 취득하면 실질지불불능 상태에 빠지는 경우에는 자

Repurchases, op. cit., §6:11.

69) Bishop v. Prosser-Grandview Broadcasters, Inc., 472 P.2d 560, 564 (Wash. App. Ct. 1970); Hansen v. Singmaster Ins. Agency Inc., 722 P.2d 1254, 1257 (Or. App. Ct. 1986).

70) MBCA §6.

71) Id.

72) Barbara Black, op. cit., §§2.31-2.40; 太田 洋, 前掲論文[Ⅲ], 15面.

73) 대차대조표잉여금방식(Balance Sheet Surplus Test)으로 이익잉여금과 자본잉여금으로 배당이 가능하다.

74) N.Y. Bus. Corp. Law §§102(a)(8), 513(a) (McKinney 1986).

75) 잉여금은 총자산에서 총부채와 자본금을 공제한 금액이다(N.Y. Bus. Corp. Law §102(a)(3) (McKinney 1986)).

기주식의 취득이 허용되지 않으며,[76] 이때에는 감자절차를 거치더라도 불가능하다.

잉여금을 산정할 때 총자산과 총부채를 장부가격을 기준으로 계산하여야 하는지 아니면 시가기준으로 산출하여야 하는지에 대해 해석상 다툼이 있다. 법령상 이사가 공인회계사가 작성한 재무제표상의 숫자에 의거할 수 있으며, 입법자는 자산재평가익도 배당재원(자기주식 취득재원)으로 해석한다. 이에 대해서는 반대설도 유력하다. 더불어 자산재평가익을 배당재원(자기주식 취득재원)으로 하는 견해를 취하더라도 자산재평가손을 동시에 배당재원(자기주식 취득재원)으로부터 공제하는 것을 당연히 전제로 해야 한다고 본다.[77]

현금배당만이 아니라 자기주식의 취득에 대해서도 원칙적으로 이사회결의에 의하지만, 그 권한을 이사 등에 위임할 수 있다고 해석된다. 다만 감자를 할 경우에는 원칙적으로 이사회결의가 필요하다.[78]

(2) 법정자본제도를 폐지한 모델에서 자기주식 취득규제

1) 캘리포니아주회사법상 자기주식 취득규제[79]

캘리포니아주회사법에서는 자기주식의 취득재원 및 취득한도액 규제와 배당규제는 모두 주주에 대한 분배규제로서 일체화된다. 따라서 자기주식의 취득이 허용되는지 여부도 현금배당의 경우와 같이 이익잉여금기준, 총자산/총부채기준, 유동자산/유동부채기

76) N.Y. Bus. Corp. Law §513(a) (McKinney 1986); Barbara Black, op. cit., §6.5.

77) Barbara Black, op. cit., §§2.31-2.40; 太田 洋, 前揭論文[Ⅲ], 15面.

78) N.Y. Bus. Corp. L. §516(a).

79) 太田 洋, 前揭論文[Ⅲ], 19面.

준 및 실질지불불능기준 이라는 네 가지 기준에 의해서 판단된다. 구체적으로는 우선 ① 이익잉여금(= 유보이익(Retained Earnings))[80]이 있는 한, 자기주식의 취득은 현금배당과 같이 자유롭게 할 수 있다. ② 이익잉여금이 없는 경우에는 회사의 총자산/총부채기준 및 유동자산/유동부채기준 모두를 만족하지 않는 한, 현금배당뿐만 아니라 자기주식의 취득도 금지된다. 즉, 자기주식의 취득 이후에 (a) 자산이 부채의 1.25배 이상이며,[81] 또한 (b) 유동자산이 유동부채와 같거나 그 이상인 경우(유동자산/유동부채 비율이 100% 이상) 또는 과거 2년 평균 유동자산이 유동부채의 1.25 이상인 경우(유동자산/유동부채 비율이 125% 이상)의 어느 한 가지에 해당하는 때에 한하여(유동자산/유동부채기준) 자기주식의 취득이 허용된다.[82] ③ 이러한 기준에 저촉되지 않는 경우에도 실질지불불능에 빠지는 결과를 초래하는 자기주식의 취득은 명문으로 금지된다.[83]

또한 캘리포니아주회사법 아래에서는 ① 및 ② 소정의 재무기준은 친회사와 그 친회사가 50% 이상의 의결권을 가진 자회사를 일체(Unit)로 하여 적용된다.[84] 즉, 배당지불이나 자기주식의 취득에 대한 한도액 규제가 연결대차대조표기준으로 되어 있는 점[85]에 유의할 필요가 있다.

80) 캘리포니아주회사법상 유보이익에 대한 개념정의는 없지만, 일반적으로 유보이익이라 함은 영업활동에 의해 획득된 누적이익을 말하며, 납입잉여금, 감자잉여금은 이에 포함되지 않는다.

81) 분배 후 자기자본비율이 20% 이상인 것과 같은 의미이며, 이것이 회사의 총자산/총부채기준이다.

82) Cal. Corp. Code §§500-502.

83) Cal. Corp. Code §§501.

84) Cal. Corp. Code §§189(a), 500.

85) Cal. Corp. Code §§160, 500-503; Richard A. Booth, op. cit., §5:9.

적법하게 취득된 자기주식은 금고주로 되는 것이 아니라 모두 자동적으로 소각된다.[86] 캘리포니아주회사법은 RMBCA처럼 자본금의 개념을 폐지하였기 때문에 자본금 감소의 규제가 없지만, 대체로 주주에 대한 현금분배는 분배규제에 따른다. 따라서 RMBCA처럼 캘리포니아주회사법 아래에서도 자본금 감소절차를 따르는 것에 의해 배당규제나 자기주식의 취득규제를 회피할 수 없다.

이처럼 캘리포니아주회사법상 배당규제 및 자기주식의 취득규제는 유보이익이 없더라도 일정한 자기자본비율이나 기타 재무기준을 만족하면 현금배당이나 자기주식의 취득이 가능하다. 이는 이익잉여금 및 자본잉여금에 구속되고 있는 우리나라 현행법상 배당규제 및 자기주식의 취득규제보다도 어떤 의미에서 유연한 규제로 되어 있다.[87]

자기주식의 취득에 관한 규정을 위반한 이사는 회사에 대하여 연대책임을 부담하며, 그 책임은 채권자의 채권액이나 주주의 손해액에 한정된다. 악의로 자기주식을 양도한 주주도 회사에 대해 책임을 부담한다.[88]

2) 1984년 개정모범사업회사법(RMBCA)상 자기주식의 취득규제[89]

RMBCA에서는 자기주식 취득의 취득재원 및 한도액 규제와 배당규제가 모두 주주에 대한 '분배(Distribution)' 규제로서 일체화

86) 캘리포니아주회사법은 RMBCA처럼 금고주 개념을 폐지하였다(Cal. Corp. Code §510(a)).

87) 牛丸與志夫·黑沼悅朗·近藤光男·田村詩子·正井章筰·行澤一人, "資本準備金による自己株式の取得と消却[中]", 「商事法務」 No. 1499 (1998), 27面 이하.

88) Richard A. Booth, op. cit., §5:19.

89) 太田 洋, 前揭論文[Ⅲ], 18~19面.

되어 있기 때문에 그 규제내용은 동일하다. 따라서 자기주식의 취득이 허용되는지 여부도 현금배당의 경우와 같이 대차대조표(Balance Sheet)기준 및 지불불능기준이라는 두 가지의 기준에 의해 판단된다. 즉, ① 회사의 총자산이 총부채와 소요운전자금과의 합계액을 하회한 결과를 초래하는 자기주식의 취득은 금지되며,[90] 또한 ② 이러한 제한에 저촉하지 않는 경우에도 통상의 영업과정에서 지불기한이 도래한 채무에 대해 지불불능에 빠지는 형태의 자기주식의 취득은 금지된다.[91]

대차대조표기준은 자산과 부채의 확정이 일정한 유형의 회계상 관행에 따르는 것을 전제로 하고 있다. 또한 RMBCA §6.40(d)는 이사회가 '그 상황에서 합리적이라고 판단되는 공정한 평가 혹은 기타 방법'을 근거로 관련된 자산 및 부채를 확정하는 것을 인정한다. 다만 여기서는 캘리포니아주회사법과는 달리 '일반적으로 인정된 회계원칙(Generally Accepted Accounting Principles: GAAP)'의 적용이 강제되지는 않는다. 그 이유는 제6.40조가 대회사나 소회사를 불문하고 모든 회사에 적용되기 때문에, 공인회계사의 감사를 전제로 하는 GAAP의 채택을 모든 회사에게 요구하는 것은 적절하지 않기 때문이다.

한편 대차대조표기준과 실질지불불능기준이 충족되어야 하는 시점은 ① 금전 또는 기타 재산이 이전하거나 회사에 부채가 발

---

90) RMBCA §6.40(c).

91) RMBCA §6.40(c). 어떠한 경우에 이러한 지급불능기준에 저촉하는가에 대해 기준을 제시하는 안전조항(Safe Harbor Rule)은 없다. RMBCA의 공식 주석에 의하면 지불가능(solvency) 결정에 무엇이 필요한가를 어느 정도 상세하게 기술하고 동시에 동 조항에 근거하여 결정을 하는 때는, 이사가 §8.30에서 규정한 주의의무를 해태한 경우에만 이사는 위법한 분배에 대해 책임을 부담한다(RMBCA §8.33).

생한 때, ② 취득된 자기주식에 대해 주주가 자격을 상실한 때 중 빠른 시점이다.[92)]

적법하게 취득된 자기주식은 금고주가 폐지되었기 때문에 모두 자동적으로 소각된다. 취득된 자기주식은 수권되었지만 미발행된 주식으로 된다.[93)] 또한 자본금의 개념도 폐지하였기 때문에 자본금 감소의 규제도 없지만, 대체로 주주에 대한 현금분배는 모두 전술한 분배규제에 따른다. 따라서 델라웨어주나 뉴욕주 등에서처럼 자본금 감소절차를 따르는 것에 의해 배당규제나 자기주식의 취득규제를 회피하는 것은 전혀 불가능하다.[94)] 자기주식의 취득은 이사회 결의사항이다.[95)]

4. 증권거래법상의 자기주식의 취득규제[96)]

자기주식을 취득하는 구체적 방법으로서는 ① 시장매수(Open Market Repurchase),[97)] ② 발행회사 자신에 의한 공개매수(Self Tender

92) RMBCA §6.40(e)(1).

93) RMBCA §6.31(a).

94) RMBCA에서는 자본금의 개념이 없기 때문에 납입잉여금으로부터 분배하거나 감자에 의해 잉여금을 만들어서 분배한다는 개념이 없다.

95) RMBCA §6.31.

96) 이하는 太田 洋, "「金庫株」の解禁問題に關する論点整理[Ⅳ]－米國の關係規制からの示唆－", 商事法務 第1589号(2001)(이하 '前揭論文[Ⅳ]'라 한다), 12~14面을 주로 참고함.

97) 미국 기업들은 1984~2000년을 대상으로 한 조사에서 연간 총수익의 약 26%를 자기주식의 취득에 사용하고 있으며, 그 중 90% 이상의 자기주식취득이 시장매수에 의해 이루어지고 있다. 1999년과 2000년에는 최초로 자기주식 취득금액이 배당금액보다 더 높은 것으로 나타났다(Gustavo Grullon & Roni Michaely, The Information Content of Share Repurchase Programs, 59 J. Fin. 651 (2004)). 이에 따라 자기주식의 시장매수는 미국 증권시장에서 주주에 대한 주요한 배당채널이 되고 있다(Ok-rial Song, op. cit., pp.426-427).

Offer), ③ 상대거래(Private Negotiated Transaction) 등 세 가지 방법이 존재한다. 이들 각각에 대하여 회사법상의 규제와 증권거래법상의 규제가 미친다. 이러한 세 가지의 방법 중 어느 방법을 채택하는지 여부와 관계없이 공개회사의 자기주식 취득에 대해서는 허위의 정보공시 등을 금지하는 1934년 증권거래소법 Rule 10b-5가 적용된다.[98]

자기주식의 취득방법에 대해서는 시장매수가 가장 선호된다. 그 이유는 공시요건이 적용되지 않고 취득절차가 신축적으로 운영되는 등 상대적으로 규제가 완화되어 있기 때문이다.[99] 더불어 시장매수에 대해서는 시세조종금지와 내부거래규제를 목적으로 하는 연방증권거래법에 의한 규제가 이루어지지만, 안전조항(Safe Harbor Rule)으로서 증권거래위원회(SEC)에 의해 1982년 제정된 Exchange Act Rule 10b-18이 존재한다.[100] 안전조항은 공시가 없는 경우에도 시세조종의 책임으로부터 이사가 책임을 면할 수 있게 한다. 그러나 이러한 안전조항도 절대적인 것은 아니며, 다만 자기주식의 취득시간·장소·양, 브로커의 수 등을 이유로 한 증권사기나 시세조종의 책임으로부터 발행회사를 보호할 뿐이다.[101]

---

98) 太田 洋, 前掲論文[Ⅳ], 12面.

99) Ok-rial Song, op. cit., pp.450-451.

100) Richard A. Booth, op. cit., §5:21. 예컨대 ⅰ) 발행회사는 자기주식을 취득하는데 있어서 1일 거래에 사용할 수 있는 브로커 또는 딜러는 오직 1개사에 한정되고, ⅱ) 자기주식의 거래는 그 일자의 시장에서 최초거래나 거래종료 전 30분 이내의 거래로서 이루어져서는 아니 되며, ⅲ) 자기주식의 취득가격은 최고가격이나 최근가격 중 높은 쪽의 금액을 넘지 않아야 하고, ⅳ) 임의의 1일에 자기주식 취득수량이 당해 주식의 1일당 평균거래고(과거 4주간 평균으로 산출)의 25%를 초과하지 않아야 하는(다만 블록거래의 예외 존재) 등 상세한 규정이 있다(17 C.F.R. §240.10b-18(b)).

101) Richard A. Booth, op. cit., §5:21.

공개매수에 대해서는 정보공시와 주주평등원칙의 관점에서 연방증권거래법에 근거한 절차(Exchange Act Rule 10b-5, 13e-1, 13e-4 등에서 정한 절차)의 준수가 요구된다.[102] 즉, 제3자에 의해 공개매수의 대상으로 된 회사가 자기주식을 취득하기 위해서는 취득금액, 취득수량, 취득할 주주 등에 대하여 SEC에 사전신고를 하여야 한다.[103] 또한 공개매수는 모든 주주에게 허용되어야 하며, 매수기간, 매수가격상승의 효과, 매수의 철회 등에 대해 엄격한 공시가 요구된다.[104]

일부 주주에게만 Offer를 하는 상대거래에 의한 자기주식 취득이 인정되는지 여부는 우선 회사법에서는 주로 주주평등원칙과의 관계에서 문제된다. 적어도 시장에서 시가를 상회하는 가격으로 특정한 주주에 대해서만 Offer를 하여 자기주식을 취득하는 것(Selective Tender Offer)은 보통법상 일반원칙인 주주평등원칙에 반하며 위법이라고 해석된다.[105] 그렇지만 특히 델라웨어주 등에서는 주주평등원칙의 예외가 인정되는 경우가 우리나라보다 광범위하다.[106] 기타 경우에 자기주식의 취득(시장에서 시가 또는 시가를 하회하는 가격으로 특정한 주주에 대해서만 Offer를 하는 경우)이 위법으로 되는지 여부는 관련된 자기주식을 취득한 상황에 따라 상대거래라는 이유만으로 일률적으로 자기주식 취득이 주주평등원칙에 반하여 위법이라고 할 수는 없다. 다만 경영진이 오직 자

102) Richard A. Booth, op. cit., §5:23.

103) 17 C.F.R. §240.13e-1.

104) 17 C.F.R. §240.13e-4.

105) In re Sea-land Corp. Shareholders Litigation, 642 A.2d 792, 799-800 (Del. Ch. 1993), aff'd, 633 A.2d 371 (Del. Sup. 1993).

106) In re Sea-land Corp. Shareholders Litigation, 642 A.2d at 800 n. 10.

기의 경영권을 유지하기 위해 자기주식을 취득한 경우 충실의무(Duty of Loyalty) 위반 등으로 위법이라는 데에는 거의 다툼이 없다.[107] 그렇지만 적대적 매수의 대항책으로 그린메일(Greenmail) 등에 의한 자기주식 취득을 어느 정도까지 인정할 것인가에 대해서는 불명확한 점이 많다.[108] 경제적 합리성이 높고, Offer를 받지 않은 주주에게 경제적인 불이익이 생기지 않는다면 특정한 대주주에 대해서만 Offer를 하는 형태로 시장가격 이하로 자기주식을 취득하는 것은 허용된다고 해석하는 견해가 유력하다.[109]

Unocal 판결 이후 1987년 SEC는 Exchange Act Rule 14d-10[110]을 채택함과 동시에 Exchange Act Rule 13e-4(f)[111]를 수정하여, 제3자에 의해 이루어지는 취득 뿐만 아니라, 발행회사 자신에 의해서 이루어진 취득도 그것이 1934년 증권거래소법 아래에서의 '매수(Tender Offer)'에 해당하는 것인 한, 모든 주주를 대상으로 하여 이루어져야 한다는 점을 명확히 하였다. 그렇지만 적어도 판례상은 적대적 매수의 대항책으로서 그린메일 등을 통하여 자기주식을 취득한 경우, 그것이 항상 이러한 '매수'에 해당하여 모든 주주에 대하여 평등한 조건으로 Offer를 해야 하는 것은 아니다.[112]

---

107) Richard A. Booth, op. cit., §5:5.

108) 예컨대, 단순한 과잉자본(overcapitalization) 해소를 위해 특정한 대주주에 대해서만 Offer를 하는 형태로 시장가격 이하로 자사주를 취득하는 것이 과연 위법인지 여부에 대해서는 명확하지 않다.

109) Unocal Corp. v. Mesa Petroleum, 493 A.2d 946, 954 (Del. 1985).

110) 17 C.F.R. §240.14d-10 (1987).

111) 17 C.F.R. §240.13e-4(f) (1987).

112) 발행회사가 적대적 M&A에 대해 그린메일로 대항하기 위해 자기주식을 취득하는 경우에 대하여 Offer를 받지 못한 다른 주주들이 당해 자기주식의 취득은 "매수(tender offer)"에 해당하며 모든 주주에 대해 평등한 조건으로 Offer가 이루어질 필요가 있다고 소송을 제기한 사건에 대해 법원은 주주의

이에 따라 적대적 매수의 대항책으로서 그린메일 등에 의한 자기주식 취득이 이루어진 발행회사가 일정한 한도로 상대거래 방법에 의해 자기주식을 취득하는 것은 회사법 및 연방증권거래법상 적법하다고 인정될 여지가 있다. 적어도 주주 전원에 대해 Offer를 하면 결과적으로 지주비율에 비례하지 않은 형태로 자기주식의 취득이 이루어지더라도 특별히 문제되지 않는다는 데에는 다툼이 없다.113) 법원은 그린메일이 당연위법이라고 판단하는 것을 기피하는 경향이며 경영판단의 원칙을 고려한다.114)

또한 회사법상의 규제이지만, 몇몇 주에서는 주주평등원칙의 관점에서 일부의 대주주로부터 시장가격보다 높은 가격으로 자기주식을 취득하는 것을 금지하는 규정(일반적으로 그린메일 대항규정이라 한다)을 제정하고 있다. 예컨대, 뉴욕주는 회사가 이사회 및 주주총회 과반수의 승인이 없는 한, 주식보유기간이 2년 미만인 주주로부터 10%를 초과하는 자기주식을 시장가격보다 높은 가격으로 취득하는 것을 금지한다.115) 한편 경영진 간의 의견차이가 있는 경우 법원은 대주주로부터의 취득을 정당화한다. 이 때 당해 거래는 경영판단의 원칙에 의해 보호받게 된다.116)

소를 기각하였다(In re General Motors Class E Stock Buyout Sec. Litigation, 694 F. Supp. 1119 (D. Del. 1988) 또는 Pin v. Texaco Inc., 793 F.2d 1448 (5th Cir. 1986)). 이 판결들은 제3자에 의한 주식취득에 관한 Hansen Trust PLC v. SCM Corp., 774 F.2d 47 (2nd Cir. 1985) 판결을 인용하고 있다.

113) Richard A. Booth, op. cit., §§5:5, 5:23.

114) Id. at §5:4.

115) N.Y. Bus. Corp. Law §513.

116) Richard A. Booth, op. cit., §§5:4; Grobow v. Perot, 539 A.2d 180 (Del. 1988) (overruled by, Brehm v. Eisner, 746 A.2d 244 (Del. 2000); Kahn on Behalf of DeKalb Genetics Corp. v. Roberts, 679 A.2d 460 (Del. 1996).

Ⅱ. 유럽연합

2006년 9월 EU 회사법 제2지침[117]이 개정됨에 따라 자기주식 제도에 대해서도 수정이 이루어졌다. 주요 개정내용은 자기주식의 취득에 관한 주주총회 승인의 유효기간이 18개월에서 5년으로 연장된 것이다(제19조(1)(a)). 또한 자기주식의 취득한도가 액면총액(액면이 없는 때에는 순자산가치)을 기준으로 인수자본(subscribed capital)의 10%에서 '회원국이 정하는 한도'로 개정되었으며, 이 한도는 10% 이상이 되도록 규정할 수 있다(회원국의 재량)(제19조(1)(c)(i)). 그 이외에도 제3자가 회사의 주식을 취득하는데 있어서 회사가 금융지원을 하는 것을 금지하였는데, 이 규제도 완화하였다. 즉, 제2지침 제40조의 주주총회 특별결의 요건에 의한 승인이 있을 경우 배당가능이익의 범위 내에서 일정한 조건을 충족시키는 때에는 회사는 제3자에게 금융지원을 할 수 있다(제23조(1)).[118]

Ⅲ. 영국

영국회사법[119]에 따르면 회사는 원칙적으로 자기주식을 취득할 수 없으며(영국회사법 제658조(1)), 다만 동법 제690조 내지 제708

117) Directive 2006/68/EC of the European Parliament and of the Council of 6 September 2006 amending Council Directive 77/91/EEC as Regards the Formation of Public Limited Liability Companies and the Maintenance and Alteration of Their Capital, OJ L 264, 25.9.2006, pp. 32-36.

118) EU 회사법 제2지침의 개정경과와 '개정안'의 내용에 관해서는 윤영신, "EU 회사법상 자본제도에 관한 제2지침 개정 동향", 「BFL」 제13호(2005), 114~115면 참조. 최종 개정내용은 일부 조항(제19조(1)(d))이 삭제되는 등 약간의 수정이 이루어졌다.

119) Companies Act 2006.

조에 따라 예외적으로 자기주식을 취득할 수 있다(제690조(1)). 예외적으로 취득 가능한 경우라 할지라도 자기주식을 취득함으로써 회사 이외의 주주가 없는 경우 또는 상환주주만이 남는 경우에는 자기주식취득이 불가능하다(제641조(2)). 회사는 정관으로 자기주식 취득에 대한 제한 또는 금지를 정할 수 있다(제690조(1)). 자본금의 감소나 법원의 명령에 의한 경우(제659조(2))와 무상으로(gift) 취득하는 경우는 자기주식 취득금지의 예외이다.

자기주식의 취득재원은 배당가능이익(distributable profits)이지만 주식을 소각하기 위한 경우에는 신주발행대금으로 취득할 수 있다(제692조(2), 제724조(1)(b)). 기존의 주식을 소각하고 다른 종류주식을 발행하고자 하는 경우에는 신주발행대금으로 자기주식을 취득할 수 있다. 폐쇄회사의 경우에는 상환주식의 상환과 같은 조건으로 자본금으로 자기주식을 취득할 수 있다(제692조(1)).

회사가 취득한 자기주식을 금고주(treasury shares)로 보유하는 것은 가능하다(제724조(1), (4)). 금고주의 취득은 배당가능이익만으로 가능하며(제724조(1)(b)), 금고주로 보유할 수 있는 자기주식은 영국 또는 EEA(European Economic Area) 국가에 상장된 주식, 또는 런던증권거래소의 규정에 따라 창설된 대체투자시장(Alternative Investment Market : AIM)[120]에서 거래되는 주식이나, EEA국가의 규제시장으로 인정된 시장에서 거래되는 주식 등이다(제724조(2)).

자기주식의 처분에 대해서는 회사는 금고주를 현금을 대가로

120) AIM는 중소회사들이 영국증권거래소의 정규시장에서 적용되는 것 보다 더 완화된 규제를 적용받으면서 거래하도록 허용하는 영국증권거래소 산하의 비정규시장이다. AIM은 1995년 창설되었으며 2017년까지 1,000개 이상의 기업이 평균 약 0.8억 파운드를 조달하였다(<http://en.wikipedia.org/wiki/Alternative_Investment_Market>, 2019. 2. 20. 방문).

하여 매각하거나, 종업원지주제도에 양도하거나(제727조(a)) 소각할 수 있다(제729조(1)). 주식을 매각하는 경우에는 신주인수권과 같이 주주의 권리를 인정하여야 한다(제560조(2)(b)).[121)]

Ⅳ. 독일

독일 역시 자기주식의 취득을 원칙적으로 금지하고, 예외적으로 취득할 수 있는 경우를 규정하고 있다. 1937년 주식법은 자기주식 취득을 비교적 엄격하게 규제하였으나, 1965년법과 EC 제2지침을 반영한 1978년법 및 1998년 「기업영역의 통제 및 투명성에 관한 법률(KonTraG)」[122)]은 취득의 예외사유를 확대하였다.[123)] 또한 2006년 개정된 EU 회사법 제2지침 등의 내용을 반영하기 위한 2009년 7월 30일 「주주권지침의 개정에 관한 법률(ARUG)」[124)]에서도 자기주식 제도에 관한 개정이 이루어졌다.

주식법 제71조 제1항은 자기주식 취득금지의 예외사유를 규정하고 있다.[125)] 즉, ① 중대하고 직접적이며 절박한 회사의 손해(schweren, unmittelbar bevorstehenden Schaden von der Gesellschaft)를 회피하기 위하여 취득이 필요한 경우(제1호), ② 회사 또는 회

121) 김순석·심영·권종호·최병규·곽관훈, 「주요국 회사법」, 전국경제인연합회, 2009, 148~150면.

122) Gesetz zur Kontrolle und Transparenz im Unternehmensbereich(KonTrag) vom 30. April 1998 (BGB1. I S. 786).

123) 최준선·김순석, 「회사법 개정방향에 관한 연구」, 한국상장회사협의회, 2004, 137면.

124) Gesetz zur Umsetzung der Aktionärsrechterichtlinie(ARUG) vom 30 Juli 2009, Artikel 1, 6(a).

125) 이형규 역, 「독일주식법」, 법무부, 2014, 78~81면.

사의 결합기업과 근로관계에 있거나 있었던 자에게 취득하도록 제공되어야 하는 경우(제2호), ③ 자회사의 주주에게 보상하기 위하여 취득하는 경우(제3호), ④ 무상취득 또는 금융기관이 위탁매입을 실행하기 위하여 취득하는 경우(제4호), ⑤ 포괄승계에 의해 취득하는 경우(제5호), ⑥ 주주총회결의에 의해 자본금 감소에 관한 규정에 따라 소각을 위하여 취득하는 경우(제6호), ⑦ 회사가 금융기관인 경우 주주총회결의에 근거하여 증권거래 목적으로 취득하는 경우(제7호)[126] 및 ⑧ 주주총회 보통결의에 의해 취득가액의 최고한도와 최저한도 및 주식자본의 10%를 초과하지 않은 주식수를 규정하고, 최장 5년의 수권에 근거하여 취득하는 경우(제8호)[127] 등이 열거되고 있다. 거래목적의 자기주식 취득은 인정되지 않는다.[128]

제71조 제1항 제1호부터 제3호, 제7호 및 제8호에 의한 취득에는 재원규제와 수량규제가 부과된다. 이러한 자기주식은 배당가능이익의 범위 내에서만 취득할 수 있으며, 취득주식은 회사가

126) 이 목적으로 취득할 수 있다고 결의한 주식수는 매일 자본의 5%를 초과할 수 없으며, 결의에서는 취득가액의 최고한도와 최저한도를 정하여야 한다. 결의에 의한 수권은 5년을 초과할 수 없다.

127) 주주총회의 보통결의에 의한 자기주식의 취득은 1998년 KonTraG에 의해 새롭게 인정된 것이다. 이에 따라 기업금융이 유연화 되고 세계적인 실무에 부응하는 한편, 주식이 투자대상으로 수용되고 독일 자본시장의 매력이 증대하였다고 평가된다. 기업도 달리 유리한 투자방법이 없는 경우 자기주식의 취득에 의해 주식수를 감소하면서 잉여금을 반환함으로써 주가수익률을 높일 수 있게 된다(Begründung eines Regierungsentwurf eines Gesetz zur Kontrole und Transparenz im Unternchmensbereich, BT-Dru. 13/9712 vom 28.01.1998, S.13). 그 후 EU 회사법 제2지침의 개정내용을 반영하기 위한 2009년「주주권지침의 개정에 관한 법률(ARUG)」에서 주주총회의 수권기간이 18개월에서 5년으로 연장되었다.

128) 자기주식을 계속적으로 매매하거나 거래이익을 얻을 목적으로 취득하는 것은 금지된다(Begründung eines Regierungsentwurf, a.a.O., S.13.).

이미 취득하여 보유하고 있는 것과 합하여 자본금의 10%를 초과할 수 없다(제71조 제2항 제1문, 제2문). 이러한 자기주식을 보유하기 위해서는 취득총액과 동액의 준비금(자기주식준비금)을 적립하여야 하며, 이 준비금은 배당에는 사용할 수 없고 자기주식이 처분된 경우에만 감소할 수 있다(동법 제71조 제2항 제2문, 상법 제272조 제4항 제2문).

제71조 제1항 제1호 및 제8호에 근거한 취득의 경우 이사회는 다음 주주총회에서 취득이유와 목적, 취득한 주식수 및 액면총액, 자본금에서 점하는 비율 및 취득가액을 보고하여야 한다(제71조 제3항). 제71조 제1항 제2호에 근거하여 취득한 경우에는 취득으로부터 1년 이내에 사용인에게 양도하여야 한다.

취득한 자기주식은 주주권이 일체 없다(제71b조). 제71조 제1항 또는 제2항을 위반하여 취득한 주식은 취득으로부터 1년 이내에 매각하여야 한다(제71c조 제1항). 또한 제71조 제1항에 따라 적법하게 취득하여 보유하고 있는 주식이 자본의 10%를 초과하는 경우에는 초과부분은 주식을 취득한 때로부터 3년 이내에 매각하여야 한다(제71c조 제2항). 이러한 기간 내에 처분되지 아니한 주식은 제237조에 따라 소각되어야 한다(제71c조 제3항).

제71조 제1항 제8호에 근거한 취득 및 처분에 대해서는 주주평등원칙(제53a조)이 준수되어야 한다. 거래소를 통한 취득과 처분은 이 요건을 충족하지만, 주주총회는 그 이외의 처분방법을 정할 수 있다. 무엇보다도 양도할 때 주주평등원칙의 준수가 필요하다는 것은 경제적으로는 시장에서 매각된 경우를 제외하고 양도된 자기주식에 대해 주주가 인수권을 가진다는 것을 의미한다.[129] 따라서 이 경우에는 신주발행시 주주의 신주인수권을 배

제할 때와 같은 절차가 이루어지게 된다. 또한 이러한 사유에 의해 취득한 주식을 스톡옵션을 위해 이용할 수도 있지만, 그 때에도 스톡옵션을 부여하는 경우와 같은 절차가 필요하다. 그리고 주주총회는 취득에 즈음하여, 다시 총회결의를 하지 않고 취득주식의 소각을 이사회에 수권할 수 있다(제71조 제1항 제8호).

이러한 취득규제에 대해 일정한 탈법방지규제(제71a조)가 있으며, 자기주식의 취득 및 보유상황에 대해 일정한 공시규제(제160조 제1항 제2호, 상법 제266조 제2항)가 부과된다. 또한 자기주식의 質取도 취득과 같이 취급된다(주식법 제71e조 제1항).[130)]

V. 일본

일본 상법은 2001년 개정 이전에는 자기주식의 폐해를 예방하기 위하여 그 취득을 원칙적으로 금지하고, 취득할 필요성이 높은 경우에 예외적으로 허용하는 규제(유럽형)를 하고 있었다. 그러나 산업계의 요청에 따라 2001년 6월 상법 개정에서 자기주식을 취득하고 취득한 자기주식의 보유를 원칙적으로 자유로 하는 규제(미국형)로 전환하였다.[131)] 자기주식 취득의 폐해를 방지하기

129) Begründung eines Regierungsentwurf, a.a.O., S.14.

130) 森本滋 編, 「比較會社法硏究」, 商事法務, 2003, 220~221面; 弥永真生, "ヨーロッパ諸國における「金庫株」法制[上]", 「商事法務」 第1586号(2001), 10~11面.

131) 이른바 금고주(treasury shares) 제도를 도입하여 회사가 일정한 요건 하에 취득목적이나 주식수의 제한 없이 자기주식을 취득할 수 있게 하는 한편, 취득한 주식을 소각하지 아니하고 계속 보유할 수 있도록 하였다. 이는 당시 자기보유주식의 대량 방출에 따른 주식의 수급안정, 회사분할·합병·주식교환 등을 통한 기업구조조정에 있어 신주발행 대신 자기주식의 교부, 적대적 M&A 방어수단 등의 필요에 의한 것이었다(原田晃治·泰出啓太·君谷大輔,

위하여 취득가액은 배당가능이익의 범위 내로 하고 취득가액상당액은 이후 배당가능이익 산정할 때 자산성을 부정하며,[132] 주주평등을 위하여 일정한 절차상의 규제를 하고 있었다. 2003년에는 정관의 정함이 있으면 이사회의 결의에 의해 자기주식을 취득할 수 있도록 개정되었다.[133] 2005년 회사법에서는 일부 불명확한 점을 개선하기 위하여 매수·소각·전환 등의 개념을 '취득'을 중심으로 정리하였으며, 취득사유를 확대하고 명확하게 하는 한편 재원규제를 통일하였다.

구 상법에서는 '매수'를 중심으로 규율하였으므로 금전 이외의 대가로 취득하는 등 매수 이외의 취득에 대한 규정이 없었다. 이에 따라 회사법에서는 매수 이외의 취득도 포함하여 '취득'이라는 개념에 통일적으로 규정하였다. 회사법상 취득에는 기업구조조정이나 영업양도에 수반되는 자기주식의 취득이 포함될 뿐만 아니라 무상취득 등 발행회사가 자기주식을 취득하는 경우가 폭넓게 포함된다.[134]

회사법은 자기주식 취득사유를 한정적으로 열거하고 있다(일본 회사법 제155조). 지금까지 취득여부가 불명확하였던 점을 명확하게 하고, 합의에 의한 취득에 대해서 주주 전원에게 양도신청의

"自己株式の取得規制等の見直しに係る商法改正の解說", 「商事法務」 제1607号(2001), 8~9面). 2001년 개정은 왕순모, "일본 상법의 최근 개정동향-일본의 '금고주 해금 등에 관한 상법개정'과 우리 법에의 시사-", 「법조」 제548호(2002), 68면 이하 참조.

132) 이러한 의미에서 주주와의 합의에 의한 자기주식의 취득은 잉여금의 배당과 아울러 주주에 대한 재산분배의 한 방법이다.

133) 江頭憲治郎, 前揭書, 239面.

134) 關西法律特許事務所·成和共同法律事務所 編, 「詳解新會社法の理論と實務」, (株)民事法研究會, 2006, 161~162面.

기회를 부여하는 이른바 간이공개매수절차(제157조)를 신설하는 등 실질적으로 취득사유를 확대하고 있다.[135]

회사법은 자기주식의 유상취득에 대하여 잉여금의 배당과 더불어 원칙적으로 배당가능액이라는 통일적인 재원규제를 한다(제461조 제1항). 다만 취득청구권부주식이나 취득조항부주식에 대해서는 배당가능이익에 의한 재원규제를 하면서, 취득대가를 그 회사의 다른 주식으로 하는 경우를 규제대상에서 제외하는 등 별도의 규정에 의해 재원규제를 한다(제166조 제1항 단서, 제170조 제5항).[136]

취득방법은 i) 주주 전원으로부터 양도신청을 받는 방법, ii) 특정한 주주로부터 양도신청을 받는 방법, iii) 시장거래나 공개매수에 의한 방법 등 세 가지로 분류할 수 있다. 이 가운데 주주 전원으로부터 양도신청을 받는 방법은 2005년 회사법에서 추가된 것이다. 구 상법상 시장가격이 없는 주식에 대해서는 특정한 주주로부터 양도받는 절차에 따를 수밖에 없었다. 이 절차에서는 정기주주총회 특별결의에 의한 수권에 추가하여 매도인으로 지정되지 않은 주주에게도 의안에 자신을 매도인으로 추가하도록 청구할 수 있는 권리(매도인추가청구권)가 인정되었다. 그러나 수권결의를 할 때 매수가격 등 구체적 조건이 확정되어 있지 않기 때문에 주주는 이러한 청구권을 행사하여야 하는지 여부에 대하여 판단이 곤란하였다. 또한 수권결의 후에 주식을 취득한 자에게는

135) 關西法律特許事務所·成和共同法律事務所 編, 前揭書, 162~163面.

136) 이외에도 기업구조조정에 의한 취득, 단원주 미만 주주의 매수청구 및 반대주주의 주식매수청구에 따른 취득의 경우에는 배당가능이익에 의한 사전 재원규제를 따르지 않는다. 그 이유는 기업구조조정에 의한 취득의 경우 별도의 채권자 보호 절차가 구비되어 있으며, 매수청구에 따른 취득은 단원주 미만 주주나 반대주주를 보호할 필요가 있기 때문이다(關西法律特許事務所·成和共同法律事務所 編, 前揭書, 166面).

회사에 매각할 기회가 부여되지 않는 등 주주보호로서 불충분하다는 문제가 제기되었다. 이에 따라 회사법에서는 주주평등을 실현하기 위하여 주주 전원으로부터 양도신청을 받는 절차를 신설하였다.[137]

주주 전원으로부터 양도신청을 받는 절차는 ① 주주총회의 결의(수권결의)(제156조 제1항),[138] ② 취득조건의 결정(제157조), ③ 주주에 대한 통지 및 공고(제158조), ④ 주주의 양도신청(159조) 등으로 구성된다. 수권결의는 주주총회의 보통결의에 의하며 취득주식의 수, 취득가액의 내용 및 총액, 취득가능기간(1년 이내)을 정하여 구체적인 취득을 이사(이사회설치회사의 경우 이사회)에 수권한다(제156조 제1항).

특정한 주주로부터 양도신청을 받는 절차는 주주총회의 특별결의를 요하며(제309조 제2항 제2호 괄호), 그 밖에는 주주 전원으로부터 양도신청을 받는 절차에 따른다(제160조). 매도인으로 지정되지 않은 주주에게도 매도인추가청구권이 인정되지만, 예외적으로 ① 시장가격이 있는 주식을 시장가격 이하로 취득하는 경우(제161조), ② 비공개회사가 상속인 등으로부터 취득하는 경우(제162조), ③ 정관에서 정하는 경우(제164조), ④ 모회사가 자회사로부터 취득하는 경우(제163조) 등에는 청구권이 배제된다.

시장거래나 공개매수에 의한 방법의 경우 취득조건의 결정, 주주에 대한 통지 및 공고, 주주의 양도신청에 관한 규정은 적용되

137) 關西法律特許事務所·成和共同法律事務所 編, 前揭書, 166面.

138) 구 상법 아래에서 수권결의는 자기주식 취득의 이익처분적 성질로 인하여 정기주주총회에서만 가능하였지만, 회사법에서는 이익처분을 언제라도 할 수 있기 때문에 임시주주총회에서도 가능하게 되었다(關西法律特許事務所·成和共同法律事務所 編, 前揭書, 167面).

지 아니한다(제165조 제1항). 이사회설치회사의 경우 자기주식의 취득을 이사회결의에 의해 결정할 수 있다는 정관의 규정을 둘 수 있으므로, 이때에는 수권결의사항을 이사회가 정한다(동조 제2항, 제3항).

회사법에서는 자기주식의 처리방법으로서 구 상법처럼 소각(제178조), 대용 자기주식으로 이용(제839조) 및 처분(제199조 이하)이 인정된다. 회사법에서는 신주를 발행할 때의 주식과 자기주식을 처분할 때의 처분주식을 포함한 상위개념으로서 '모집주식'[139]이라는 새로운 개념을 창설하고(제199조 제1항), 자기주식의 처분과 신주발행을 동일하게 규율하고 있다.[140]

139) 회사법은 신주발행과 자기주식의 처분이, 회사가 주주 또는 제3자에 대하여 주식인수자를 모집하고, 인수한 자로부터부터 납입을 받은 후 주식을 교부한다는 점에서 회사 및 기존주주와의 관계에서는 동일한 취급을 해야 하는 행위이며, 양 절차를 실질적으로 달리 할 필요가 없기 때문에, 양자의 규율을 일체화하여 주식회사가 발행하는 주식의 인수자를 모집하는 절차와 그 처분하는 자기주식의 인수자를 모집하는 절차를 동일한 절차로 정리하였다. 주식을 발행하는 경우와 자기수식을 저분하는 경우에 대해 모집에 따라 인수신청을 한 자에 대하여 배정하는 주식을 모집주식이라 한다(相澤哲·豊田祐子, "株式(株式の併合等·單元株式數·募集株式の發行等·株券·雜則)", 「立法擔當者による新·會社法の解說(相澤 哲 編)」, 別冊商事法務 No. 295(2006), 50面). 모집에는 공모에 한정하지 않고 제3자배정이나 주주배정도 포함된다. 여기서 모집의 개념은 금융상품거래법상 모집과는 다르며, 사모도 포함된다(關西法律特許事務所·成和共同法律事務所 編, 前揭書, 196面).

140) 關西法律特許事務所·成和共同法律事務所 編, 前揭書, 177面.

제4절 2011년 개정 상법상 자기주식 제도

Ⅰ. 자기주식 제도에 관한 2011년 개정상법상 주요 내용

2011년 개정상법은 자기주식취득제도를 크게 두 가지 유형으로 구분하여, 첫째, 배당가능이익(상법 제462조 제1항)의 범위 내에서 취득목적의 제한 없이 자기주식을 취득하는 유형(제341조)과, 둘째, 일정하게 제한된 목적으로 취득하는 때에 재원규제 없이 취득하는 유형(제341조의2)으로 구분하고 있다.

배당가능이익 범위 내에서 거래소의 시세가 있는 주식의 경우 거래소에서 취득하는 방법(공개매수와 시장매수)에 따라 매수하고(제341조 제1항 제1호), 상환주식(제344조 제1항) 이외에는 각 주주가 가진 주식 수에 따라 균등한 조건으로 취득하되 대통령령으로 정한 방법(동조 제1항 제2호)에 따른다. 이에 따라 상법시행령은 자기주식을 취득할 때에는 모든 주주에게 통지 또는 공고한 후 주식을 취득하거나 공개매수의 방법으로 취득하도록 규정하고 있다(상법시행령 제9조 제1항). 또한 회사가 자기주식을 취득하려는 경우에는 이사회에서 취득 목적, 취득할 주식의 종류와 수, 그 밖에 취득의 대가로 교부할 금전 및 재산 등에 대해 사전에 결의하도록 하고 있다(상법시행령 제10조 제1호).

회사의 합병 또는 다른 회사의 영업전부의 양수로 인한 경우 등 특별한 목적이 있는 경우에는 개정 전 상법 제341조처럼 재원규제 없이 자기주식의 취득을 허용한다(제341조의2).

2011년 개정상법은 배당가능이익의 범위 내에서 자기주식의 취득에 대한 규제를 완화함과 더불어, 그 처분에 대해서는 배당가능이익에 의한 취득과 특정목적에 의한 취득 모두에 대하여 제한을 완화하였다. 그 근거는 회사가 취득한 자기주식은 자금이 이미 주주에게 환급된 것이므로 처분을 강제할 이유가 없기 때문이다. 개정 전 자기주식의 처분에 관한 규정(개정전 제342조)을 삭제하고 회사가 자기주식을 처분하는 경우 처분할 주식의 종류와 수, 처분할 주식의 처분가액과 납입기일에 관하여 정관에 규정이 없는 것은 이사회가 결정하도록 한다(제342조). 이에 따라 자기주식의 보유기간에 대한 제한이 철폐되어 회사가 자기주식을 취득한 후 보유하고 있다가 처분시기를 자유롭게 선택할 수 있게 되었다(금고주). 금고주의 도입으로 회사의 합병이나 분할 등의 구조조정이나 스톡옵션 또는 신주인수권이 행사된 때에 자기주식을 교부함으로써, 신주발행에 따른 배당압력이나 기존 주주의 지분비율의 감소를 회피하면서 구조조정 등을 용이하게 할 수 있게 되었다.141)

<자기주식의 취득 및 처분에 관한 조항 비교>

2011년 개정 전 상법	2011년 개정 상법
제341조(자기주식의 취득) 회사는 다음의 경우 외에는 자기의 계산으로 자기의 주식을 취득하지 못한다. 1. 주식을 소각하기 위한 때 2. 회사의 합병 또는 다른 회사의 영업전부의 양수로 인한 때 3. 회사의 권리를 실행함에 있어 그 목적을 달성하기 위하여 필요한 때	제341조(자기주식의 취득) ① 회사는 다음의 방법에 따라 자기의 명의와 계산으로 자기의 주식을 취득할 수 있다. 다만, 그 취득가액의 총액은 직전 결산기의 대차대조표상의 순자산액에서 제462조 제1항 각 호의 금액을 뺀 금액을 초과하지 못한다. 1. 거래소에서 시세(市勢)가 있는 주식

141) 국회 법제사법위원회, 「상법 일부개정법률안 검토보고」, 2008. 11, 59면.

2011년 개정 전 상법	2011년 개정 상법
4. 단주의 처리를 위하여 필요한 때 5. 주주가 주식매수청구권을 행사한 때	의 경우에는 거래소에서 취득하는 방법 2. 제345조제1항의 주식의 상환에 관한 종류주식[이하 "상환주식(償還株式)"이라 한다]의 경우 외에 각 주주가 가진 주식 수에 따라 균등한 조건으로 취득하는 것으로서 대통령령으로 정하는 방법 ② 제1항에 따라 자기주식을 취득하려는 회사는 미리 주주총회의 결의로 다음 각 호의 사항을 결정하여야 한다. 다만, 이사회의 결의로 이익배당을 할 수 있다고 정관에서 정하고 있는 경우에는 이사회의 결의로써 주주총회의 결의를 갈음할 수 있다. 1. 취득할 수 있는 주식의 종류 및 수 2. 취득가액의 총액의 한도 3. 1년을 초과하지 아니하는 범위에서 자기주식을 취득할 수 있는 기간 ③ 회사는 해당 영업연도의 결산기에 대차대조표상의 순자산액이 제462조제1항 각 호의 금액의 합계액에 미치지 못할 우려가 있는 경우에는 제1항에 따른 주식의 취득을 하여서는 아니 된다. ④ 해당 영업연도의 결산기에 대차대조표상의 순자산액이 제462조제1항 각 호의 금액의 합계액에 미치지 못함에도 불구하고 회사가 제1항에 따라 주식을 취득한 경우 이사는 회사에 대하여 연대하여 그 미치지 못한 금액을 배상할 책임이 있다. 다만, 이사가 제3항의 우려가 없다고 판단하는 때에 주의를 게을리 하지 아니하였음을 증명한 경우에는 그러하지 아니하다.

2011년 개정 전 상법	2011년 개정 상법
제341조의2(주식매수선택권부여목적등의 자기주식취득) ① 회사는 제340조의2 제1항의 규정에 의하여 자기의 주식을 양도할 목적으로 취득하거나 퇴직하는 이사·감사 또는 피용자의 주식을 양수함으로써 자기의 주식을 취득함에 있어서는 발행주식총수의 100분의 10을 초과하지 아니하는 범위안에서 자기의 계산으로 자기의 주식을 취득할 수 있다. 다만, 그 취득금액은 제462조제1항에 규정된 이익배당이 가능한 한도이내이어야 한다. ② 회사가 제1항의 주식을 발행주식총수의 100분의 10이상의 주식을 가진 주주로부터 유상으로 취득하는 경우에는 다음 각호의 사항에 관하여 제434조의 규정에 의한 주주총회의 결의가 있어야 한다. 이 경우 회사는 주주총회결의 후 6월 이내에 주식을 취득하여야 한다. 1. 주식을 양도하고자 하는 주주의 성명 2. 취득할 주식의 종류와 수 3. 취득할 주식의 가액 ③ 회사가 제1항의 규정에 의하여 자기의 주식을 취득한 경우에는 상당한 시기에 이를 처분하여야 한다. ④ 제433조제2항의 규정은 제2항의 주주총회에 관하여 이를 준용한다.	제341조의2(특정목적에 의한 자기주식의 취득) 회사는 다음 각 호의 어느 하나에 해당하는 경우에는 제341조에도 불구하고 자기의 주식을 취득할 수 있다. 1. 회사의 합병 또는 다른 회사의 영업전부의 양수로 인한 경우 2. 회사의 권리를 실행함에 있어 그 목적을 달성하기 위하여 필요한 경우 3. 단주(端株)의 처리를 위하여 필요한 경우 4. 주주가 주식매수청구권을 행사한 경우
제342조(자기주식의 처분) 회사는 제341조 제1호의 경우에는 지체없이 주식실효의 절차를 밟아야 하며, 동조 제2호 내지 제5호와 제341조의	제342조(자기주식의 처분) ① 회사가 보유하는 자기의 주식을 처분하는 경우에 다음 각 호의 사항으로서 정관에 규정이 없는 것은 이사회가 결정한다.

2011년 개정 전 상법	2011년 개정 상법
3 단서의 경우에는 상당한 시기에 주식 또는 질권의 처분을 하여야 한다.	1. 처분할 주식의 종류와 수 2. 처분할 주식의 처분가액과 납입기일 3. 주식을 처분할 상대방 및 처분방법

Ⅱ. 자기주식의 취득

1. 규제의 기본방향

자기주식의 취득과 관련하여 2011년 개정상법에 따라 배당가능이익에 의한 취득이 신설되고(제341조), 특정한 목적에 의한 취득 사유 중 주식소각을 위한 취득(개정전 제341조 제1호)과 주식매수선택권 부여를 위한 취득(개정전 제341조의2)이 폐지되었으며(제341조의2), 취득한 자기주식의 처분기간에 관한 제한(개정전 제342조)이 폐지되어 금고주로 보유할 수 있게 되었다(제342조). 개정상법상 자기주식의 취득이 허용되는 예외적인 경우로는 i) 배당가능이익에 의한 취득(제341조), ii) 특정목적에 의한 취득(제341조의2), iii) 해석상 인정되는 취득 등을 들 수 있다.

개정전 상법 제341조는 회사가 "자기의 계산으로" 자기의 주식을 "취득하지 못한다"고 규정하여 원칙적으로 자기주식의 취득을 금지하고 있었다. 반면 개정상법 제341조는 "자기의 명의와 계산으로" 자기주식을 "취득할 수 있다"고 규정하고, 제341조의2는 특정목적을 위해 자기주식을 "취득할 수 있다"고 규정하고 있다. 이에 따라 상법 제341조 제1항이 배당가능이익의 범위 내에서 자기주식 취득을 원칙적으로 허용한 규정인지, 아니면 개정상법에도 불구하고 상법상 자기주식의 취득은 금지가 원칙이고 예외적으로만 허용된다고 보아야 하는지 여부가 논란된다.

원칙허용설은 상법은 종래 자기주식을 "취득하지 못한다"는 표현을 일반취득과 특정목적의 취득에서 모두 "취득할 수 있다"로 변경함으로써 자기주식 취득금지의 원칙은 더 이상 유지되지 않는다고 주장한다.142) 즉, 개정 전 상법 제341조는 "회사는 다음의 경우 외에는 자기의 계산으로 자기의 주식을 취득하지 못한다"고 규정하였으나, 개정상법 제341조 제1항은 "회사는 다음의 방법에 따라 자기의 명의와 계산으로 자기의 주식을 취득할 수 있다"고 규정하고, 제341조의2는 "회사는 다음 각 호의 어느 하나에 해당하는 경우에는 제341조에도 불구하고 자기의 주식을 취득할 수 있다"고 규정한 점을 근거로 든다. 또한 개정법의 입법취지로부터 그 근거를 찾기도 한다. 즉, 2011년 개정상법이 배당가능이익의 범위 내에서 자기주식의 취득을 자유화 한 근거는 자기주식의 취득은 본질적으로 회사의 재산을 주주에게 반환하는 것이므로 배당과 특별히 다르지 않으며, 특히 회사가 모든 주주로부터 지분비율에 따라 자기주식을 취득하면 주주 사이에 불공정한 문제를 유발하지 않고 순수하게 회사의 재산을 주주에게 반환하는 효과만을 가져오기 때문이라는 것이다.143)

원칙금지설은 개정상법의 취지와 관련하여 개정상법이 자기주식의 취득에 대한 규제를 대폭적으로 완화하였지만, 주식회사의 출자 환급을 원칙적으로 금지하는 것이 채권자보호를 위한 요청이라는 점에서 명문의 규정은 없지만 여전히 자기주식의 취득 금

142) 임재연, 「회사법 I [개정5판]」, 박영사, 2018(이하 "회사법 I "이라 한다), 479면.
143) 법무부, 「상법 회사편 해설」, 2012, 105면.

지가 원칙이라는 견해이다. 이 견해는 상법 제341조 배당가능이익의 범위 내에서의 취득과 제341조의2 특정한 목적에 의한 취득은 모두 자기주식의 취득이 예외적으로 허용되는 경우라는 주장이다.[144)]

생각건대, 개정상법 제341조의 문언이 "자기의 명의와 계산으로" 자기주식을 취득할 수 있다고 제한적으로 규정됨으로써 자기주식취득 금지원칙이 철폐되었다고 볼 수 없는 실정이다. 오히려 출자환급을 원칙적으로 금지하는 것이 채권자보호를 위한 회사법의 기본원칙이므로 명문의 규정이 없더라도 자기주식취득의 금지가 원칙이다(통설). 따라서 제341조와 제341조의2는 예외적으로 자기주식의 취득이 허용되는 경우를 한정적으로 열거하는 것으로 해석하여야 한다.[145)]

한편 제341조의2는 특정한 목적에 의한 자기주식의 취득을 규정하고 있는데, ① 회사의 합병 또는 다른 회사의 영업전부의 양수로 인한 경우, ② 회사의 권리를 실행함에 있어 그 목적을 달성하기 위하여 필요한 경우, ③ 단주의 처리를 위하여 필요한 경우, ④ 주주가 주식매수청구권을 행사한 경우 경우에는 제341조에도 불구하고 자기주식을 취득할 수 있다. 이는 제341조의2에 따라 특정목적에 의해 자기주식을 취득하는 경우에는 제341조의 배당가능이익에 의한 취득재원의 규제나 주주평등의 원칙에 따른 절

144) 권기범, 「현대회사법론[제7판]」, 삼영사, 2017(이하 "현대회사법론"이라 한다), 604면; 송옥렬, 「상법강의[제8판]」, 홍문사, 2018(이하 "상법강의"라 한다), 862면; 이철송, 「회사법강의[제26판]」, 박영사, 2018(이하 "회사법강의"라 한다), 390면; 최준선, 「회사법[제13판]」, 삼영사, 2018(이하 "회사법"이라 한다), 311~312면.

145) 송옥렬, 상법강의, 862면.

차규제를 받지 아니하고 주식을 취득할 수 있음을 의미한다. 특정목적에 의한 자기주식취득 제도는 2011년 상법개정 전에도 있었던 조항이며, 다만 주식소각을 위한 취득이 삭제된 점만 다르다. 제341조의2는 배당가능이익을 재원으로 하지 않더라도 특정한 목적을 위하여 부득이 하게 취득을 허용해야 하는 경우이며, 자기주식으로 인한 폐해가 없다는 점도 고려한 것이다.[146)]

상법은 누구의 명의로 하거나를 불문하고 회사의 계산으로 부정하게 그 주식 또는 지분을 취득하거나 질권의 목적으로 이를 받은 경우, 이를 회사재산을 위태롭게 하는 죄로 규정하여 5년 이하의 징역 또는 1천500만 원 이하의 벌금에 처하도록 규정하고 있다(제625조 제2호).

2. 배당가능이익에 의한 자기주식의 취득

(1) 요건 및 절차

1) 취득결의 : 주주총회 또는 이사회 결의

자기주식을 취득하려는 회사는 미리 주주총회 결의로 ① 취득할 수 있는 주식의 종류 및 수, ② 취득가액의 총액의 한도, ③ 1년을 초과하지 아니하는 범위에서 자기주식을 취득할 수 있는 기간을 정하도록 규정하고 있다. 다만 이사회의 결의로 이익배당을 할 수 있다고 정관에서 정하고 있는 경우에는 이사회의 결의로써 주주총회 결의를 갈음할 수 있다(상법 제341조 제2항).

종류주식을 자기주식의 취득절차에 의하여 취득하는 경우 정

146) 한국상사법학회, 「주식회사법대계 I [제2판]」, 법문사, 2016, 1001면(정수용 집필부분); 이철송, 회사법강의, 400면.

관의 정함이나 종류주주총회의 결의도 없이 특정한 종류의 주식만을 취득한다는 결의를 할 수 있다. 그 결의가 이루어진 경우에 다른 종류주식의 주주는 회사에 대하여 자신들의 주식을 취득하도록 요청할 수도 없다. 비상장회사처럼 모든 종류주식이 환금하기 어려운 경우 이처럼 종류별로 다른 취급을 하게 되면 취득대상에서 배제된 종류주식의 주주에게 손해를 미칠 가능성이 높다. 따라서 종류주식을 발행한 회사에서 자기주식을 취득하는 경우 취득대상에서 배제된 다른 종류주식 주주의 종류주주총회가 필요한 것인지가 문제될 수 있다. 그러나 종류주주총회에 관한 상법 제435조 제1항 및 제436조는 자기주식 취득의 경우를 열거하지 않고 있으므로 현행법상 종류주주총회가 필요하다고 볼 수 없다. 따라서 종류주식을 발행한 회사가 자기주식을 취득하는 경우에 취득대상에서 배제된 종류주식의 주주에게 손해를 미칠 우려가 있는 때에는 그 종류주식의 종류주주총회 결의가 필요하도록 입법적 보완이 필요하다고 본다.

2) 취득재원 규제 및 이사 등의 책임

(가) 취득재원의 규제 제341조 제1항 단서에 따르면 자기주식의 취득가액의 총액은 직전 결산기의 대차대조표상의 순자산액에서 제462조 제1항 각 호의 금액을 뺀 금액(배당가능이익)을 초과하지 못한다. 즉, 대차대조표상 순자산액으로부터 자본금의 액, 그 결산기까지 적립된 자본준비금과 이익준비금의 합계액, 그 결산기에 적립하여야 할 이익준비금의 액, 대통령령으로 정하는 미실현이익을 공제한 금액을 초과하지 못한다(제462조 제1항).[147] 여

147) 법문에는 규정이 없지만 해당기간의 법인세도 공제하여야 할 것이다.

기서 "대통령령으로 정하는 미실현이익"이란 일반적으로 공정하고 타당한 회계관행에 따른 자산 및 부채에 대한 평가로 인하여 증가한 대차대조표상의 순자산액으로서, 미실현손실과 상계하지 아니한 금액을 말한다(상법시행령 제19조).[148] 또한 제341조 제1항 단서는 취득가액의 총액이 배당가능이익을 초과하지 못할 뿐만 아니라, 자기주식의 취득재원으로 배당가능이익을 사용해야 한다는 의미로 해석해야 한다.[149]

한편 제341조 제1항 단서가 자기주식 취득가액의 총액을 "직전 결산기의 대차대조표상의 순자산액에서 제462조 제1항 각 호의 금액을 뺀 금액(배당가능이익)을 초과하지 못한다"고 규정함에 따라 제462조 제1항 각 호의 금액(그 결산기까지 적립된 자본준비금과 이익준비금의 합계액, 그 결산기에 적립하여야 할 이익준비금의 액, 대통령령으로 정하는 미실현이익)을 직전 결산기말의 금액을 기준으로 하는지, 자기주식 취득 당시의 금액을 기준으로 하는지 여부가 문제된다. 이는 주로 미실현이익이 평가시점에 따라 크게 변동할 수 있기 때문에 문제된다.[150] 법무부의 해설자료에 따르면 제462조 제1항 각 호의 금액은 직전 결산기 말의 금액을 기준으로 자기주식을 취득할 수 있는 한도를 계산한다고 설명하고 있다.[151] 그렇다면 직전 결산기만을 기준을 계산한 자기주식의 취득한도

148) 2011년 개정상법은 회사의 회계장부에 기재될 자산의 평가방법을 규정하였던 제452조를 삭제함으로써 이를 기업회계기준에 위임하고 있다. 이에 따라 기업회계기준에 의한 미실현이익이 배당가능이익에 포함될 수 있으므로 배당가능이익을 산정할 때 미실현이익을 배제하는 규정을 둔 것이다(임재연, 회사법Ⅰ, 486면 주) 346).

149) 이철송, 회사법강의, 394면.

150) 한국상사법학회, 전게서, 995면(정수용 집필부분).

151) 법무부, 전게서, 111면.

가 자기주식을 실제 취득할 때나 취득한 영업연도 결산기말에 축소되는 경우 채권자나 자본충실을 해할 우려가 있는데 이에 대해서는 어떻게 대응해야 하는가가 문제될 수 있다. 이 경우 제341조 제3항 및 제4항이 적용되어 배당가능이익을 초과하여 자기주식을 취득하면 이사가 손해배상책임을 질 가능성이 높게 된다.[152]

(나) 기말 재산상태의 예측으로부터의 규제

회사는 해당 영업연도의 결산기에 대차대조표상의 순자산액이 제462조 제1항 각 호의 금액의 합계액에 미치지 못할 우려가 있는 경우에는 자기주식의 취득을 하여서는 아니 된다(제341조 제3항). 이는 배당가능이익이 마이너스인 경우, 즉 결손이 발생할 우려가 있는 때에는 자기주식의 취득을 허용하지 않는다는 것이다.

해당 영업연도의 결산기에 대차대조표상의 순자산액이 제462조 제1항 각 호의 금액의 합계액에 미치지 못함에도 불구하고 회사가 자기주식을 취득한 경우, 이사 또는 집행임원[153]은 회사에 대하여 연대하여 그 미치지 못한 금액을 배상할 책임이 있다. 다만, 이사가 배당가능이익이 존재하지 않을 우려가 없다고 판단하는 때에 주의를 게을리 하지 아니하였음을 증명한 경우에는 그러하지 아니하다(제341조 제4항).

이 경우 "미치지 못한 금액"을 배상한다고 하여 연대배상책임의 한도액이 결손금액 전액으로 규정되어 있다. 이는 불합리한

---

152) 법무부, 전게서, 111면; 한국상사법학회, 전게서, 1002면(정수용 집필부분).

153) 집행임원 설치회사(제408조의2부터 제408조의9까지)의 경우 자기주식 취득의 실행은 업무집행의 일환으로 집행임원이 담당하게 되므로, 집행임원이 배상책임을 지게 된다. 따라서 제341조 제4항의 "이사"는 "이사 또는 집행임원"으로 수정되어야 할 것이다(동지, 정찬형, 「상법강의(상)[제21판]」, 박영사, 2018, 772면 주) 3).

규정으로 수정되어야 할 것이며, 중간배당의 결과 결손이 발생하였을 경우 손해배상책임을 규정한 제462조의3 제4항을 유추적용하여 자기주식 취득금액을 한도로 하여 결손금액에 관해 책임을 진다고 해석해야 한다.[154] 즉, 결손금액이 자기주식의 취득금액보다 큰 경우에는 취득금액을 한도로, 취득금액보다 적은 경우에는 결손금액을 한도로 책임을 진다.

회사가 자기주식을 취득한 다음 결산을 하기 전에 이를 처분하고 처분손실이 발생하지 않은 경우에는, 결산기에 결손이 발생하더라도 자기주식의 취득과 무관하므로 이사 또는 집행임원은 책임을 부담하지 않는다.[155]

3) 명의 및 계산의 주체 : 타인명의로 회사의 계산으로 취득하는 경우

(가) 타인명의로 회사계산으로 한 자기주식 취득의 상법상 허용 여부

개정상법 제341조 제1항은 회사는 "자기의 명의와 계산으로" 자기의 주식을 "취득할 수 있다"고 규정하고 있다. 이처럼 회사가 "자기의 명의와 계산으로" 자기주식을 취득할 수 있다고 규정함에 따라 "타인의 명의로 자기의 계산으로" 자기주식을 취득하는 경우에 대해서 상법에 규정이 없으므로 그 취득이 허용되는지 여부가 문제된다.[156]

통설은 타인의 명의로 회사의 계산으로 자기주식을 취득하는 것은 허용되지 않는다고 한다.[157] 즉, 개정상법이 "자기의 명의와

154) 이철송, 회사법강의, 399면.

155) 송옥렬, 상법강의, 864면; 이철송, 회사법강의, 399면.

156) 회사가 자기주식을 취득하는 경우 규제대상은 회사명의 회사계산, 타인명의 회사계산, 회사명의 타인계산의 세 가지 유형으로 구분할 수 있다. 타인명의와 타인계산으로 취득하는 경우는 규제대상이 아니다. 개정상법 제341조 제1항은 자본시장법 제165조의2 제1항의 문언을 도입한 것이다.

계산으로"라는 문구를 사용한 것은 회사의 명의와 계산으로 자기주식을 취득하는 것만이 허용된다는 뜻으로 해석하여야 한다고 본다. 개정상법은 배당가능이익의 범위 내에서는 원칙적으로 자기주식의 취득을 허용하고 있으므로 허용되는 폭을 좁혀서 부작용을 방지할 필요성이 있다는 것이다.[158] 회사가 타인명의로 자기주식을 취득하면 외부인은 알 수 없으므로 명의 및 계산상의 주체를 회사로 한정함으로써 거래의 투명성을 유지하기 위한 것이라고 한다.[159] 또한 누구의 명의로 취득하든 회사의 계산으로 자기의 주식을 취득하는 한 자본충실을 해하는 결과는 동일하기 때문이라고 한다.[160] 타인의 명의로 회사계산으로 자기주식을 취득하는 경우에는 자기주식 취득의 폐해가 우려되고 폐해에 대한 반론이 제시하는 해결방안이 작동하지 못하게 되며, 경영진이 장악할 수 있는 주식을 확보할 목적으로 이용될 가능성이 높아 지배구조의 왜곡을 초래할 수 있다는 것이다.[161]

소수설은 타인명의, 회사계산에 의한 자기주식의 취득행위가 상법 제341조가 규정한 배당가능이익의 범위 내에서 주주평등의 원칙에 따라 이루어진 경우라면 허용된다고 본다. 즉, 회사의 계산에 의하여 자기주식을 취득한 이상 취득자의 명의가 회사인지

---

157) 박준, "타인명의 자기주식 취득과 "회사의 계산"", 「상사법연구」 제37권 제1호 (한국상사법학회, 2018), 13면; 안성포, "자기주식취득의 허용에 따른 법적 쟁점", 「상사법연구」 제30권 제2호(2011), 77면; 이철송, 회사법강의, 391면; 임재연, 회사법 I, 480면; 정준우, "2011년 개정상법상 자기주식의 취득·처분과 그 규제", 「한양법학」 제23권 제2집(2012), 252면; 정찬형, 전게서, 775면.

158) 김홍기, 전게논문, 125면.

159) 임재연, 전게서, 480면.

160) 이철송, 회사법강의, 391면.

161) 박준, 전게논문, 13면.

또는 제3자인지 여부에 따라 그 경제적 실질에 차이가 있는 것은 아니므로 이를 다르게 규제할 이유가 없으며, 따라서 회사가 타인명의로 자기의 계산으로 자기주식을 취득할 수 있다는 것이다.[162)]

생각건대, 제341조가 "자기의 명의와 계산으로" 자기주식을 취득할 수 있다고 규정하고 있는 이상, 그 이외의 경우에는 자기주식의 취득이 허용되지 아니한다고 해석해야 하므로 통설이 타당하다.

개정 전 상법 제341조 아래에서 판례는 회사가 제3자의 명의로 회사의 주식을 취득하더라도 그 주식취득을 위한 자금이 회사의 출연에 의한 것이고 그 주식취득에 따른 손익이 회사에 귀속되는 경우라면, 상법 기타의 법률에서 규정하는 예외사유에 해당하지 않는 한, 그러한 주식의 취득은 회사의 계산으로 이루어져 회사의 자본적 기초를 위태롭게 할 우려가 있는 것으로서 상법 제341조가 금지하는 자기주식의 취득에 해당한다고 보았다.[163)] 이러한 법리는 개정상법 아래에서도 마찬가지로 적용된다.

(나) 타인명의로 자기주식 취득시 회사계산의 의의

i) 회사의 계산의 의미

ㄱ) 판례 및 통설

대법원 판례는 주식취득을 위한 자금이 회사의 출연에 의한 것이고 그 주식취득에 따른 손익이 회사에 귀속되는 경우를 회사의

162) 김이수, "타인명의, 회사계산에 의한 자기주식 취득의 판단기준에 관한 고찰 − 대법원 2011.4.28. 선고 2009다23610 판결을 대상으로 −", 「상사판례연구」 제25집 제2권(2012), 52면.

163) 대법원 2011.4.28. 선고 2009다23610 판결; 대법원 2007.7.26. 선고 2006다33609 판결; 대법원 2003.5.16. 선고 2001다44109 판결.

계산에 의한 자기주식의 취득으로 보며(대법원 2003.5.16. 선고 2001다44109 판결; 대법원 2007.7.26. 선고 2006다33609 판결; 대법원 2011.4.28. 선고 2009다23610 판결), 국내 학설도 대부분 이를 따르고 있다.[164]

ㄴ) 소수설

소수설은 자기주식취득 규제의 목적이 출자환급에 따른 자본충실의 침해 방지에만 있지 않고 특히 지배구조의 왜곡 방지도 포함한다는 점에서 "회사의 계산"은 자기주식 규제 목적을 반영하여 해석해야 한다고 하면서, 대법원판례가 제시한 자금출연과 손익귀속에 추가하여 회사(보다 정확하게는 경영진)가 주식에 대한 지배를 하는지 여부를 중요한 고려요소로 하는 견해가 제기된다.[165]

이 견해는 "회사의 계산"에 의한 취득인지를 판단할 때 i) 취득자금의 출처, ii) 취득을 위한 거래의 의사결정, iii) 취득한 주식에 대한 지배 등을 고려하여 판단해야 한다는 일본의 유력한 견해에 의해 영향을 받은 것으로 보인다.[166]

생각건대, 회사의 자기주식 취득의 형태가 파생상품계약과 결합되어 갈수록 복잡해짐에 따라 판례가 제시한 자금의 출연과 손익의 귀속이라는 기준만으로는 상법이 금지하고자 하는 자기주식의 취득에 해당하는지 여부를 판단하기 어려운 사례가 증가하

164) 김정호, 「회사법[제4판]」, 법문사, 2015, 222면; 이철송, 회사법강의, 391면; 송옥렬, 상법강의, 871면; 한국상사법학회, "자기주식의 취득 및 처분", 「주식회사법대계 I[제2판]」, 법문사, 2016, 1023~1024면(정수용 집필부분). 김건식·노혁준·천경훈, 「회사법[제3판]」, 박영사, 2018, 664~665면.

165) 박준, 전게논문, 15면. 이 견해는 타인명의로 회사계산에 의한 자기주식 취득을 출연의 유형, 손익귀속의 범위, 주식에 대한 지배의 유형으로 구분하여 자세하게 분석하고 있다(박준, 전게논문, 13~55면).

166) 龍田節, "会社の計算による自己株式の取得", 「法学論叢」 第138卷 第4·5·6号(1996), 5~11면.

고 있다. 자기주식 취득 규제의 취지가 자본충실과 지배구조의 왜곡을 방지하는데 있는 점에 비추어 "회사의 계산"인지 여부에 대한 판단기준으로서 "회사의 의한 지배"를 그 판단요소로 추가하는 견해가 타당하다고 본다.

(다) 입법론

필자는 상법개정 이전인 2010년 발표한 논문에서 당시 상법개정안 제341조 제1항에 대해서 「"회사는 다음의 방법에 따라 자기의 명의와 계산으로 자기의 주식을 취득할 수 있다."고 규정하고 있다. 이렇게 규정하면 '타인의 명의로 하면서 자기의 계산으로' 자기주식을 취득하는 경우에는 자기주식의 취득이 허용되지 않기 때문에, 신탁계약을 통해서는 자기주식을 취득할 수 없게 되므로 문제이다. 또한 제341조의2의 경우에도 타인명의의 자기주식 취득을 허용할 수 있어야 한다. 따라서 개정안 제341조 제1항은 현행 제341조처럼 "자기의 명의"를 삭제하여 "회사는 다음의 방법에 따라 자기의 계산으로 자기의 주식을 취득할 수 있다." 라고 규정하는 것이 타당하다고 본다.」고 기술한 바 있다.[167]

이에 대하여 신탁계약에 의한 자기주식취득은 신탁법리상 타인(신탁업자)명의, 타인(신탁업자)계산으로 보아야 한다는 견해가 제기되었는데, 이는 신탁업자가 위탁자인 발행회사의 주식을 취득하는 측면에서 보는 것이다.[168] 한편 자본시장법에서 허용하는 자기주식취득은 위탁자가 신탁계약에 따라 자기주식을 취득한 신탁업자로부터 신탁계약이 해지되거나 종료되어 자기주식을 반

167) 김순석, "상법개정안상 자기주식 및 주식소각 제도의 검토", 「일감법학」 제18호(건국대학교 법학연구소, 2010), 159면.

168) 안성포, 전게논문, 77면, 주) 9.

환받는 방법에 의한 취득이다(자본시장법 제162조의2 제3호).

이러한 자본시장법의 규제방식은 일관성 측면에서 문제가 있다고 본다. 위탁자가 특정금전신탁 등을 통하여 수탁자로 하여금 자기주식(위탁자의 주식)을 취득하도록 하는 경우, 당해 위탁자가 이러한 방식으로 자기주식을 '취득'하는 단계에 대해서는 규정하지 않고, 신탁계약을 해지 또는 종료하는 단계에서 위탁자가 자기주식을 취득하는 것을 허용한다고 규정하는 것(자본시장법 제162조의 제3호)이 일관성 측면에서 타당한 것인지 의문이다. 이 조항은 신탁을 해지하거나 종료할 때 신탁업자의 편의를 위하여 도입되면서 체계적으로 혼란을 초래한 측면이 있다. 또한 신탁을 해지하거나 종료할 때 자기주식을 반환하지 않고 처리할 수도 있으므로, 이러한 경우 발행회사인 위탁자의 자기주식의 취득에 대해서는 규정하지 않고 있다.

또한 위탁자가 자기재산을 신탁회사에 출연하여 자기주식을 신탁목적으로 취득하도록 하는 경우, 위탁자가 자기의 계산(출연)[169]으로 타인(수탁자)의 명의로 자기주식을 취득하는 것에 해당하는데, 이를 상법상 금지해야 할 이유는 없을 것이다.[170] 따라서

169) 회사가 직접 자기 주식을 취득하지 아니하고 제3자의 명의로 회사의 주식을 취득하였을 때 그것이 상법상 금지하는 회사의 계산으로 취득한 것에 해당한다고 보기 위해서는, 그 주식취득을 위한 자금이 회사의 출연에 의한 것이고 그 주식취득에 따른 손익이 회사에 귀속되는 경우이어야 한다(대법원 2003.5.16. 선고 2001다44109 판결, 대법원 2007.7.26. 선고 2006다33609 판결, 대법원 2011.04.28. 선고 2009다23610 판결). 위탁자가 수익자를 위탁자 자신으로 정하는 신탁을 자익신탁이라 한다. 예컨대, 특정금전운용신탁은 위탁자가 운용방법에 대하여 구체적인 지시권을 유보하고 있고, 수탁자에게 재량의 여지는 없으므로 전형적인 자익신탁이다(新井誠, 「信託法[第3版]」, 有斐閣, 2008, 71面).

170) 위탁자가 특정금전신탁을 통해 자기주식을 취득하는 경우 위탁자의 회계처리는 위탁자가 직접 자기주식을 취득하는 경우와 동일하다. 예컨대, 100억

이 경우 회사가 타인의 명의(수탁자)와 자기의 계산으로 자기주식을 취득하는 것을 허용해야 할 것이다. 그렇지 않게 되면 신탁계약에 의한 자기주식의 취득이 위탁자의 입장에서는 무효라고 볼 수 있기 때문이다. 또한 자본시장법에서 위탁자의 이러한 취득을 허용한다는 예외규정도 없는 실정이다.

이러한 문제를 해결하기 위한 입법론으로는 세 가지 방법을 생각할 수 있다. 첫째, 제341조 제1항의 "자기명의와 자기계산"에서 "자기명의"는 삭제하고 포괄적으로 규정하는 방법이다. 둘째, 제341조의2에서 항목을 추가하여 특정목적에 의한 취득의 한 유형으로 규정하는 방법이다. 셋째, 자본시장법에서 신탁계약에 의한 취득에 대해 상법상 예외를 규정하는 방법이다.

생각건대, 자본시장법에서 규정하는 경우에는 상장법인 또는 신탁업자에 한하여 규제하는 경우가 대부분이므로, 비상장법인에게도 적용하기 위해서는 일반법인 상법에서 규정하는 것이 바람직하다고 본다. 제341조의2에서 규정한 특정목적에 의한 자기주식의 취득은 매우 제한적인 범위에서 인정되는 것이므로, 2011년 개정상법에 의해 활용도가 높아진 배당가능이익에 의한 자기주식취득 규정인 제341조에서 규정하는 것이 타당하고 본다.

(2) 취득방법

배당가능이익의 범위 내에서 자기주식을 취득하면 자본충실을 침해하는 문제는 발생하지 않는다. 그러나 취득의 상대방이나 취득가격을 정하는 방식에 따라 주주 간에 불공평이 생길 수도 있

원을 특정금전신탁으로 설정한 후 기말 특정금전신탁의 신탁재산이 자기주식 90억 원과 MMF 10억 원이라면, 위탁자인 발행회사는 90억 원은 자본조정항목으로, 10억 원은 단기매매증권으로 회계처리한다.

으므로 상법은 취득방법을 제한하고 있다. 즉, i) 거래소에서의 매수(제341조 제1항 제1호)와 ii) 균등한 조건에 의한 매수를 규정하고 있다(제341조 제1항 제2호). 그러나 특정한 주주로부터만 취득하는 것은 주주평등의 원칙에 반하므로 허용되지 아니한다.

1) 거래소에서의 취득

거래소에서 시세가 있는 주식의 경우에는 거래소에서 취득하는 방법으로 배당가능이익의 범위 내에서 자기의 명의와 계산으로 자기주식을 취득할 수 있다(제341조 제1항 본문 및 제1호).

거래소에서의 취득은 일반적으로 모든 주주가 공평하게 매도할 수 있고 가격도 경쟁적으로 형성되므로 주주 간에 평등하게 취득할 수 있게 된다. 그러나 거래소에서의 취득이 반드시 이러한 공평성을 보장하는 것은 아니며, 거래방식에 따라서는 일부 주주의 주식만을 집중적으로 매수할 수 있기 때문에 주주들에게 실질적인 공평한 기회가 보장되어야 한다. 따라서 상장회사라 하더라도 반드시 거래소에서 취득해야만 하는 것은 아니며, 거래소 이외일지라도 균등한 조건으로 취득할 수 있다.[171)]

2) 균등한 조건으로 취득하는 방법

상환주식 이외의 경우[172)]에는 각 주주가 가진 주식 수에 따라 균등한 조건으로 취득하는 것으로서 대통령령으로 정하는 방법

171) 이철송, 회사법강의, 397. 상장회사의 경우 거래소시장에서의 매수 및 자본시장법상 공개매수 등의 방법이 가능하다(송옥렬, 상법강의, 864면).

172) 상환주식을 제외한 이유는 상환조건이 성취되지 않았음에도 불구하고 자기주식취득의 방법으로 상환주식을 취득하면 사실상 상환의 효과를 가져오게 되므로 이를 방지하기 위한 것이다. 상환주식의 상환도 배당가능이익으로 하기 때문에 자기주식의 취득과 동일한 경제적 효과를 발생시킨다(송옥렬, 상법강의, 865면).

으로 취득할 수 있다(제341조 제1항 제2호).[173] 대통령령이 정하는 방법이란 i) 회사가 모든 주주에게 자기주식 취득의 통지 또는 공고를 하여 주식을 취득하는 방법, 또는 ii) 자본시장법 제133조부터 제146조까지 규정에 따른 공개매수의 방법을 말한다(상법시행령 제9조 제1항). 공개매수의 방법에 대해서는 자본시장법에서 자세하게 규정하고 있으므로 상법에서는 균등한 조건으로 취득하는 방법에 대해서만 규정하고 있다.

(가) 모든 주주에게 통지 또는 공고하여 취득하는 방법

i) 취득방식 주주총회 또는 이사회결의로 자기주식 취득을 결정한 회사가 모든 주주에게 자기주식 취득의 통지 또는 공고를 하는 방법을 통하여 자기주식을 취득하는 경우에는(상법시행령 제9조 제1항 제1호), 실제로 자기주식을 취득하려는 때에 이사회 결의로 ① 자기주식 취득의 목적, ② 취득할 주식의 종류 및 수, ③ 주식 1주를 취득하는 대가로 교부할 금전이나 그 밖의 재산(해당 회사의 주식은 제외한다. 이하 "금전 등"이라 한다)의 내용 및 그 산정 방법, ④ 주식 취득의 대가로 교부할 금전 등의 총액, ⑤ 20일 이상 60일 내의 범위에서 주식양도를 신청할 수 있는 기간(이하 "양도신청기간"이라 한다), ⑥ 양도신청기간이 끝나는 날부터 1개월의 범위에서 양도의 대가로 금전 등을 교부하는 시기와 그 밖에 주식 취득의 조건 등을 정하여야 한다. 이 때 주식 취득의 조건은 이사회가 결의할 때마다 균등하게 정하여야 한다(상법시행령 제10조 제1호).

ii) 통지 및 공고 회사는 양도신청기간이 시작하는 날의 2주

173) 균등한 조건은 같은 종류주식에만 적용되며, 다른 종류주식에는 적용되지 않는다.

전까지 각 주주에게 회사의 재무 현황, 자기주식 보유 현황 및 상법시행령 제10조 제1호 각 목의 사항을 서면으로 또는 각 주주의 동의를 받아 전자문서로 통지하여야 한다(상법시행령 제10조 제2호).

iii) 주식양도신청　회사에 주식을 양도하려는 주주는 양도신청기간이 끝나는 날까지 양도하려는 주식의 종류와 수를 적은 서면으로 주식양도를 신청하여야 한다(상법시행령 제10조 제3호).

iv) 자기주식 취득계약의 성립시기 및 배정주식수의 결정방법　주주가 회사에 대하여 주식 양도를 신청한 경우 회사와 그 주주 사이의 주식 취득을 위한 계약 성립의 시기는 양도신청기간이 끝나는 날로 정하고, 주주가 신청한 주식의 총수가 회사가 취득할 주식의 총수를 초과하는 경우 계약 성립의 범위는 회사가 취득할 주식의 총수를 (전체) 주주가 신청한 주식의 총수로 나눈 수에 해당 주주가 신청한 주식의 수를 곱한 수(이 경우 끝수는 버린다)로 정한다(상법시행령 제10조 제4호).

상법시행령 제10조 제4호는 상법 제341조 제1항 제2호에 따라 "각 주주가 가진 주식 수에 따라 균등한 조건"으로 취득하는 방법을 규정한 것이다. 상법의 동 조항은 주주평등의 원칙을 보장하기 위한 것이다(통설).[174] 그러나 상법시행령 제10조 제4호는 상법 제341조 제1항 제2호의 위임입법의 한계를 벗어났다는 지적을 받는다. 즉, 상법시행령은 주주가 신청한 주식의 총수가 취득예정주식 수를 초과하는 경우 배정방법을 "취득할 주식의 총수를 (전체) 주주가 신청한 주식의 총수로 나눈 수에 해당 주주가 신청한 주식의 수를 곱한 수"를 기준으로 정하도록 규정하고 있는

174) 신현탁, "개정상법에 의한 자기주식취득 제도의 변화" 「경영법률」 제23권 제4호(한국경영법률학회, 2013), 138면 각주 36).

데, 이는 위임규정인 상법 제341조 제1항 제2호에서 규정한 "각 주주가 가진 주식 수"가 아니라 신청비율에 비례하여 자기주식을 취득하도록 규정하고 있으므로, 이는 상법 제341조 제1항 제2호에서 규정한 주주평등의 원칙에 반한다는 것이다. 그렇지 않으면 상법시행령이 주주평등의 원칙에 대하여 예외를 규정한 것으로 해석하여야 하는데, 이는 위임입법의 일반법리에 비추어 타당하지 않으며 조속히 상법시행령 제10조 제4호의 후문을 삭제해야 한다는 주장이 제기된다.175)

이에 대해 반대로 상법 제341조 제1항 제2호의 "각 주주가 가진 주식 수에 따라"라는 문구를 상법시행령 제10조 후단을 지원하는 내용으로 수정하여야 한다는 견해가 제기된다. 즉, 위 문구는 주주에게 신주를 배정하는 단계에서의 주주평등을 염두에 둔 것이지만, 이미 배정된 주식을 매도하는 단계인 자기주식 취득의 경우에는 이러한 평등원칙은 배려대상이 아니라는 것이다.176)

생각건대, 주주평등의 원칙은 주주에게 신주인수권을 부여하는 단계에서 보장되면 주주의 이해관계는 적절하게 보호된다고 보며, 주주가 주식을 매도하는 단계인 자기주식 취득의 경우에는

175) 신현탁, 전게논문, 144면. 상법시행령 제10조 제4호는 일본회사법 제159조 제2항과 유사하지만, 일본의 경우 주주에게 신주인수권이 보장되지 않으며, 특정한 주주로부터 자기주식의 취득도 허용된다. 또한 일본회사법 제157조는 "자기주식의 취득조건은 균등하여야 한다"고만 규정하고 있을 뿐, 우리나라 상법 제341조 제1항 제2호처럼 "각 주주가 가진 주식 수에 따라" 자기주식을 취득해야 한다는 규정은 없다. 상법시행령 제10조 제4항은 일본회사법 조항을 참고하면서 양국 법제의 차이를 간과한데 따른 문제로 보인다. 상법시행령 제10조 제4항을 적용함에 따른 모순점에 대해서는 신현탁 전게논문 140~142면 참조.

176) 이철송, "2011년 개정 자기주식제도의 입법적 보완방안", 「선진상사법률연구」 통권 제69호(2015), 34면.

매도수량에 따른 비례적 취급이 타당하다는 점에서 후자의 견해에 찬성한다.

(나) 자본시장법상 공개매수에 의하여 취득하는 방법

ⅰ) 공개매수의 의의 자본시장법상 공개매수라 함은 불특정 다수인에 대하여 의결권 있는 주식, 그 밖에 대통령령으로 정하는 증권(이하 "주식 등"이라 한다)의 매수(다른 증권과의 교환을 포함한다)의 청약을 하거나 매도(다른 증권과의 교환을 포함한다)의 청약을 권유하고 증권시장 및 다자간매매체결회사(이와 유사한 시장으로서 해외에 있는 시장을 포함한다) 밖에서 그 주식 등을 매수하는 것을 말한다(자본시장법 제133조 제1항). 공개매수의 주체는 발행회사와 그 외 제3자로 구분할 수 있는데, 발행회사에 의한 공개매수는 결국 자기주식의 취득에 해당한다.[177]

불특정 다수인이어야 하는 것은 매수의 상대방이 아니라 매수청약의 상대방 또는 매도청약 권유의 상대방이다.[178] 다수인의 범위에 대해서는 어느 정도의 인원을 말하는지에 대하여 법령상 특별한 규정은 없다. 이에 따라 증권의 모집·매출에 적용되는 50인 기준을 적용하는 견해, 공개매수의 강제요건인 과거 6개월간 해당 주식 등의 양도인을 합산하여 10인 이상(자본시장법 제133조 제3항, 동법시행령 제140조 제1항, 제2항)으로 보는 견해,[179] 구체적인 인원수에 따라 정하는 것은 타당하지 않고 구체적인 거래의

177) 김건식·정순섭, 「자본시장법[제3판]」, 두성사, 2013, 338면.

178) 김건식·정순섭, 전게서, 341면; 임재연, 회사법Ⅰ, 483면.

179) 김건식·정순섭, 전게서, 341면; 김정수, 「자본시장법원론[제2판]」, SFL그룹, 2014, 920면; 임재연, 「2018년판 자본시장법」, 박영사, 2018(이하 "2018년판 자본시장법"이라 한다), 570면.

사정을 고려하여 판단하는 견해[180] 등이 거론된다. 생각건대, 공개매수의 규제를 위반하는 경우 형사책임까지 수반되는 점을 고려하면(자본시장법 제444조) 그 기준이 객관적으로 명확해야 한다고 본다. 따라서 구체적 숫자를 기준으로 하는 것이 타당하고, 50인 기준은 규제의 공백이 크므로 공개매수의 강제요건인 10인 이상을 기준으로 하는 것이 타당하다고 본다.

ii) 공개매수의 대상　공개매수의 대상은 의결권 있는 주식, 그 밖에 대통령령으로 정하는 증권이다(자본시장법 제133조 제1항). "의결권 있는 주식, 그 밖에 대통령령으로 정하는 증권"이란 의결권 있는 주식에 관계되는 다음의 증권을 말한다(자본시장법시행령 제139조).[181]

1. 주권상장법인이 발행한 증권
   가. 주권[182]
   나. 신주인수권이 표시된 것
   다. 전환사채권

180) 송종준, 「적대적 M&A의 법리」, 도서출판 개신, 2008, 74면.

181) 자본시장법 제133조 제1항은 "주식등"을 의결권 있는 주식, 그 밖에 대통령령으로 정하는 증권으로 정의하고, 동법시행령 제139조는 "주식등"을 의결권이 있는 주식에 관계되는 다음 각 호의 어느 하나에 해당하는 증권으로 정의하고 있다. 동일한 법령에서 동일한 용어를 다르게 규정하는 것은 혼동을 초래할 수 있으므로 정비를 요한다. 또한 시행령에서는 "그 밖에 대통령령으로 정하는 증권"만 규정하지 않고, 법률에서 이미 규정한 "의결권 있는 주식"을 포함하여 "의결권 있는 주식, 그 밖에 대통령령으로 정하는 증권"을 정의함으로써 위임입법의 한계를 벗어나고 있다.

182) 법문상 '의결권 있는 주식'과 같은 의미로 보아야 한다(김건식·정순섭, 전게서, 341면). 정관에서 의결권 부활의 조건을 정하여 의결권의 배제·제한의 종류주식을 발행한 경우(상법 제344조의3 제1항), 그 조건이 충족되어 의결권이 부활된 주식은 '의결권 있는 주식'에 포함된다.

라. 신주인수권부사채권

마. 가목부터 라목까지의 증권과 교환을 청구할 수 있는 교환사채권

바. 가목부터 마목까지의 증권을 기초자산으로 하는 파생결합증권(권리의 행사로 그 기초자산을 취득할 수 있는 것만 해당한다)

2. 주권상장법인 외의 자가 발행한 증권[183)]

가. 제1호에 따른 증권과 관련된 증권예탁증권

나. 제1호에 따른 증권이나 가목의 증권과 교환을 청구할 수 있는 교환사채권

다. 제1호에 따른 증권이나 가목·나목의 증권을 기초자산으로 하는 파생결합증권(권리의 행사로 그 기초자산을 취득할 수 있는 것만 해당한다)

신주인수권이 표시된 것에는 상법상 신주인수권증서 이외에 신주인수권부사채에서 분리된 신주인수권증권도 포함된다. 분리형 신주인수권부사채에서 신주인수권증권이 분리되고 남은 사채는 의결권 있는 주식과 관련이 없으므로 공개매수 대상이 아니다. 파생결합증권에는 권리의 행사로 그 기초자산을 취득할 수 있는 것만 해당하므로 주가연계증권(ELS), 주식워런트증권(ELW)처럼 차액을 현금결제하는 것은 포함되지 않는다.[184)]

---

183) 구 증권거래법에서는 공개매수 대상을 상장법인이 발행한 증권에 한정함으로써 규제의 공백이 있었다(구 증권거래법시행령 제10조). 이에 따라 자본시장법에서는 주권상장법인 외의 자가 발행한 증권이더라도 주권상장법인의 주식으로 전환될 가능성이 있는 증권을 공개매수의 대상에 포함시켰다(변제호 외 4인, 「자본시장법」, 지원출판사, 2009, 418면).

184) 임재연, 2018년판 자본시장법, 571면 주) 15.

한편 주권비상장법인의 자기주식을 자본시장법상 공개매수의 방법으로 취득할 수 있는지 여부가 문제된다. 제1설은 자본시장법상 주권비상장법인의 주식에 대한 공개매수 규정이 없기 때문에 허용되지 않는다는 것이다.[185] 제2설은 상법시행령 제9조 제1항 제2호는 자기주식의 취득방법의 하나로서 자본시장법상 규정된 공개매수의 방법을 규정한 것이므로, 주권비상장법인의 주식은 자본시장법상 공개매수의 대상증권에는 해당하지 않지만, 공개매수 방법으로 취득하는 것은 가능하다는 견해이다.[186] 생각건대, 주권비상장법인의 경우 자본시장법상 공개매수에 대한 규제가 적용되지 않으므로 주주들로부터 공평하게 매수하는 방법으로서의 실효성을 확보하기 어렵다고 본다. 따라서 주권비상장법인의 주식에 대해서는 공개매수가 아니라 상법시행령 제1항 제1호의 "회사가 모든 주주에게 자기주식 취득의 통지 또는 공고를 하여 주식을 취득하는 방법"으로 취득해야 한다고 본다.

ⅲ) 매수의 청약 또는 매도청약의 권유 공개매수자가 불특정 다수인을 상대로 매수청약 또는 매도청약의 권유를 하게 되는데, 응모주주의 응모행위가 공개매수자의 매수청약에 대한 승낙인지, 매도청약의 권유에 따른 매도청약인지에 대하여 논란된다.

제1설은 매수의 청약은 별 의미가 없고 매도청약의 권유만이 의미가 있다고 보는 견해이다. 매수의 청약을 하는 경우 이론상 주주의 응모를 승낙으로 파악하여야 하는데, 이는 ① 공개매수자

185) 송옥렬, 상법강의, 863면; 안성포, 전게논문, 85면; 정준우, 전게논문, 256면 주) 58.

186) 임재연, 회사법Ⅰ, 484면. 이 경우 자본시장법상 공개매수에 관련된 규제는 적용되지 않는다.

는 응모주식을 공개매수기간이 종료한 날의 다음 날 이후에 지체 없이 매수할 의무를 부담하는데(자본시장법 제141조 제1항), 이는 주주의 응모를 승낙으로 파악해서는 원만한 설명이 어렵고, 공개매수에 따른 주식 등의 매매계약시점을 규정한 것으로 보아야 하며,[187] ② 응모한 주주는 공개매수기간 중 응모를 취소할 수 있는데(동법 제139조 제4항) 응모의 의미를 매수청약에 대한 승낙으로 보면 계약성립 후에 승낙을 취소한다는 어색한 결과가 발생한다는 것이다. 이에 따라 공개매수를 매도청약의 유인으로 보고, 주주의 응모를 매도청약으로 보며, 공개매수자는 사전에 명시된 조건에 따라 승낙할 의무가 있다고 본다. 제141조 제1항 단서를 이러한 내용을 규정한 것으로 본다.[188]

제2설은 응모주식 전부를 조건 없이 매수하기로 하는 경우에는 공개매수를 매수청약으로 보고, 주주의 응모는 승낙으로 본다. 그러나 그 이외의 경우에는 공개매수는 매도청약의 권유, 주주의 응모는 청약으로 본다. 즉, 제141조 제1항의 단서에 따라 공개매수자는 ① 응모한 주식등의 총수가 공개매수 예정주식등의 수에 미달할 경우 응모 주식등의 전부를 매수하지 아니한다는 조건 또는 ② 응모한 주식등의 총수가 공개매수 예정주식등의 수를 초과할 경우에는 공개매수 예정주식등의 수의 범위에서 비례배분하여 매수하고 그 초과 부분의 전부 또는 일부를 매수하지 아니한다는 조건 등을 공개매수공고에 게재하고 공개매수신고서에 기재한 경우에는 그 조건에 따라 응모한 주식등의 전부 또는 일부

187) 반면 제2설을 취하는 견해는 제141조 제1항을 응모주주에게 매수대금을 지체없이 지급하라는 취지의 규정으로 해석한다(임재연, 회사법 I, 485면).

188) 김건식·정순섭, 전게서, 342~343면.

를 매수하지 아니할 수 있다. 이러한 경우 공개매수의 공고는 확정적 의사표시가 아니므로 매도청약의 권유로 보고, 주주의 응모는 청약으로 본다는 것이다. 매매계약의 체결시점은 주주의 응모를 승낙을 보는 경우에는 승낙에 의해 매매계약이 체결되고, 주주의 응모를 매도청약으로 보는 경우에는 공개매수자가 공개매수기간 종료시점에 전체 응모에 대하여 동시에 승낙함으로써 계약이 체결된다고 본다. 이 견해는 제133조 제1항이 공개매수의 정의에 관하여 '매수의 청약'과 '매도의 청약을 권유'하는 행위를 구분하여 규정하며, 응모주주의 응모취소에 관한 제139조 제4항도 응모를 '매수의 청약에 대한 승낙 또는 매도의 청약'으로 구분하여 규정하므로, 주주의 응모를 항상 매도청약으로 보는 것은 곤란하고, 공개매수의 조건 여하에 따라 공개매수공고 및 주주의 응모를 구분하여 해석해야 한다는 것이다.[189)]

제3설은 매수청약은 민법상의 청약, 매도청약의 권유는 청약의 유인을 의미하는 것으로 본다. 다만 민법상 매매계약과는 달리 매수청약의 경우 응모주주는 응모에 의하여 승낙하는 것이지만, 주주의 개별적인 매도의사표시만으로는 부족하고 개별주주의 매도의사표시의 총체로서 승낙이 있어야 계약이 성립한다고 본다. 즉, 응모주식의 총수가 공개매수자의 매수예정수량조건을 충족하여야 계약이 성립한다. 매도청약의 권유에 따라 주주가 청약한 경우에도 이러한 조건의 성취가 있을 때에 공개매수자가 승낙할 의무를 부담한다. 매수조건에 부합할 경우 공개매수자의 승낙의무는 공개매수의 부합계약성에 따른 귀결로 본다.[190)]

189) 임재연, 회사법Ⅰ, 484~485면.

190) 송종준, 전게서, 76면.

생각건대, 자본시장법 제133조 제1항의 공개매수 정의규정이나, 제139조 제4항의 응모주주의 취소에 관한 규정이 비추어 매수청약과 매도청약의 권유를 구분하여 해석하는 제2설이 공개매수계약의 구조를 가장 적절하게 설명하고 있다고 본다.

ⅳ) 증권시장 밖에서의 매수　공개매수는 증권시장 밖에서 매수하여야 한다. 증권시장 내에서의 매수는 누구나 참여할 수 있으므로 주주간 평등이 보장되고, 거래수량과 가격이 공표되며 경쟁매매에 의하여 공정하게 체결되기 때문에 공개매수의 규제가 필요 없다.[191] 그러나 증권시장에서의 경쟁매매 외의 방법에 의한 주식 등의 매수로서, 매도와 매수 쌍방당사자 간 계약, 그 밖의 합의에 따라 종목, 가격과 수량 등을 결정하고, 그 매매의 체결과 결제를 증권시장을 통하는 방법으로 하는 주식 등의 매수, 즉 시간외 매매는 증권시장에서의 매수로 보지 아니한다(자본시장법 제133조 제4항, 동법시행령 제144조). 따라서 이러한 시간외 매매는 공개매수의 규제대상이다.

ⅴ) 주식 등의 수량　자본시장법 제133조 제1항의 공개매수 정의규정에는 수량기준에 대해서는 규정하지 않고 있다. 반면 취득수량이 의결권 있는 발행주식총수의 5% 이상인 경우에는 공개매수가 강제된다(자본시장법 제133조 제3항). 따라서 5% 미만의 주식을 취득하는 경우일지라도 불특정 다수인에게 매도청약을 권유하여 매수하는 것이라면 공개매수에 해당되어 규제를 받게 된다. 그러나 이 경우 상법시행령 제9조 제1항 제1호에서 규정한 '회사가 모든 주주에게 자기주식 취득의 통지 또는 공고를 하여

191) 김건식·정순섭, 전게서, 343~344면; 임재연, 회사법 I , 485면.

주식을 취득하는 방법'을 활용할 수 있으므로, 절차가 복잡하고 시간과 비용이 많이 소요되는 공개매수 방법을 선택하지는 않을 것이다.[192]

ⅵ) 공개매수가 강제되는 경우　회사가 자기주식을 취득하는 경우 자본시장법상 공개매수가 강제되는 요건을 충족하는 때에는 공개매수의 방법에 의하여 취득하여야 한다. 즉, 주식 등을 매수하는 날부터 과거 6개월 동안 증권시장 밖에서 10인 이상의 자로부터 이의 매수 등을 하고자 하는 자는 그 매수 등을 한 후에 본인과 그 특별관계자가 보유하게 되는 주식등의 수의 합계가 그 주식등의 총수의 100분의 5 이상이 되는 경우(본인과 그 특별관계자가 보유하는 주식등의 수의 합계가 그 주식등의 총수의 100분의 5 이상인 자가 그 주식등의 매수 등을 하는 경우를 포함한다)에는 공개매수를 하여야 한다(자본시장법 제133조 제3항, 동법시행령 제140조).

자기주식에는 의결권이 없으므로 발행회사가 자기주식을 취득하더라도 지배권 변동에 영향을 주는 것은 아니지만, 자기주식을 취득하는 과정에서 특정한 주주에게만 이익을 주면 주주평등원칙에 반하거나 내부자거래 또는 시세조종 등의 우려가 있으므로, 공개매수의 강제요건에 해당하는 경우에는 자기주식의 취득도 반드시 공개매수의 방법에 따라야 한다.[193]

(다) 자기주식 취득내역서의 비치

자기주식을 취득한 회사는 지체 없이 취득 내용을 적은 자기주식 취득내역서를 본점에 6개월간 갖추어 두어야 한다. 이 경우

---

192) 동지, 김건식·정순섭, 전게서, 344면.

193) 임재연, 2018년판 자본시장법, 573~574면.

주주와 회사채권자는 영업시간 내에 언제든지 자기주식 취득내역서를 열람할 수 있으며, 회사가 정한 비용을 지급하고 그 서류의 등본이나 사본의 교부를 청구할 수 있다(상법시행령 제9조 제2항).

3) 자본시장법상 자기주식 관련 규정의 정비

2011년 개정상법 제341조는 현행 자본시장법 제165조의2 자기주식 취득 특례에 관한 조항을 거의 수용하였으므로 중복적인 규정을 철폐를 위하여 정부는 이를 2013년 개정 자본시장법에 반영하였다.

즉, 개정전 자본시장법 제165조의2 제2항의 증권시장에서의 취득과 공개매수에 의한 자기주식 취득은 상법 제341조 제1항에 반영되었으므로 이를 철폐하고, 신탁계약에 따라 자기주식을 취득한 신탁업자로부터 신탁계약이 해지되거나 종료된 때 반환받는 방법(신탁업자가 해당 주권상장법인의 자기주식을 「상법」 제341조 제1항의 방법으로 취득한 경우로 한정한다)으로 자기주식을 취득하는 경우에 대해서만 규정하고 있다(자본시장법 제165조의5 제1항 및 제2항).

또한 개정상법 제341조 제2항에 따르면 회사가 자기주식을 취득하려면 주주총회 결의(또는 정관에서 이사회 결의로 이익배당을 할 수 있다고 정하고 있는 경우에는 이사회 결의)를 거쳐야 한다. 이에 따라 주권상장법인도 이러한 절차를 거쳐야 하는지에 대하여 논란이 있었다. 이러한 문제를 해소하기 위하여 자본시장법은 주권상장법인이 자기주식을 취득하는 경우에는 상법 제341조 제2항에도 불구하고 이사회의 결의로써 자기주식을 취득할 수 있다고 규정하고 있다(자본시장법 제165조의5 제3항).

<2013년 개정 자본시장법의 내용>

개정 전	현행법
제165조의2(자기주식 취득의 특례) ① 주권상장법인(외국법인등은 제외한다. 이하 제165조의16 및 제165조의18을 제외한 이 장에서 같다)은 다른 법률에 따르는 경우 외에는 해당 법인의 명의와 계산으로 자기주식을 취득할 수 있다.	제165조의3(자기주식 취득 및 처분의 특례) ① 주권상장법인은 다음 각 호의 방법으로 자기주식을 취득할 수 있다. 1. 「상법」 제341조 제1항에 따른 방법 2. 신탁계약에 따라 자기주식을 취득한 신탁업자로부터 신탁계약이 해지되거나 종료된 때 반환받는 방법(신탁업자가 해당 주권상장법인의 자기주식을 「상법」 제341조 제1항의 방법으로 취득한 경우로 한정한다)
② 주권상장법인은 제1항에 따라 자기주식을 취득하는 경우에는 다음 각 호의 방법에 따라야 한다. 이 경우 그 취득금액은 「상법」 제462조제1항에 따른 이익배당을 할 수 있는 한도 이내이어야 한다. 1. 증권시장에서 취득하는 방법 2. 제133조제1항에 따른 공개매수의 방법 3. 제3항에 따른 신탁계약에 따라 자기주식을 취득한 신탁업자로부터 신탁계약이 해지되거나 종료된 때 반환받는 방법. 다만, 신탁업자가 해당 법인의 자기주식을 제1호 또는 제2호에 따라 취득한 경우만 해당한다.	② 제1항의 경우 자기주식의 취득가액의 총액은 「상법」 제462조 제1항에 따른 이익배당을 할 수 있는 한도 이내이어야 한다.
③ 주권상장법인이 금전의 신탁계약에 따라 신탁업자에게 자기주식을 취득하게 하는 경우에는 그 신탁계약의 계약금액을 제2항 각 호 외의 부분 후단에 따른 취득금액으로	③ 주권상장법인은 제1항의 방법 또는 「상법」 제341조 제1항 각 호의 어느 하나에 해당하는 방법으로 자기주식을 취득하는 경우에는 같은 조 제2항에도 불구하고 이사회

개정 전	현행법
본다. ④ 주권상장법인은 제1항부터 제3항까지의 규정에 따라 자기주식을 취득(신탁계약의 체결을 포함한다. 이하 이 조에서 같다)하거나 이에 따라 취득한 자기주식을 처분(신탁계약의 해지를 포함한다. 이하 이 조에서 같다)하는 경우에는 대통령령으로 정하는 요건·방법 등의 기준에 따라야 한다. ⑤ 주권상장법인은 이익배당을 할 수 있는 한도 등의 감소로 제2항 후단에 따른 범위를 초과하여 자기주식을 취득하게 된 경우에는 그날부터 대통령령으로 정하는 기간 이내에 그 초과분을 처분하여야 한다. ⑥ 주권상장법인이 제1항 및 제2항에 따라 자기주식을 취득하는 경우에는 「상법」 제341조의2 제1항부터 제3항까지의 규정을 적용하지 아니한다.	의 결의로써 자기주식을 취득할 수 있다. ④ 주권상장법인은 제1항에 따라 자기주식을 취득(자기주식을 취득하기로 하는 신탁업자와의 신탁계약의 체결을 포함한다)하거나 이에 따라 취득한 자기주식을 처분(자기주식을 취득하기로 하는 신탁업자와의 신탁계약의 해지를 포함한다)하는 경우에는 대통령령으로 정하는 요건·방법 등의 기준에 따라야 한다.

3. 특정목적에 의한 취득

특정한 목적이 있는 경우에는 배당가능이익에 의한 제한을 받지 않고 자기주식을 취득할 수 있다(상법 제341조의2).

(1) 회사의 합병 또는 다른 회사의 영업전부의 양수로 인한 경우(제1호)

흡수합병의 경우 소멸회사의 재산 중에 존속회사의 주식이 포함되어 있거나, 영업양도의 경우 영업목적인 영업재산 중에 양수회사의 주식이 포함되어 있으면 존속회사 또는 양수회사가 자기주식을 취득하게 된다. 이는 포괄승계로서 이론상 당연한 취득이다. 한편 분할합병의 경우에도 흡수합병의 경우와 질적인 차이가 없기 때문에 본 호를 유추적용하여 자기주식의 취득을 허용하여야 한다.[194]

존속회사가 보유하고 있던 소멸회사의 주식은 실무상 포합주식(抱合株式)이라 한다. 포합주식은 상법 제341조의2에 의해서 규율되는 것이 아니라 포합주식에 대한 합병신주의 배정문제로 다루어지고 있다. 합병의 준비단계에서 미리 존속회사가 소멸회사의 주식을 매입하는 경우도 있고, 특히 모회사가 자회사를 합병하는 경우에 포합주식이 발생한다. 포합주식에 대한 합병신주의 배정은 실질적으로 신주발행에 의한 자기주식취득과 다르지 않다. 포합주식에 대해 합병신주를 부여할 수 있는지 여부에 대해서는 견해가 대립한다.

우선 포합주식에 대하여도 합병신주를 배정할 수 있다는 긍정설[195]은, ① 포합주식에 대한 합병신주의 배정은 통상의 신주발행에 의해 발행회사가 자기주식을 취득하는 것이 아니고, ② 존속회사가 보유하고 있던 자산이 합병으로 다른 종류의 자산으로 변한 것이라고 이해한다. 또한 ③ 포합주식에 대하여 신주를 배정하면 존속회사가 자기주식을 취득한 것이 되지만, 이는 상법 제341조의2 제1호에 의해 허용되는 예로 본다.[196] 판례도 "존속회사가 보유하던 소멸회사의 주식에 대하여 반드시 신주를 배정하여야 한다고 볼 수 없다"고 판시하여(대법원 2004.12.9. 선고 2003

194) 권기범, 현대회사법론, 607면.

195) 송옥렬, 상법강의, 1233면; 이철송, 회사법강의, 1080면; 정동윤, 「회사법[제7판]」, 법문사, 2001, 819면.

196) 이철송, 회사법강의, 1080면.

다69355 판결), 합병신주의 배정 여부는 당사자들이 자유롭게 정할 수 있다고 본다.[197] 합병신주를 배정하게 되면 존속회사가 자기주식을 보유하는 결과가 된다.[198]

반면 부정설[199]은 ① 상법 제341조의2가 이러한 경우를 규정한 것이 아니고, 그렇다고 일반목적에 의한 자기취득으로 본다면 상법상 규정된 취득방법에 반하므로 합병신주를 배정해서는 안 된다는 것이다. ② 포합주식에 대하여 합병신주를 배정하면 발행회사가 자신에 대하여 신주를 발행하여 주는 결과가 되고, ③ 포합주식에 대하여 합병신주를 배정하더라도 어차피 상당한 기간 내에 이를 소각하여야 하므로 포합주식에 대한 합병신주 배정을 허용하는 경우 불필요한 절차를 반복하게 된다는 것이다.[200] ④ 독일, 프랑스 일본의 경우에도 포합주식에 대하여 합병신주를 교부하지 않는다는 점을 명문으로 규정하고 있다고 한다(독일기업재편법 제68조 제1항 제1문, 프랑스상법 L.236-3조 제2항 제1호, 일본회사법 제749조 제1항 제3호 괄호).[201] 포합주식에 대하여 합병신주를 배정하지 않으면 합병에 의해 증가하는 금전의 자본액은 그만큼 적어지므로 소멸회사로부터 승계하는 순자산액과 합병에 의한 자본증가액의 차액이 자본준비금으로 적립되게 될 것이다(상법 제459조 제1항, 상법시행령 제18조). 이러한 내용은 합병계약서에 기재

---

197) 동지, 정동윤, 전게서, 819면. 이에 따라 실무에서도 포합주식에 대한 합병신주의 배정 여부가 일관적이지 않는 것으로 보인다.

198) 송옥렬, 상법강의, 1233면.

199) 권기범, 현대회사법론, 155면; 최기원, 「신회사법론[제14대정판]」, 박영사, 2012, 1107면; 한국상사법학회 편, 전게서, 1013면(정수용 집필부분).

200) 한국상사법학회 편, 전게서, 1013면(정수용 집필부분).

201) 권기범, 현대회사법론, 155면; 江頭憲治郎·中村直人, 「論点體系 會社法 5」, 第一法規, 2012, 264面; 玉井裕子, 「合併ハンドブック」, 商事法務, 2010, 93面.

하여야 한다.

생각건대, 상법 제341조의2 제1호를 이러한 경우까지 포함하는 것으로 확대해석하는 것은 적절하지 않고, 포합주식에 합병신주를 교부하더라도 어차피 소각하게 되므로 합병절차의 효율적인 측면에서도 부정설이 더 타당하다고 보며, 일본 회사법처럼 입법을 통해 해결하는 것이 바람직할 것이다.

(2) 회사의 권리를 실행함에 있어 그 목적을 달성하기 위하여 필요한 경우(제2호)

회사의 권리를 실행할 때 채무자가 그 회사의 주식 이외의 재산을 가지고 있지 아니할 때에는 그 주식을 취득할 수밖에 없으므로 자기주식의 취득을 인정한 것이다. 예컨대, 채권자인 회사가 채무자에 대하여 강제집행을 하거나, 담보권을 실행하거나, 채무자와 소송상 화해를 하거나 또는 채무자로부터 대물변제를 받는 때에 채무자가 자기주식을 제외하고 달리 재산을 갖지 아니한 경우를 말한다. 채무자의 무자력이 자기주식 취득의 허용요건이며, 이는 자기주식을 취득하는 회사가 증명하여야 한다.[202]

(3) 단주의 처리를 위하여 필요한 경우(제3호)

주주가 회사로부터 원시취득한 주식에 단주가 있을 경우 이를 환가하여 주주에게 대금으로 지급하기 위해서는 회사가 단주를 취득해야 한다. 단주처리방법이 법정되어 있지 않은 통상의 신주발행(제416조)이나 전환주식·전환사채의 전환 및 신주인수권부사채권자의 신주인수권행사로 인한 신주 발행 등의 경우에 단주의 처리를 위한 자기주식의 취득이 허용된다. 반면 자본금감소, 합

202) 대법원 1977.3.8. 선고 76다1292 판결.

병, 준비금의 자본전입, 주식배당 등과 같이 단주의 처리방법이 법정된 경우(제443조, 제461조 제2항, 제462조의2 제3항, 제530조 제3항)에는 그 방법에 따라야 하며 회사가 취득할 수 없다.[203)]

(4) 주주가 주식매수청구권을 행사한 경우(제4호)

주식양도 제한회사에서 회사가 주식양도의 승인을 거부한 때 주주가 주식매수청구를 할 수 있는데 이때 회사는 자기주식을 취득하게 된다(제335조의6). 주식양수인이 매수청구를 하는 경우(제335조의2 제4항, 제335조의7 제2항)에도 마찬가지이다.

영업양도·합병·분할합병·주식의 포괄적 교환과 이전의 승인결의 등에 반대하는 주주가 주식매수청구권을 행사하는 경우(제360조의5, 제360조의22, 제374조의2 제1항, 제522조의3, 제530조의11 제2항)에도 자기주식을 취득할 수 있다.

4. 자기주식의 질취

회사는 발행주식총수의 20분의 1을 초과하여 자기의 주식을 질권의 목적으로 받지 못한다(제341조의3 본문). 다만, i) 회사의 합병 또는 다른 회사의 영업전부의 양수로 인한 경우(제341조의2 제1호) 및 ii) 회사의 권리를 실행함에 있어 그 목적을 달성하기 위하여 필요한 경우(동조 제2호)에는 그 한도를 초과하여 질권의 목적으로 할 수 있다(제341조의3 단서). 예컨대, 합병으로 인해 존속회사가 소멸회사가 가지고 있던 자기주식에 대한 질권을 승계

---

203) 이철송, 회사법강의, 400~401면; 임재연, 회사법 I, 490면. 이에 대해 단주처리방법이 법정되어 있는 경우에도 매수인이 없어서 부득이한 때에는 자기주식의 취득방식으로 단주를 처리할 수 있다는 견해도 제기된다(권기범, 현대회사법론, 608면).

하는 경우 또는 다른 회사의 영업전부를 양수함으로 인해 양도회사가 가지고 있던 양수회사의 주식에 대한 질권을 승계하는 경우 등이 해당할 것이다.

한편 자기주식의 질취에 대한 제한규정이 주식의 양도담보에도 적용되는지 여부가 문제될 수 있다. 질취의 경우 5% 범위 내에서 담보취득을 할 수 있도록 규정한 것은 질권의 경우 회사재산의 환급이 발생하지 아니하고, 주식의 소유권도 질권설정자에게 유보되기 때문이다. 그러므로 적어도 외부적으로는 주식의 소유권이 회사에 이전되는 양도담보의 경우에는 제341조의3이 적용되기 어려울 것이다.[204)]

5. 기타 자기주식의 예외적 취득

(1) 특별법상의 취득

주권상장법인은 자본시장법에 따라 자기주식을 취득할 수 있다(자본시장법 제165조의3). 또한 「벤처기업육성에 관한 특별조치법」에 근거하여 상장회사가 아닌 벤처기업은 전략적 제휴를 위하여 정관으로 정하는 바에 따라 자기주식을 주요주주(다른 주식회사의 주식을 10% 이상 보유한 주주) 또는 다른 벤처기업의 주식과 교환할 수 있다(동법 제15조 제1항). 이를 위해 해당 기업들은 각자 주주총회 특별결의를 통해 주식교환계약을 체결해야 하며, 배당가능이익의 범위 내에서 자기주식을 취득하여야 한다(동법 제15조 제2항, 제3항). 이에 반대하는 주주는 주식매수청구권을 행사할 수 있다(동법 제15조의2).[205)]

204) 한국상사법학회 편, 전게서, 1016면(정수용 집필부분).

(2) 해석상 허용되는 자기주식의 취득

회사의 재산적 기초를 위태롭게 하지 않는 것이 명백한 경우 해석상 자기주식의 취득이 허용된다. 즉, ① 무상으로 취득하는 경우, ② 타인의 계산으로 취득하는 경우, ③ 위탁매매업자가 위탁자의 계산으로 자기주식을 매수하는 경우, ④ 금융투자회사가 자기주식의 신탁을 인수하는 경우 등이다.

6. 자기주식의 지위

회사가 자기주식을 예외적으로 취득하는 경우에 회사는 그 주식에 기하여 주주권을 행사할 수 있는가? 자기주식에 대한 공익권 중 의결권에 대하여는 상법이 명문으로 규정하여 이를 배제하고 있으므로(제369조 제2항) 아무런 문제가 없다. 이러한 자기주식은 발행주식총수에 산입되지 않는다(제371조 제1항). 그러나 의결권 이외의 공익권과 자익권에 대하여는 상법에 규정이 없으므로 해석에 의하여 해결할 수밖에 없다.

소수주주권, 각종의 소제기권 등 의결권 이외의 공익권은 자기주식의 성질상 회사에 인정될 수 없다는 데 학설이 일치한다.[206)]

자익권에 대하여는 견해가 대립하고 있으나, 일체의 자익권을 부정하는 전면적 휴지설이 통설이다.[207)] ⅰ) 이익배당청구권의 경우 자기주식에 배당을 하면 동 배당금을 회사에 유보하는 것과 차이가 없으므로 무의미하다. 또한 자기주식의 취득은 실질적인 출자의 환급이므로 자기주식에 배당하는 것은 가공의 자본금에

205) 이철송, 회사법강의, 401면.

206) 송옥렬, 상법강의, 868면; 이철송, 회사법강의, 409면; 정찬형, 전게서, 779면.

207) 송옥렬, 상법강의, 868면; 이철송, 회사법강의, 409면; 정찬형, 전게서, 779면.

배당하는 결과가 된다. 주식배당도 그 본질은 이익배당이므로 금전배당과 같다. ii) 잔여재산분배청구권의 경우 소멸회사가 다시 재산을 취득하게 되어 이를 다시 주주에게 분배해야 하므로 순환이 무한대로 반복된다. iii) 자기주식이 신주인수권을 갖는지 여부에 대해서는 ① 자기주식의 가치를 유지해야 한다는 측면에서 인정된다는 견해,[208] ② 준비금의 자본전입으로 인한 신주발행시에만 인정된다는 견해[209]가 있으나, 이를 부정하는 것이 통설이다.[210] 이를 인정하면 자기주식의 증대를 초래하고, 그 실질이 이익배당과 같이 잉여금의 처분이므로 허용되어서는 안 된다고 본다.[211] 회사가 준비금의 자본전입으로 인한 무상주교부에 참가하지 못함으로 인해 일실(逸失)하는 이익은 주주들에게 비례적으로 귀속하는데, 이것이 오히려 자연스러운 현상이다.[212] iv) 주식분할에 대해서는 준비금에 의한 자본전입과 마찬가지로 자기주식에 따로 주식을 배정할 수 없다는 견해[213]와 종전의 주주권의 동일성을 유지하면서 주주권이 작은 단위로 세분되는 것에 불과하므로 자기주식에 대해 주식분할을 인정하는 견해로 나뉜다.[214] 생각건대, 주식분할이나 주식병합처럼 주주권에 변화가 없는 경

208) 서정갑, 「주석실무 개정상법총람」, 홍문관, 1984, 447면; 채이식, 「상법강의(상)[개정판]」, 박영사, 1996, 641면.

209) 최기원, 전게서, 359면; 최준선, 회사법, 314면.

210) 송옥렬, 상법강의, 868면; 이철송, 회사법강의, 409면; 정동윤, 전게서, 494~495면; 정찬형, 전게서, 779면.

211) 이철송, 회사법강의, 409면; 정동윤, 전게서, 495면.

212) 법무부장관 유권해석에서도 자기주식에 대해서는 준비금의 자본전입으로 인한 신주를 배정할 수 없다고 밝힌 바 있다(법무부 법심2301-1386, 1990.2.2).

213) 송옥렬, 상법강의, 868면.

214) 이철송, 회사법강의, 410면.

우에는 허용된다고 보는 것이 타당하다.[215]

자기주식에 대하여 주주권이 휴지되는 것은 주식 자체의 속성은 아니므로, 제3자에게 이전되면 모든 주주권이 부활한다.

7. 위법한 자기주식 취득의 효력

2011년 개정상법에 따라 자기주식취득에 대한 위법행위의 유형이 다양해졌다. 제341조의2가 열거하지 않은 목적을 위해 자기주식을 취득하는 것이 위법한 것은 개정 전과 같다. 반면 제341조의 규정에 위반하여 자기주식을 취득하는 유형으로는 i) 배당가능이익이 없거나 부족한 경우에 자기주식을 취득하는 경우, ii) 주주총회 또는 이사회의 결의 없이 취득하는 경우, iii) 주주총회나 이사회가 결의할 사항이 적법하지 않은 경우, iv) 제341조 제1항 제1호 및 제2호에서 열거하지 않은 방법으로 취득하거나 또는 취득방법이 주식평등의 원칙에 어긋나는 경우, v) 취득가격이 현저하게 불공정하여 자본충실을 해하는 경우 등이다.[216]

(1) 취득행위의 사법상 효력

상법상 자기주식의 취득 또는 질취에 관한 규정(제341조, 제341조의2, 제341조의3)에 위반한 취득 또는 질취의 효력에 관하여 학설이 대립한다.

1) (절대적) 무효설(다수설·판례)

자기주식의 취득금지에 위반하여 자기주식을 취득하는 것은 출자금을 환급하는 것과 같은 결과를 가져오는데, 이것은 주식회

215) 한국상사법학회 편, 전게서, 1020~1021면(정수용 집필부분).

216) 이철송, 회사법강의, 402면.

사의 본질적인 요청인 자본충실의 원칙을 침해하는 결과가 되며, 또한 상법 제341조는 회사, 회사채권자, 주주 및 일반투자자 등의 이익을 보호한다는 정책적 이유에 의하여 법정된 강행규정이기 때문에, 이에 위반한 취득행위는 상대방(양도인)의 선의, 악의를 불문하고 무효가 된다고 한다.[217)]

판례도 회사 또는 주주나 회사채권자 등에게 생길지도 모르는 중대한 손해를 회피하기 위하여 부득이 한 사정이 있다고 하더라도 자기주식의 취득은 허용되지 아니하는 것이고 위와 같은 금지규정에 위반하여 회사가 자기주식을 취득하는 것은 당연히 무효라는 입장이다(대법원 2003.5.16. 선고 2001다44109 판결).

2) 상대적 무효설(부분적 무효설)

자기주식취득은 원칙적으로 무효로 보면서 거래의 안전을 위해 선의의 제3자를 보호하여야 한다는 견해로서, 보호되어야 하는 범위에 따라 견해가 나뉜다.

i) 타인의 명의로 회사의 계산으로 취득하는 경우에는 양도인의 악의가 없는 한 유효하다는 견해이다.[218)] 이 견해는 양도인의 악의를 입증하기 곤란하다.

ii) 양도인은 선의·악의를 불문하고 무효를 주장하지 못하고, 거래의 안전을 위하여 회사·회사채권자·주주도 양도인에게

217) 서돈각·정완용, 「상법강의(상)[제4전정판]」, 법문사, 1999, 37면; 송옥렬, 상법강의, 870면; 정찬형, 전게서, 778면; 최기원, 전게서, 362면; 최준선, 회사법, 310면.

218) 강위두·임재호, 「상법강의(상)[제3전정판]」, 형설출판사, 2009, 626면; 손주찬, 「상법(상)[제15보정판]」, 박영사, 2004, 659면; 임홍근, 「회사법[개정판]」, 법문사, 2001, 259면; 양동석, "자기주식취득의 제한에 관한 고찰", 「기업법연구」 제9집(한국기업법학회, 2002), 402면.

악의가 없는 한 무효를 주장하지 못한다는 견해이다.[219] 이 견해에 대해서는 양도인의 악의를 입증하지 못하면 회사 이해관계자의 이익을 침해할 우려가 제기된다.

iii) 자기주식의 취득은 양도인의 선의·악의를 묻지 않고 무효이지만 선의의 제3자(전득자·압류채권자 등)에게는 대항하지 못한다는 견해이다.[220] 제3자의 보호에는 장점이 있으나 회사 이해관계자의 이익을 침해할 우려가 있다.

3) 유효설

상법 제341조의 규정을 단속규정으로 보고, 이에 위반한 자기주식의 취득행위의 사법상의 효력은 유효하다고 한다.[221] 이 설은 거래의 안전을 도모한다는 장점이 있으나, 모든 취득행위를 유효라고 보는 것은 자기주식의 취득을 금하는 입법취지에 어긋난다는 비판을 받는다.

4) 위반 유형별 접근방법

자기주식취득 규정 위반의 효력을 유형별로 접근하여, i) 절차적 요건을 위반한 자기주식취득의 효력은 대표이사의 대표권 제한에 위반한 행위에 준하여 해석한다. 즉, 법률상 요구되는 주주총회 결의를 거치지 않거나 주주총회 결의에 하자가 있는 경우 상대방이 선의·무과실인 경우에도 무효로 본다. 법률상 이사회 결의를 요건으로 하는 경우에는 거래의 안전을 위하여 상대방이

219) 권기범, 현대회사법론, 610면; 정희철, 「상법학(상)」, 박영사, 1989, 426면.

220) 이철송, 회사법강의, 404면; 동지, 정동윤, 「상법(상)[제6판]」, 법문사, 2012, 496면.

221) 박원선·이정한, 「전정 회사법」, 수학사, 1983, 266면; 서헌제, 「사례중심체계 상법강의(상)」, 법문사, 2007, 238면; 채이식, 전게서, 648면.

선의·무과실인 때 유효하다는 것이 판례(대법원 1996. 1. 26. 선고 94다42754 판결) 및 다수설이다. 반면 법률상 이사회 결의로써 주주총회 결의에 갈음할 수 있는 경우에는 무효 여부에 대하여 논란의 여지가 있다고 한다. ii) 상법이 규정하는 취득방법은 주주평등의 원칙을 보장하기 위한 것이므로 이에 위반하는 자기주식의 취득은 무효이다. iii) 취득한도를 초과한 자기주식취득의 효과에 대해서는 초과한 부분만을 무효로 보는 견해,[222] 초과한 부분까지도 유효로 보는 견해,[223] 그리고 더 세부적으로 구분하여 ① 배당가능이익이 없거나,[224] 처음부터 배당가능이익을 초과하여 취득한 경우에는 전술한 상대적 무효설에 따르고, ② 배당가능이익의 감소로 인하여 사후적으로 취득가액이 배당가능이익을 초과한 경우에는 배당가능이익을 초과하여 취득한 부분만 무효로 보는 견해[225]로 나뉜다.

생각건대, 회사의 자본충실의 원칙은 주식회사의 본질적 요소이고 또 이러한 자본충실을 기하고자 하는 것이 상법 제341조의 입법목적인 점에서 볼 때 동 규정을 강행규정으로 보아야 할 것이므로, 이에 위반한 자기주식의 취득행위의 사법상 효력은 양도인의 선의·악의를 불문하고 언제나 무효라고 보는 것이 타당하다고 본다(무효설).

222) 임재연, 회사법Ⅰ, 495면.

223) 김정수, 전게서, 1029면; 안성포, 전게논문, 82면. 한국증권법학회, 「자본시장법[주석서Ⅰ]」, 박영사, 2012, 696면(권종호 집필부분).

224) 다수설, 판례는 배당가능이익이 없는 상태에서 자기주식을 취득하는 경우에 무효로 본다.

225) 정준우, 전게논문, 251면.

(2) 이사 등의 책임

이사, 집행임원, 감사 등이 자기주식의 취득 규정을 위반하여 회사에 손해가 있는 때에는 이사는 연대하여 손해배상책임을 진다(제399조 제1항, 제408조의8 제1항, 제414조 제1항). 더욱이 고의 또는 중대한 과실이 있는 때에는 제3자(주주 또는 회사채권자 등)에 대하여 연대하여 손해배상책임을 진다(제401조). 이사 등이 누구의 명의로 하거나를 불문하고 회사의 계산으로 부정하게 그 주식 또는 지분을 취득하거나 질권의 목적으로 이를 받은 때에는 회사재산을 위태롭게 하는 죄에 해당하여 5년 이하의 징역 또는 1천500만 원 이하의 벌금에 처한다(제625조 제2호).

(3) 자기주식을 취득한 채권행위의 효력

자기주식을 취득하기 위한 원인행위로서 회사와 주주간에 매매, 교환 등의 채권적 합의가 이루어질 수 있는데, 2011년 개정법 아래에서 이러한 채권행위의 효력은 어떻게 되는가? 제1설은 이러한 채권행위는 처음부터 이행이 불가능한 것을 목적으로 한 것으로서, 강행법규에 반하여 무효라고 한다. 또한 자기주식의 취득을 전제로 하여야만 이행이 가능한 계약도 강행법규 위반 또는 원시적 불능으로서 무효로 본다.[226] 제2설은 2011년 개정상법 아래에서는 재원규제와 절차규제를 준수하는 한 자기주식을 취득할 수 있는 것이므로, 채권적 합의 자체를 무효로 하기 어렵다고 한다. 즉, 회사와 주주가 회사가 재원규제나 절차규제를 회피하여 자기주식을 취득하려는 사실을 알면서 이러한 규제를 회피할 목적으로 자기주식취득 약정을 체결하는 특별한 경우가 아니면 무

226) 이철송, 회사법강의, 402면.

효로 보기 어렵다는 것이다.[227]

Ⅲ. 자기주식의 처분

1. 자기주식 처분제도의 개선 필요성

2011년 개정전 상법은 자기주식의 처분에 대하여 처분시기를 제외하고는 처분절차나 요건에 대하여 규정하지 않고 있었다(개정전 제342조). 법무부가 2006년 10월 4일에 입법예고한 상법개정안(법무부 공고 제2006-106호) 제342조 제2항은 자기주식의 처분에 관하여 신주발행절차를 준용하도록 규정하고 있었다.[228] 이는 일본회사법의 자기주식 처분방식을 도입한 것이었다. 2007년 8월 27일 입법예고한 개정안(법무부 공고 제2007-97호) 제342조 제2항은 준용조항 가운데 신주인수권에 관한 조항(제418조 및 제419조)을 삭제하였으며, 이는 2008년 5월 7일 입법예고된 개정안에서도 그대로 마찬가지였다.[229] 그러나 자기주식의 처분에 대하여 신주발행절차를 준용하도록 규정한 상법개정안에 대하여 과잉규제라는 비판이 제기됨에 따라,[230] 2008년 10월 21일 국회에 제출된

227) 한국상사법학회 편, 전게서, 1029면(정수용 집필부분).

228) 2006년 상법개정안 제342조(자기주식의 처분) ① 회사가 보유하는 자기의 주식을 처분하는 경우에는 다음의 사항으로서 정관에 규정이 없는 것은 이사회가 결정한다.
1. 처분할 주식의 종류와 수
2. 처분할 주식의 처분가액과 납입기일
② 제417조 내지 제419조, 제421조, 제422조, 제423조 제2항 및 제3항, 제424조, 제424조의2, 제427조 내지 제432조의 규정은 제1항의 경우에 이를 준용한다.

229) 2008년 상법개정안 제342조(자기주식의 처분) ① 생략
② 제1항의 경우에는 제417조, 제421조 내지 제422조, 제423조 제2항 및 제3항, 제424조, 제424조의2, 제427조부터 제432조까지의 규정을 준용한다.

상법개정안(법무부 공고 제2008-47호)에서는 제342조 제2항 전체를 삭제하였다.[231] 이에 따라 2011년 개정상법 아래에서는 자기주식의 처분은 신주발행절차를 규제를 받지 않으며 회사가 자유롭게 처분할 수 있다고 해석된다.

그러나 2011년 개정상법이 제341조 제1항에서 배당가능이익의 범위 내에서 자기주식의 취득을 자유화하면서 자기주식의 처분에 관해서는 아무런 규정을 두지 않은 것은 입법적 흠결이라는 지적이 있다.[232] 즉, 자기주식의 취득을 원칙적으로 제한하는 개정전 상법 아래에서는 취득단계에서 취득가격이나 상대방의 선택에 있어서 어느 정도의 공정성을 확보할 수 있었다. 그러나 이를 자유화한 개정상법의 경우에는 자기주식의 취득 및 처분은 주식의 소각과 신주발행에 유사한 기능을 가지게 되므로, 자기주식의 처분이 신주발행이라는 번거로운 절차를 회피하는 수단으로 이용될 우려가 있다. 또한 자기주식의 취득이 자유화 되는 경우 그 처분에 있어서 처분가격[233]과 처분 상대방의 선택은 기존 주주의 지분율에 영향을 미칠 수 있으므로 공정성의 확보가 중요한 과제로 등장한다.

한편 자기주식의 처분에 대해 신주발행 절차를 적용하는 것을 반대하면서, 처분을 손익거래로 규율하는 경우 파생되는 기존 주

230) 송종준, "자기주식의 처분절차규제에 관한 소고", 「법률신문」 제3504호(2006.11.9), 13면.

231) 노혁준, "자기주식과 기업의 합병, 분할", 「증권법연구」 제9권 제2호(한국증권법학회, 2008)(이하 "전게논문Ⅰ"이라 한다), 124면 주) 17.

232) 이철송, 회사법강의, 408면.

233) 처분가격은 자본충실과 관련된 문제로서 처분가격이 낮게 책정되면 기존 주주의 지분가치가 희석화되는 문제가 발생하는데 이는 이사의 선관주의의무에 의해 규율될 수 있다(이철송, 전게논문Ⅰ, 13면).

주의 지분비율 하락 문제를 해결하기 위하여, 자기주식의 처분이 경영권 방어목적으로 사용되는 경우에 대해서는 경영권 방어행위의 유효성 여부에 관한 기존의 판례나 법리를 통해 해결하는 방식을 지지하는 견해도 제기된다.[234] 그러나 자기주식의 처분이 불공정하게 이루어짐으로써 기존 주주의 지분율에 변화가 생기면, 이는 경영권 방어 이외의 중요한 회사의 의사결정에도 영향을 미치게 되므로 사후규제가 충분한 보호수단이 될 수 없다고 본다. 따라서 자기주식의 처분에 대한 입법적 보완이 필요하다.

2. 자기주식 처분에 관한 2011년 개정상법의 내용

개정전 상법 제342조는 소각 이외의 목적으로 취득한 자기주식은 상당한 시기에 처분하도록 규정하고 있었다. 그러나 개정상법 제342조는 회사가 보유하는 자기주식을 처분하는 경우에는 i) 처분할 주식의 종류와 수, ii) 처분할 주식의 처분가액과 납입기일, iii) 주식을 처분할 상대방 및 처분방법 등에 대하여 정관에서 규정이 없는 것은 이사회가 결정한다고 규정하고 있다. 여기서 "회사가 보유하는 자기주식"에는 배당가능이익에 의해 취득한 자기주식뿐만 아니라(제341조) 특정목적에 의해 취득한 자기주식(제341조의2)도 포함된다는 것이 통설이다.[235] 처분할 상대방이란 매수인이 될 자를 의미하지만 매수인을 선택하는 방법도 포함하는 것으로 해석해야 한다. 매수인을 선택하는 방법으로서는

234) 송종준, 전게논설, 13면; 신우진, 전게논문, 156면.

235) 송옥렬, 상법강의, 869면; 이철송, 「회사법강의[제22판]」, 박영사, 2014, 394면; 정찬형, 전게서, 780~781면; 반면, 특정목적에 의한 자기주식은 포함되지 않는다는 견해는 송종준, "상장회사의 자기자본질서의 변화와 법적 과제" 「상사법연구」 제31권 제2호(한국상사법학회, 2012), 160면.

증권시장을 통해 매각하는 것, 모든 주주들에게 매수의 청약을 권유하는 것, 특정인을 정해 상대매매로 처분하는 것 등을 들 수 있다. 처분방법이란 처분할 상대방을 정하는 것 이외의 매매 및 이행요령을 의미한다.[236)]

개정상법에서 상당한 시기에 처분하여야 한다는 조항을 삭제하였지만 실무상으로는 개정전 상법 제342조 아래에서도 처분시기는 이사회의 경영판단 사항으로 해석되었으므로, 실질적으로는 개정 전과 큰 차이는 없다고 본다.[237)] 자본시장법도 2013년 개정에서 취득한도를 초과한 자기주식에 대하여 3년 이내에 처분하도록 하던 조항(개정전 동법 제165조의2 제5항, 동법시행령 제176조의3)을 삭제함으로써 상법과의 정합성을 유지하고 있다.

현실적으로 회사가 장차 취득하게 될 자기주식의 처분에 관하여 구체적인 내용을 정관에 규정하기는 어렵기 때문에, 대부분 이사회의 결의로 결정하여 처분하게 될 것이다.

3. 자기주식 처분거래의 법적 성격

자기주식의 처분거래의 법적 성격에 대해서는 손익거래로 보는 견해[238)]와 자본거래로 보는 견해[239)]로 나누어진다. 자본거래와 손익거래는 회계상의 용어이지만, 이는 취득한 자기주식의 법적 성격을 어떻게 파악하느냐와 연결된다. 즉, 취득한 자기주식을

---

236) 이철송, 회사법강의, 406면.

237) 한국상사법학회 편, 전게서, 1030면(정수용 집필부분).

238) 이철송, 전게논문Ⅰ, 4면; 정찬형, 전게서, 780면(배당가능이익에 의해 취득한 처분을 손익거래로 본다).

239) 황남석, 전게논문, 72면; 동지, 송옥렬, “자기주식의 경제적 실질과 그에 따른 법률관계”, 「법경제학연구」 제11권 제1호(한국법경제학회, 2014), 58면.

자산으로 간주하게 되면 이를 매도하는 처분은 손익거래가 된다. 빈면, 취득한 자기주식을 자본의 치감항목(즉, 미발행주식)으로 보면 이를 처분하면 자본이 증가하므로 자본거래의 성격을 갖는다.

자기주식 처분거래의 성격에 대하여 상법의 시각에서 이를 정면으로 다룬 대법원 판례는 아직 없는 실정이다.[240] 다만, 하급심 판례에서는 자본거래와 손익거래로 견해도 나뉘고 있다. 자기주식의 처분과 신주발행은 경제적 구조가 유사하므로 신주발행의 법리가 자기주식의 처분에 적용된다는 일부 판례가 있다.[241] 반면 더 많은 하급심 판례가 자기주식 처분을 손익거래로 보아 신주발행에 관한 규정을 적용하지 않는다.[242]

한편, 법인세법은 자기주식의 양도금을 익금으로 규정하여(법인세법 제15조, 동법시행령 제11조 제1항 제2조의2) 자기주식의 처분을 손익거래로 평가한다. 법인세를 다룬 사건에서 대법원은 자본감소절차의 일환 내지 회사합병으로 인하여 자기주식을 취득하거나(포합주식[243] 제외) 처분하는 경우에는 자본거래로 보고, 그 이외의 경우에는 자산의 손익거래로 보고 있다.[244]

손익거래로 보는 견해는 위 법인세법이 자기주식을 자산으로 취급한다는 것을 근거로 하고 있으나, 자기주식을 자산으로 보고

240) 권재열, "개정상법상 주식관련제도의 개선내용과 향후과제", 「선진상사법률연구」 제56호(법무부, 2011), 18면.

241) 서울서부지방법원 2006.6.29. 선고 2005가합8262 판결(서울서부지방법원 2006.3.24. 선고 2006카합393결정의 본안사건).

242) 서울중앙지방법원 2012.1.17. 선고 2012카합23 결정; 광주고등법원 2010.5.28. 선고 2009나3277 판결(대법원 2010.10.28. 선고 2010다51413 판결); 수원지방법원 성남지원 2007.1.30. 선고 2007카합30 결정; 서울북부지방법원 2007.10.25. 선고 2007카합1082 판결.

243) 합병할 때 존속회사가 보유하는 소멸회사의 주식을 말한다.

244) 대법원 2005.6.10. 선고 2004두3755 판결.

그 처분을 손익거래로 보는 것은 위 거래를 소득과세의 관점에서 파악하는 세법의 입장일 뿐이다. 판례가 자기주식의 처분을 개인법적 자산의 손익거래로 본 것은 어디까지나 세법상 과세처분을 목적상 그렇게 본 것이라고 본다.[245] 세법의 입장을 원용하여 상법상 자기주식 처분 거래의 법적 성격을 규정하는 것은 우선선위가 바뀐 것이다. 근본적으로 세법은 상법상 거래를 전제로 하는 것으로서 법인세법상 자기주식에 관한 규율은 상법과 입장을 달리하기 위하여 특칙을 둔 것에 불과하기 때문이다.[246] 회사법의 목적은 법인세법의 목적과는 다르기 때문에 이러한 규정에 근거하여 자기주식의 처분을 손익거래라고 볼 필요는 없다.[247]

또한 자기주식의 법적 성격에 관하여 상법에 직접적인 규정은 없지만, 개정상법의 위임조항(상법 제446조의2, 상법시행령 제15조 제1호)에 따른 한국채택국제회계기준 및 일반기업회계기준은 자기주식을 자산으로 인식하지 않고 자본의 차감항목으로 규정한다.[248] 또한 자기주식 처분의 손익은 자본잉여금 및 자본조정으로 처리한다.[249] 이 두 기준은 모두 상법의 위임에 따라 규정된 것이므로 일정한 정도 규범적 효력을 인정할 수 있을 것이다.[250]

취득한 자기주식의 법적 성질을 미발행주식으로 파악하는 한 그 처분거래는 주식의 발행과 동일한 자본거래이다.[251] 이 경우

245) 최준선, "개정상법상 자기주식의 취득과 처분", 「상사법연구」 제31권 제2호 (한국상사법학회, 2012), 226면.

246) 황남석, 전게논문, 71면.

247) 권재열, 전게논문, 23면.

248) 한국채택국제회계기준 제1032호 문단 33.

249) 일반기업회계기준 문단 15.8.

250) 황남석, "기업회계기준의 법규성 재고(再考)", 「상사법연구」 제31권 제1호 (한국상사법학회, 2012), 252면.

기존 주주들에게 신주인수권을 부여할 것인지의 여부는 전적으로 입법정책의 문제이며 그 거래가 손익거래인지 자본거래인지 여부와는 무관하다.[252]

주요국의 경우에도 미국은 자기주식의 처분거래는 손익에 영향을 미치지 않는다고 규정하고 있으므로 결국, 자기주식의 처분을 자본거래로 인식하고 있다.[253] 독일 상법도 자기주식을 미발행주식으로 규율함에 따라 그 처분거래를 출자환급 및 자본증가로 파악하고 있다. 일본은 자기주식을 종래 자산에 계상하던 것을 2001년 상법개정에서 자기주식 제도에 대한 규제를 완화하면서 자본의 공제항목으로 개정하였다(회사계산규칙 제76조 제2항 제5호).[254]

4. 처분의 공정성

2011년 개정상법은 배당가능이익의 범위 내에서 자기주식의 취득을 자유화하고, 그 처분에 대해서도 처분할 주식의 종류와 수, 처분가액과 납입기일 그리고 처분할 상대방 및 처분방법 등에 대하여 정관에 따르고 정관에 규정이 없는 경우에는 이사회가 결정하도록 규정하고 있다(제342조). 일반적으로 정관에서 자기주

251) 이창우·김갑순·정도진·조형득, 「IFRS 회계원리[제4판]」, 도래, 2011, 610면.

252) 황남석, “상법상 배당가능이익에 의한 자기주식취득의 쟁점”, 「상사법연구」 제31권 제3호(한국상사법학회, 2012), 97면.

253) ASC 505-30-25-7~9; Harold Bierman, Jr., An Introduction to Accounting and Managerial Finance: A Merger of Equals, 2010, pp.154~155.

254) 일본의 경우 2001년 자기주식 제도의 개편 이전에 상법학자들의 통설은 취득한 자기주식을 자산으로 보고 그 처분은 자산의 매도로서 손익거래로 회계처리하면 된다는 것이었으며, 회계학자들의 통설은 자기주식의 자산성을 부정하고 그 처분은 자본금의 증가로 보아 자본거래로 회계처리해야 한다는 것이었다(上柳克郎·鴻常夫·竹內昭夫 編, 「新版注釋會社法(3) 株式(1)」, 有斐閣, 1986, 255面(蓮井良憲 執筆部分)).

식의 처분에 관하여 자세하게 미리 규정하기는 어려우므로 이사회에 자기주식의 처분에 관한 많은 재량이 부여된 결과를 초래하고 있다. 이에 따라 처분방법, 처분가격의 결정이나 처분 상대방의 선택 등에 관해 불공정성의 문제가 발생할 가능성이 높아졌다.[255)]

(1) 처분절차의 하자

자기주식의 처분은 상법 제342조 각 호가 규정한 사항에 관하여 정관에 규정이 없으면 이사회의 결의로 정한다. 따라서 이러한 절차를 위반한 처분행위에 대해서는 정관위반행위와 이사회 결의를 거치지 않은 회사의 행위에 대한 논의가 적용된다. 우선 이사회결의를 거치지 않은 행위에 대해서는 거래 상대방이 이사회결의가 없었다는 사실을 알거나 알 수 있었을 경우가 아니라면 자기주식의 처분행위는 유효하다. 정관에서 정한 처분절차를 위반한 경우에는 원칙적으로 무효이지만 상대방은 선의취득 등에 의해 보호받게 된다.[256)]

(2) 처분가격의 공정성

자기주식을 처분하는 경우에는 취득할 때와 마찬가지로 공정한 가격으로 처분하여야 한다. 만일 이사 등이 고의 또는 과실로 부당한 염가로 자기주식을 처분하는 경우에는 상법 제399조에 따라 회사에 대하여 임무해태로 인한 손해배상책임을 지게 된다. 대표이사의 자기주식의 처분행위가 대표권의 남용 요건을 충족시킨 경우에는 상대방이 대표권 남용행위임을 알았거나 알 수 있

---

255) 박정구, "상법상 자기주식취득·처분제도에 대한 고찰－자기주식 취득·처분의 불공정성문제를 중심으로－", 「법학연구」 제22권 제1호(경상대학교 법학연구소, 2014), 297면.

256) 한국상사법학회 편, 전게서, 1031면(정수용 집필부분).

었을 때에는 회사가 거래의 무효를 주장할 수 있다.[257]

(3) 처분 상대방의 선택

1) 해석론

자기주식 처분의 경제적 실질은 총자산이나 의결권에 미치는 영향이 신주발행과 유사하므로,[258] 처분의 상대방의 선택은 기존 주주들의 지분율이나 지배관계에 변동을 초래할 가능성이 있다. 이는 특히 적대적 M&A 국면에서 심각하게 나타날 수 있다. 그 이외에도 지분율의 변화는 회사의 의사결정과정에 영향을 미칠 수 있다. 이와 관련하여 2011년 개정상법의 논의과정에서 자기주식을 처분할 때 신주발행처럼 주주에게 신주인수권을 부여하고, 제3자에게 처분하는 경우에는 신주의 제3자배정에 관한 제418조 제2항의 요건을 구비해야 하는지가 문제되었다. 최종적으로 신주발행에 관한 규정을 준용하는 조항을 삭제한 채로 입법되었다.

(가) 처분시 신주발행절차의 준용 여부

개정상법에서 자기주식을 처분할 때 신주발행절차를 준용하는 규정을 두고 있지 않지만 자기주식의 처분에 대하여 그 규정을 유추적용하여 주주에게 신주인수권을 인정하여야 하는지에 대해 해석상 문제된다.

ⅰ) 유추적용 긍정설 자기주식의 처분에 대하여 신주발행의 경우와 같이 주주들의 신주인수권을 인정하지 않을 경우 주주들의 비례적 지배관계에 영향을 미치게 되므로 자기주식을 처분할

257) 임재연, 회사법Ⅰ, 497면.

258) 자기주식의 처분과 신주발행에 대한 관계에 대한 자세한 분석으로는 송옥렬, 전게논문, 58~60면 참조.

때에도 신주발행절차를 유추적용하여야 한다는 견해이다.[259] 2011년 개정상법은 자기주식의 취득에 대해서는 주주평등의 원칙을 조문화한 반면, 자기주식의 처분에 대해서는 이사회의 자의적인 결정에 맡기고 있는데 이는 균형을 상실한 부당한 입법이므로 신주발행 관련 규정을 유추적용하여야 한다는 것이다.[260]

대림통상 사건에서 법원은 자기주식을 처분하면서 특정한 주주에게만 매도한 것은 주주평등의 원칙에 반하고 주주의 회사 지배에 대한 비례적 이익과 주식의 경제적 가치를 현저히 해할 수 있는 경우라면, 이러한 자기주식의 처분행위는 무효라고 판단하여 신주발행에 관한 규정의 유추적용을 긍정하였다.[261]

ⅱ) 유추적용 부정설 회사가 자기주식을 보유하는 동안 일시적으로 의결권이 제한됨에 따라 기존 주주들은 실제 보유하는 주식에 비하여 증대된 의결권을 행사할 수 있는 반사적 이익을 누려온 것인데, 이러한 이익을 누리지 못하게 되었다고 하여 자기주식의 처분을 제한하는 것은 회사의 자산에 대한 소유권 행사에 부당한 제약이 된다.[262] 또한 자기주식의 처분은 개인법적 거

259) 김정호, "자기주식의 처분과 경영권 방어", 「경영법률」 제24집 제3호(한국경영법률학회, 2014), 77면; 안성포, 전게논문, 96면; 권재열, 전게논문, 22면.

260) 김정호, 전게논문, 77면.

261) 서울서부지방법원 2006.3.24. 선고 2006카합393 결정; 서울서부지방법원 2006.6.29. 선고 2005가합8262 판결.

262) 서울중앙지방법원 2012.1.17. 선고 2012카합23 결정; 수원지방법원 성남지원 2007.1.30. 선고 2007카합30 결정; 서울북부지방법원 2007.10.25. 선고 2007카합1082 결정; 서울중앙지방법원 2015.7.7. 선고 2015카합80597 결정; 서울고등법원 2015.7.16. 선고 2015라20503 결정. 그러나 이 주장에 대해서는 자기주식 취득으로 인한 이러한 반사적 이익은 모든 주주가 누리는 것이고 처분에서 배제된 주주만 누리는 것이 아니기 때문에 합리적인 비판이 아니라고 지적된다(김정호, 전게논문, 77면).

래로서 자본의 증가를 수반하지 않는 손익거래인 반면, 신주발행은 단체법적 효과를 수반하는 거래로서 자본의 직접적인 증가를 수반하는 자본거래이므로 각각에 대한 법적 가치판단을 달리 할 필요가 있다.[263] 신주발행의 경우 주식회사의 자본금과 기존 주주들의 지분비율에 직접적인 영향을 주는 반면, 자기주식 처분은 이미 발행되어 있는 주식을 처분하는 것으로서 자본금에 아무런 변동이 없고 거래당사자가 아닌 한 기존 주주들의 지분비율도 변동시키지 않는다는 점에서 신주발행과 본질적으로 차이가 있다.[264]

자기주식의 처분에 관해 규정한 상법 제342조가 처분할 상대방 및 처분방법 등에 대해 정관에 규정이 없으면 이사회가 결정한다고 규정하고 그 밖에는 다른 규제가 없는데, 처분에 대해 신주발행절차에 관한 규정을 유추적용해야 한다고 해석하는 것은 위 규정에 부합하지 않는다.[265] 또한 개정상법상 만일 주주에게 처분하는 자기주식의 인수권을 인정하려면 정관에 규정이 있어야 하며, 이러한 정관규정이 없는 경우에까지 신주발행절차에 관한 규정을 유추적용하여야 한다고 해석하기는 어렵다.[266]

생각건대, 2011 개정상법의 입법과정에 비추어 자기주식의 처분에 관하여 신주발행에 관한 규정을 준용하지 않는다는 입법자의 의도가 명확하기 때문에 입법론과는 별개로 해석론으로는 자기주식의 처분에 대하여 신주발행 절차를 유추적용하여 기존 주주에게

263) 이철송, 전게논문Ⅰ, 18-19면.

264) 서울중앙지방법원 2015.7.7. 선고 2015카합80597 결정; 서울고등법원 2015.7.16. 선고 2015라20503 결정.

265) 임재연, 「회사법Ⅰ[개정판]」, 박영사, 2014, 179면. 이 견해는 특히 자기주식을 소량으로 처분하는 경우에도 매번 주주의 신주인수권을 인정하는 것은 비현실적인 규제로 본다.

266) 한국상사법학회 편, 전게서, 1033면(정수용 집필부분).

신주인수권을 부여하는 것을 의무화 할 수는 없을 것이다.[267)]

(나) 자기주식의 처분에 대한 주주평등의 원칙 적용 여부

ⅰ) 적용부정설 상법 제342조는 자기주식의 처분방법에 관하여 특별한 제한을 두고 있지 않으므로, 동 조항의 해석상 정관에 별도의 정함이 없는 한 자기주식 처분에 앞서 회사가 주주에게 매수기회를 주어야 할 의무는 없다. 상법과 자본시장법은 신주발행의 요건, 절차 및 무효를 다투는 소 등에 관한 특별한 규정을 두면서도 자기주식 처분에 관하여는 그러한 규정을 두지 않았음에도 불구하고, 주주에게 자기주식의 매수기회를 부여하도록 하는 것은 회사의 자산에 관한 처분 권한을 부당하게 제한하는 것이다. 2011년 상법개정 과정에서 신주발행 절차를 준용하는 규정을 두는 방안이 보류되었는데, 명시적인 규정이 없이 신주발행에 관한 규정을 유추적용하거나 주주평등의 원칙에 반함을 이유로 처분의 효력을 부인할 경우 주식 거래에 관한 법적 안정성을 해한다.[268)]

상법은 자기주식의 처분에 관해 주식평등과 같은 단체법적 원리는 전혀 고려하지 않고 있으며, 적법하게 취득한 자기주식은 회사가 다른 회사의 주식을 보유할 때와 마찬가지로 일반적인 유가증권으로서 회사재산을 구성한다고 본다. 이러한 재산을 처분할 때 주주평등의 원칙에 따라 모든 주주들에게 지주비율대로 우선매수의 기회를 주어야 하는 것은 아니듯이, 자기주식의 처분은 단체법적 고려가 불필요한 손익거래라는 것이다.[269)] 자기주식의

267) 권기범, 현대회사법론, 616면; 송옥렬, 상법강의, 870면; 이철송, 전게논문 I, 19면; 황남석, 전게논문, 101면.

268) 서울고등법원 2015.7.16. 선고 2015라20503 결정.

처분이 신주발행과 유사한 효과를 나타낼 수는 있으나 그렇다고 해서 그 처분이 바로 신주발행이 되는 것은 아니며, 법적 근거 없이 같은 것으로 다룰 수 없다고 한다.[270]

ⅱ) 적용긍정설　이 견해는 회사가 배당가능이익에 의해 취득한 자기주식은 회사 이외의 주주가 보유하는 회사의 주식과는 전혀 그 성격을 달리하므로, 회사가 자기주식을 처분하는 것은 회사 이외의 주주가 그의 주식을 처분하는 것과 동일하게 보아 이를 개인법적 거래로 보는 것은 타당하지 않다고 한다. 또한 결과적으로는 기존 주주의 이익을 해함에도 불구하고 자기주식의 처분은 손익거래로서 개인법적 거래이므로 이에는 단체법적 거래에 적용되는 주주평등의 원칙이 적용되지 않는다고 하는 것은 기존(일부)주주의 이익을 해하면서 하는 회사 임원의 자기주식의 처분을 합리화하기 위한 무리한 논리라고 비판한다.[271] 개인법상의 손익거래이면 주주평등의 원칙과 무관하다는 논리는 성립할 수 없으며, 자기주식의 남용적 처분은 주주평등의 원칙에 반할 수 있다고 본다.[272]

또한 회사가 자기주식을 취득하는 것은 주주평등의 원칙에 합치도록 하면서(제341조 제1호 및 제2호), 이의 처분은 개인법적 거래이므로 주주평등의 원칙이 적용되지 않는다는 해석은 불균형하며, 주주평등의 원칙은 회사와 주주간의 모든 법률관계에 적용

269) 이철송, 전게논문Ⅰ, 18면. 대법원도 자기주식의 취득과 처분을 손익거래로 파악하지만(대법원 1995.4.11. 선고 94누21583 판결), 이는 법인세 과세사건이므로 자기주식의 회사법적 성질을 판시한 것으로 볼 수는 없을 것이다.

270) 이철송, 전게논문Ⅰ, 19면.

271) 정찬형, 전게서, 782면; 동지, 안성포, 전게논문, 96면.

272) 최준선, 전게논문, 227면.

되는 원칙이라고 한다.[273] 해석론상으로는 주주평등의 원칙에 반하거나 기존주주의 이익을 해하는 경우에는 회사의 자기주식의 처분은 무효로 본다.[274]

2) 입법론

자기주식 처분에 있어서 공정성을 확보하기 위하여 독일은 법정절차에 의하지 않는 자기주식의 처분은 주주평등의 원칙에 따라 자기주식을 처분하도록 한다(독일주식법 제71조 제1항 제8호). 영국회사법은 자기주식의 처분도 주주의 신주인수권이 대상이 된다고 규정하고 있다(2006년 영국회사법 제560조 제2항). 일본의 경우 주주에게 신주인수권이 인정되지 않지만, 자기주식의 처분에 대해서는 신주발행과 동일한 절차에 따르도록 규정하고 있다(일본회사법 제199조).

상법상 자기주식처분의 공정성을 확보하기 위한 방안으로는 다음과 같은 견해가 제기된다. i) 자기주식의 처분은 신주발행과 경제적 실질이 유사하므로 상법 제342조에서 기존 주주의 이익을 보호하기 위하여 신주발행절차에 관한 상법 제418조를 준용하자는 견해,[275] ii) 신주발행절차 중 제418조 신주인수권에 관한 조항을 준용하자는 견해,[276] iii) 자기주식의 처분에 대하여 주주평등의 원칙에 따라야 한다는 규정을 두자는 견해,[277] iv) 시

273) 정찬형, 전게서, 782면.

274) 정찬형, 전게서, 782면.

275) 김홍기, 전게논문, 127면; 동지, 송옥렬, 전게논문, 65면; 안성포, 전게논문, 98면; 정찬형, 전게서, 782면.

276) 송옥렬, 전게논문, 65면; 안성포, 전게논문, 97면; 정찬형, 전게서, 782면.

277) 김순석, "상법개정안상 자기주식 및 주식소각 제도 검토", 「일감법학」 제18호(2010), 164면; 박정구, 전게논문, 301면; 동지, 이철송, 전게논문Ⅰ, 22면;

장을 통한 자기주식의 처분을 인정하는 견해,[278] v) 개정상법의 규정만으로 충분하고 부당하거나 불공정한 자기주식의 처분에 대해서는 유지청구권(제424조)을 행사하거나 신주발행무효의 소에 관한 규정(제429조)을 유추적용하여 해결하면 된다는 견해가 있다.[279]

그러나 일본처럼 신주발행절차에 따르는 경우 자기주식 처분을 통하여 기동적인 재무전략을 실행하는데 걸림돌이 될 것으로 전망된다. 따라서 이러한 기업의 재무전략적인 신축성과 기존 주주의 지주비율의 유지라는 목적을 동시에 달성할 수 있는 규제가 필요하다고 본다. 이를 위해서는 독일처럼 자기주식의 처분에 대하여 주식평등의 원칙에 입각하여 처분하도록 입법하는 것이 타당할 것이다.[280]

3) 경영권 방어목적의 처분에 대한 신주발행무효의 법리 적용 여부

자기주식의 처분에 관하여 신주발행절차에 관한 규정이 유추적용되는지 여부와 별개의 문제로 경영권 분쟁상황에서 자기주식을 처분하는 경우 '경영권 방어목적의 신주발행은 무효'라는 신주발행무효의 법리를 적용할 수 있는지 여부가 문제된다.

자기주식을 우호적인 제3자에 처분하면 신주발행에 의한 경영권 방어와 같은 기능을 한 반면 개정상법은 처분방법에 특별한 제한이 없으므로 회사는 거래소(증권시장)나 직접거래 등을 통하

정준우, 전게논문, 262면.

278) 오성근, "자기주식의 취득·처분과 내부자거래의 규제", 「비교사법」 제19권 제3호(한국비교사법학회, 2012), 830면.

279) 송종준, 전게논문, 160면.

280) 박정구, 전게논문, 301면; 동지, 이철송, 전게논문 I, 22면; 정준우, 전게논문, 262면.

여 자유롭게 처분할 수 있다.[281] 일부 판례는 자기주식의 처분과 신주발행이 법적으로는 구별되는 개념이지만 경제적 구조에서는 유사하므로, 주주 전원을 상대로 하는 경우가 아니면 신주를 제3자에 배정하는 경우 요구되는 상법 제418조 제2항의 요건(경영상의 목적)이 자기주식의 처분에 관해서도 요구된다고 한다.[282] 반면 다른 판례는 자기주식의 처분은 이미 발행되어 있는 주식을 처분하는 것으로서 회사의 총자산에는 아무런 변동이 없고, 기존 주주의 지분비율도 변동되지 않는다는 점에서 신주발행과 구별된다고 한다.[283] 이처럼 판례는 아직 정립되어 있지 않다.

(4) 자기주식의 처분시 이사의 선관주의의무 등

자기주식의 처분에 관한 상법 제342조는 정관에 규정이 없는 한 이사회가 처분할 주식의 종류와 수, 처분가액과 납입기일, 처분할 상대방 및 처분방법을 결정한다고 규정하고 있다. 그러나 이사회가 자기주식의 처분에 관한 결정을 할 때 아무런 제한이 없이 처분할 수 있는 것은 아니며, 이사의 선관주의의무나 충실의무, 주식회사의 기본원칙 등에 따라 경영판단의 원칙에 근거하여 처리하여야 할 것이다.

따라서 경영권 분쟁상황이나 주주총회 결의를 앞둔 시기처럼 주주 간에 이해관계가 첨예하게 대립하는 경우에는 특별한 경영상의 필요가 없는 한, 자기주식의 처분으로 인하여 기존 주주의 비례적 지분관계에 변동을 초래하는 경우에는 이사의 선관주의

---

281) 임재연, 회사법 I, 193면.

282) 서울서부지방법원 2006.5.4. 선고 2006카합393 결정 및 이 사건의 본안사건인 서울서부지방법원 2006.6.29. 선고 2005가합8262 판결.

283) 수원지방법원 성남지원 2007.1.30. 선고 2007카합30 결정.

위반의 문제를 야기할 것으로 보인다. 삼성물산 사건에서 법원은 자기주식 처분의 목적과 방식, 가격, 시기, 상대방의 결정에 관하여 개별적으로 분석한 후, 경영판단의 범위를 벗어나지 않았다고 보아 선관주의의무 또는 충실의무는 위반하지 않았다고 판단하였다. 그러나 상대방의 선택과 관련하여 법원은 자기주식의 처분에 신주발행에 관한 규정과 법리를 유추적용할 수 없고 주주들에게 자기주식을 우선적으로 매수할 권리가 인정되지 아니하므로 회사는 기존 주주들에게 먼저 자기주식의 매수 기회를 부여하지 않고 제3자에게 처분할 수 있다고 한다. 또한 제3자에게 매도하여 비례적 지분관계에 변동을 초래하더라도, 자기주식 취득으로 증대된 의결권의 행사라는 반사적 이익을 누려온 주주들에게 처분하면서 매수기회를 줄 의무는 없다고 한다.[284)]

그러나 주주가 갖는 주식회사에 대한 지분비율은 발행주식총수에 대한 자신의 지분비율과 각 주주들 간에 상대적인 지분비율로 구분할 수 있으며, 경영권 분쟁상황 등의 경우에는 후자인 상대적 지분비율이 더 중요할 것이다. 발행주식총수에 대한 지분비율은 자기주식의 취득, 처분에 따라 증가, 감소하겠지만, 주주간 상대적인 지분비율은 정관에서 달리 정하지 않는 한 자기주식의 취득이나 처분과 관계없이 일정하게 유지되어야 하는 것이 회사법의 기본원칙일 것이다. 이러한 상대적인 지분비율을 회사가 자의적으로 변동시키는 것은 주식회사의 기본원칙을 침해하는 것이므로 선관주의의무 위반이 문제될 수 있다고 본다. 또한 주주평등의 원칙의 경우 자기주식의 취득과 달리 처분에 관해서는 명

284) 서울중앙지방법원 2015.7.7. 선고 2015카합80597 결정; 서울고등법원 2015.7.16. 선고 2015라20503 결정.

문의 규정이 없지만, 주주평등의 원칙은 회사법의 기본원칙으로서 정관에서 다른 정함이 없는 한 침해할 수 없다고 보는 것이 회사법의 기본원칙에 충실한 해석일 것이다.

5. 특정목적에 의해 취득한 자기주식의 처분

특정한 목적으로 취득한 자기주식을 상당한 기간 내에 처분하여야 하는지 여부가 문제된다. 2011년 개정상법은 '특정목적'에 의해 취득한 자기주식을 상당한 기간 내에 처분하여야 한다고 규정하였던 개정전 상법 제342조 제2항을 삭제하고 처분기간에 대한 제한을 철폐하였다. 이에 따라 개정상법 아래에서는 배당가능이익에 의한 취득뿐만 아니라 특정목적에 의해 취득한 자기주식도 처분기간의 제한을 받지 않는다고 해석된다.

이에 대하여 특정목적에 의한 자기주식의 취득(제341조의2)은 배당가능이익의 유무에 관계없이 자기주식을 취득하는 것이므로 회사의 자본적 기초를 해할 염려가 있어서 배당가능이익에 의한 취득(제341조)과는 달리 취급하여 상당한 시기에 처분하도록 개정전 조항을 부활해야 한다는 주장이 다수설[285]인데, 타당하다고 본다. 즉, 단주처리를 위해 필요한 경우, 주주가 주식매수청구권을 행사한 경우 등에는 배당가능이익의 존재 유무와 관계없이 회

285) 권재열, 전게논문, 23면; 김홍기, "2011년 개정상법 및 동법시행령상 회사재무분야의 주요쟁점과 해석 및 운용상의 과제", 「기업법연구」 제26권 제1호(한국기업법학회, 2012), 125면; 송종준, 전게논문, 160면; 안성포, "기업재편과 취득한 자기주식의 처분과 소각 – 수권자본제도의 관점에서 –", 「법학연구」 제20집 제4호(인하대학교 법학연구소, 2017), 34면; 한국상사법학회 편, 전게서, 1029면(정수용 집필부분); 황현영, "개정상법상 자기주식 관련 해석상·실무상 쟁점 검토", 「선진상사법률연구」 제60호(법무부, 2012), 193면.

사의 자산에서 매수대금을 지급하여야 하므로 이는 회사채권자를 위한 책임재산을 감소시킨다는 것이다.[286]

반면 처분기간을 두지 않는 것이 타당하다는 견해는 자기주식 처분의 법적 성격을 개인법적 손익거래로 보는 이상 처분시기 및 처분 여부는 이사들의 선관주의의무를 기초로 경영판단의 원칙에 따라야 한다고 주장한다.[287]

286) 권재열, 전게논문, 23면.

287) 최준선, 전게논문, 228면.

제3장

자본시장법상 자기주식의 취득 및 처분의 특례*

* 이 장은 ① "미국의 배당규제와 자기주식 제도", 「비교사법」 제13권 제2호(2006), 251~283면; ② "상법개정안상 자기주식 및 주식소각 제도의 검토", 「일감법학」 제18호(건국대학교 법학연구소, 2010), 135~190면; ③ 「주식 및 자본금 제도」, 전남대학교출판부, 2015, 215~282면을 수정·보완한 것이다.

제1절 자기주식 제도에 관한 2013년 개정 자본시장법의 주요내용

상장법인의 자기주식 취득 및 처분에 대해 자본시장법은 제165조의3에서 규정하고 있다. 2013년 개정 자본시장법은 2011년 개정상법을 반영하여 자기주식에 관한 조항의 일부를 정비하였다. 주권상장법인의 자기주식의 취득방법으로서 신탁계약에 의하는 경우 이외에 상법 제341조 제1항에 따른 방법을 수용하였다. 또한 상법 제341조 제2항은 배당가능이익의 범위 내에서 자기주식의 취득을 하는 경우 주주총회 또는 이사회결의에 의하도록 하고 있다. 이에 따라 상장회사가 자본시장법에 따라 자기주식을 취득하는 경우에도 주주총회 또는 이사회결의가 필요한지 여부에 대해 해석상 문제될 수 있으므로, 이사회결의로써 가능하도록 기존 자본시장법시행령 제176조의2 제1항에 규정하였던 내용을 자본시장법 제165조의3 제3항에 규정함으로써 해석상 논란의 소지를 제거하였다.

한편 2011년 상법개정으로 배당가능이익의 범위 내에서 자기주식을 취득하는 것이 상법과 자본시장법 아래에서 모두 가능하게 되었으므로 상장법인의 경우 이들 법률을 적용하는데 우선순위가 문제된다. 2013년 개정 자본시장법은 자본시장법의 주권상장법인에 대한 특례에 관한 제3편 제3장의2는 주권상장법인에 관하여 상법 제3편에 우선하여 적용한다고 규정한다(자본시장법 제165조의2 제2항). 자본시장법은 자기주식의 취득에 관하여 재무건전성의 침해 및 불공정거래 등을 방지하기 위한 상법의 특별규정으로 보아야 하므로 상장법인에 대해서는 자본시장법이 우선

적용된다. 다만, 자본시장법이 규정하고 있지 아니한 사항(예컨대, 이사의 자본충실책임에 관한 상법 제341조 제3항 및 제4항)에 대하여 상법에 규정이 있을 경우 상법이 보충적으로 적용될 수 있을 것이다.[1]

---

1) 한국상사법학회 편, 「주식회사법대계 I [제2판]」, 법문사, 2016, 1035~1036면 (정수용 집필부분).

제2절 자기주식의 취득

Ⅰ. 자기주식 취득의 원칙적 허용

주권상장법인(외국법인등 및 투자회사 제외)은 원칙적으로 자기주식을 취득할 수 있다(자본시장법 제165조의3 제1항). 다만 은행법 등 다른 법률에서 별도로 규제하고 있는 경우에는 그에 따라야 한다. 자기주식 취득의 목적에 대해 자본시장법은 특별히 제한하고 있지 않기 때문에 주권상장법인은 오로지 주가관리나 적대적 M&A에 대한 방어수단으로 자기주식을 취득하는 것도 가능하다. 자기주식 취득을 방어수단으로 이용하는 것에 대해서는 경영진이 회사의 자금으로 경영권을 안정시킨다는 것은 불공정하다는 비판이 있지만, 적대적 M&A가 기업가치를 훼손하고 주주의 공동이익을 침해하는 경우라면 이때에는 자기주식을 통해 경영권을 방어하는 것은 정당화된다고 본다.[2] 회사의 여유자금을 오로지 주가관리만을 위해 사용한다는 것에 대해서는 계속기업(going concern)을 전제로 할 때 비판의 여지가 있을 수 있을 것이다.

Ⅱ. 자기주식의 취득방법

자본시장법상 주권상장법인은 i) 상법 제341조 제1항에 따른 방법이나 ii) 신탁계약에 따라 자기주식을 취득한 신탁업자로부터 신탁계약이 해지되거나 종료된 때 반환받는 방법(신탁업자가

2) 임재연, 「증권거래법」, 박영사(전정판), 2008, 645면.

해당 주권상장법인의 자기주식을 상법 제341조 제1항의 방법으로 취득한 경우로 한정함)으로 자기주식을 취득할 수 있다(자본시장법 165조의3 제1항). 상법 제341조 제1항에 따르면 회사는 ① 거래소에서 시세가 있는 주식의 경우에는 거래소에서 취득하는 방법, ② 제345조 제1항의 주식의 상환에 관한 종류주식의 경우 외에 각 주주가 가진 주식 수에 따라 균등한 조건으로 취득하는 것으로서 대통령령으로 정하는 방법에 따라 자기의 명의와 계산으로 자식의 주식을 취득할 수 있다. 여기서 대통령령으로 정하는 방법이라 함은 (a) 회사가 모든 주주에게 자기주식 취득의 통지 또는 공고를 하여 주식을 취득하는 방법, (b) 자본시장법 제133조부터 제146조까지의 규정에 따른 공개매수의 방법을 말한다(상법시행령 제9조).

따라서 자본시장법상 허용되는 자기주식 취득방법은 ⅰ) 거래소에서 취득하는 방법, ⅱ) 회사가 모든 주주에게 자기주식 취득의 통지 또는 공고를 하여 주식을 취득하는 방법, ⅲ) 자본시장법상 공개매수의 방법, ⅳ) 신탁계약에 따라 자기주식을 취득한 신탁업자로부터 신탁계약이 해지되거나 종료된 때 반환받는 방법 등 네 가지이다. 여기서 ⅰ) 내지 ⅲ)은 회사가 자기명의로 자기주식을 취득하는 경우이며, ⅳ)는 타인명의로 취득하는 경우이다.

1. 거래소에서 취득하는 방법

회사는 거래소에서 시세가 있는 주식의 경우에는 거래소에서 취득하는 방법으로 자기주식을 취득할 수 있다. 여기서 "거래소에서 시세가 있는 주식"은 자본시장법상 상장주식을 의미하고, "거래소에서 취득"한다는 것은 자본시장법상 증권시장에서 취득하는 것을 의미한다.[3] 상법은 거래소에서 장내취득하기만 하면 자기주식을 취득하는 방법에 대하여 아무런 제한규정을 두지 않고 있다. 주권상장법인에 관한 자기주식 특례 규정인 자본시장법 제165조의3 제1항은 상법 제341조 제1항에 의한 취득방법을 수용하고 있지만, 「증권의 발행 및 공시 등에 관한 규정」(이하 "발행공시규정"이라 한다) 제5-5조는 매수주문의 방법 및 기간외 대량매매 등에 대하여 규정하고 있다. 그러나 상법에는 이러한 제한이 없기 때문에 주권상장법인이 자본시장법상의 절차가 아니라 상법에 따라 자기주식을 취득하는 경우에는 자본시장법, 특히 발행공시규정의 제한을 받는지 여부가 문제될 수 있었다. 이에 대해 자본시장법은 상장법인 및 증권시장의 감독목적도 있으므로 상장법인에 대해서는 자본시장법이 우선하여 적용된다고 해석되었는데,[4] 2013년 개정된 자본시장법은 주권상장법인의 특례규정을 상법 회사편에 우선하여 적용한다고 규정하여 이를 명확히 하였다(동법 제165조의2 제2항). 따라서 상장법인이 발행공시규정의 제한을 회피하여 상법의 요건에 따라 자기주식을 취득할 수는 없을 것이다.

2. 회사가 모든 주주에게 자기주식 취득의 통지 또는 공고를 하여 주식을 취득하는 방법(균등한 조건으로 취득하는 방법)

2013년 개정 전 자본시장법 제165조의2 제2항이 주권상장법인의 자기주식 취득방법을 제한적으로 열거함에 따라 상장회사가 상법 제341조 제1항 제2호 및 상법시행령 제9조에 따른 균등조건 취득의 방법으로 자기주식을 취득할 수 있는지 여부가 문제되었

3) 임재연, 「회사법 I [개정5판]」, 박영사, 2018(이하 "회사법 I "이라 한다), 481면.
4) 한국상사법학회 편, 전게서, 1009면(정수용 집필부분).

다. 이에 대해 거래소에서 취득하는 방법 이외의 다른 방법이 더 공정할 수 있고, 거래소 외에서의 취득이 회사에 더 유리할 수도 있으므로 상장회사라 하더라도 균등조건 취득방법으로 취득할 수 있다는 견해가 제기되었다.[5] 반면 2013년 개정 전 자본시장법 제165조의2 제2항이 상법 제341조 제1항을 명시적으로 열거하지 않았을 뿐만 아니라,[6] 구법 제165조의2 제2항을 상법에 대한 특별 규정으로 보아 상장회사는 균등조건 취득의 방법으로 자기주식을 취득할 수 없다고 해석하는 것이 일반적인 견해였다.[7]

한편 2013년 개정된 자본시장법 제165조의3 제1항이 자기주식의 취득방법으로서 상법 제341조 제1항에 따른 방법을 명시적으로 규정함에 따라, 상장회사가 상법 제341조 제1항 제2호에 따라 주주가 가진 주식 수에 따라 균등조건으로 취득하는 방법(이하 "균등조건 취득방법"이라 한다), 즉 회사가 모든 주주에게 자기주식 취득의 통지 또는 공고를 하여 주식을 취득할 수 있는 방법을 활용할 수 있는지 여부가 문제된다.

자본시장법 제165조의2 제2항에 따라 주권상장법인에 대해서는 자본시장법상의 특례규정이 상법에 우선하여 적용되지만, 자본시장법과 그 하위 법령에서 상법 제341조 제1항 제2호의 균등조건에 의한 취득방법에 대하여 특별하게 규정하고 있지 않으므로, 상장법인도 균등조건에 의한 취득방법을 활용할 수 있을 것

5) 이철송, 「회사법강의[제26판]」, 박영사, 2018(이하 "회사법강의"라 한다), 397면. 이 견해는 거래소를 통해 취득하는 방법은 모든 주주에게 형식적으로 공평한 기회를 보장하지만, 거래방식에 따라서는 일부 주주의 주식만을 집중적으로 취득할 수도 있으므로 거래소를 통한 취득일지라도 형식적인 공평성 이외에 주주들에게 실질적으로 공평한 기회를 제공하여야 한다고 주장한다.

6) 한국상사법학회 편, 전게서, 1009면(정수용 집필부분).

7) 한국상사법학회 편, 전게서, 1037면(정수용 집필부분).

이다. 다만, 개별 주주들에게 통지를 하기 위해서는 기준일이나 주주명부 폐쇄 등을 통하여 실질주주를 확정하는 절차가 필요로 하는 등 번거로움이 있기 때문에 현실적으로 활용될 가능성은 높지 않다고 본다.[8)]

상법시행령 제10조는 균등한 조건으로 취득하는 방법에 관하여 다음과 같이 규정하고 있다.

1) 이사회 결의

주주총회에서 자기주식 취득을 결정한 회사가 자기주식을 취득하려는 경우에는 이사회의 결의로써 다음 사항을 정하여야 한다. 이 경우 주식 취득의 조건은 이사회가 결의할 때마다 균등하게 정하여야 한다(상법시행령 제10조 제1호).

가. 자기주식 취득의 목적

나. 취득할 주식의 종류 및 수

다. 주식 1주를 취득하는 대가로 교부할 금전이나 그 밖의 재산(해당 회사의 주식은 제외. 이하에서 "금전등")의 내용 및 그 산정 방법

라. 주식 취득의 대가로 교부할 금전등의 총액

마. 20일 이상 60일 내의 범위에서 주식양도를 신청할 수 있는 기간("양도신청기간")

바. 양도신청기간이 끝나는 날부터 1개월의 범위에서 양도의 대가로 금전등을 교부하는 시기와 그 밖에 주식 취득의 조건

2) 통지 및 공고

회사는 양도신청기간이 시작하는 날의 2주 전까지 각 주주에게

8) 동지, 한국상사법학회 편, 전게서, 1010면(정수용 집필부분).

회사의 재무 현황, 자기주식 보유 현황 및 제1호 각 목의 사항을 서면으로 또는 각 주주의 동의를 받아 전자문서로 통지하여야 한다(상법시행령 제10조 제2호).

3) 주식양도 신청

회사에 주식을 양도하려는 주주는 양도신청기간이 끝나는 날까지 양도하려는 주식의 종류와 수를 적은 서면으로 주식양도를 신청하여야 한다(상법시행령 제10조 제3호).

4) 계약의 성립

주주가 회사에 대하여 주식 양도를 신청한 경우 회사와 그 주주 사이의 주식 취득을 위한 계약성립의 시기는 양도신청기간이 끝나는 날로 정하고, 주주가 신청한 주식의 총수가 제1호 나목의 취득할 주식의 총수를 초과하는 경우 계약성립의 범위는 취득할 주식의 총수를 신청한 주식의 총수로 나눈 수에 제3호에 따라 주주가 신청한 주식의 수를 곱한 수(이 경우 끝수는 버린다)로 정하여야 한다(상법시행령 제10조 제4호).[9)]

3. 공개매수에 의한 취득

자본시장법상 주권상장법인은 자본시장법 제133조부터 제146조까지의 규정에 따른 공개매수의 방법을 통하여 자기주식을 취득할 수 있다(상법시행령 제9조 제1항 제2호). 자본시장법상 공개매수란 불특정 다수인에 대하여 의결권 있는 주식, 그 밖에 대통령

---

9) 상법시행령 제10조 제4호에 대해서는 주주가 가진 주식 수에 따라 균등조건으로 자기주식을 취득하여야 한고 규정한 상법 제341조 제1항 제2호와 모순된다는 주장이 제기된다(신현탁, "개정상법에 의한 자기주식취득 제도의 변화" 「경영법률」 제23권 제4호(한국경영법률학회, 2013), 139면).

령으로 정하는 증권("주식등")의 매수(다른 증권과의 교환을 포함한다)의 청약을 하거나 매도(다른 증권과의 교환을 포함한다)의 청약을 권유하고 증권시장 및 다자간매매체결회사(이와 유사한 시장으로서 해외에 있는 시장을 포함한다.) 밖에서 그 주식등을 매수하는 것을 말한다(자본시장법 제133조 제1항).

여기서 "의결권 있는 주식, 그 밖에 대통령령으로 정하는 증권"이란 의결권 있는 주식에 관계되는 다음 각 호의 어느 하나에 해당하는 증권("주식등")을 말한다(자본시장법시행령 제139조 제1항).

1. 주권상장법인이 발행한 증권으로서 다음 각 목의 어느 하나에 해당하는 증권
   가. 주권
   나. 신주인수권이 표시된 것
   다. 전환사채권
   라. 신주인수권부사채권
   마. 가목부터 라목까지의 증권과 교환을 청구할 수 있는 교환사채권
   바. 가목부터 마목까지의 증권을 기초자산으로 하는 파생결합증권(권리의 행사로 그 기초자산을 취득할 수 있는 것만 해당한다)

2. 제1호에 따른 주권상장법인 외의 자가 발행한 증권으로서 다음 각 목의 어느 하나에 해당하는 증권
   가. 제1호에 따른 증권과 관련된 증권예탁증권
   나. 제1호에 따른 증권이나 가목의 증권과 교환을 청구할 수 있는 교환사채권

다. 제1호에 따른 증권이나 가목·나목의 증권을 기초자산으로 하는 파생결합증권(권리의 행사로 그 기초자산을 취득할 수 있는 것만 해당한다)

비상장회사도 자본시장법상 공개매수의 방법으로 자기주식을 취득할 수 있는가? 이에 대해 상법시행령 제9조 제1항 제2호는 자본시장법에 규정된 공개매수에 의하여 취득하는 방법을 정한 것이고, 반드시 자본시장법상 공개매수의 대상에 한정한다는 취지는 아니므로 비상장회사도 이 방식으로 취득할 수 있다는 견해[10]와, 상장회사만이 자본시장법상 공개매수의 방법으로 자기주식을 취득할 수 있다는 견해[11]로 나뉜다. 전자의 견해를 취하는 경우 비상장회사의 주식은 자본시장법상 공개매수의 대상증권에 해당하지 않기 때문에 오히려 상법시행령에서 이를 규정할 실익이 있으며, 다만 이 경우 자본시장법의 공개매수 관련 규제가 적용되지 않는다고 해석한다.[12]

4. 신탁계약에 의한 취득

상장법인은 자기주식을 타인명의로 간접취득할 수도 있는데, 상장법인은 신탁업자와 자기주식 신탁계약을 체결함으로써 자기주식을 신탁회사 명의로 취득할 수 있다(자본시장법 제165조의3 제1항 제2호 괄호 및 동조 제2항). 신탁계약을 체결하는 경우에 신탁업자는 자기주식을 상법 제341조 제1항에 따라 거래소에서 취득하거나, 공개매수 또는 모든 주주에게 취득의 통지 또는 공고를 하는

10) 임재연, 회사법 I, 483면.
11) 송옥렬, 상법강의, 864면; 안성포, 전게논문, 85면.
12) 임재연, 회사법 I, 484면.

방법으로 취득하여야 한다(자본시장법 제165조의3 제1항 제2호 괄호 및 동조 제2항, 상법 제341조 제1항 제2호, 상법시행령 제9조 제1항).[13]

자본시장법에서는 신탁계약을 통해 자기주식을 취득하는 것에 대해서는 매수방법 등에 대한 규제가 없다. 이는 신탁업자의 업무에 대해서는 자본시장법과 신탁법에서 별도로 규제하고 있을 뿐만 아니라 주권상장법인이 자기의 명의로 자기주식을 취득하는 경우에 비해 상대적으로 주가상승 등 시세조종에 대한 우려가 적은 것으로 보았기 때문일 것이다. 그러나 신탁계약을 통한 자기주식의 취득은 주로 특정금전신탁의 방법으로 이루어질 수밖에 없으므로 주권상장법인은 얼마든지 신탁업자에게 영향력을 행사할 수 있고, 그 점에서는 신탁을 통한 자기주식 취득의 경우에도 의도적인 주가고정 등의 형태가 나타날 수 있다. 이러한 때에는 시세조종혐의를 배제할 수 없을 것이다.[14] 금융감독원의 실무는 자기주식 신탁계약의 자기주식 매매주문으로 발생할 수 있는 가격왜곡 현상을 최소화하기 위하여 자기주식을 직접 취득·처분할 때 적용되는 제한을 동일하게 적용하며, 다만 일일 주문수량은 발행주식총수의 1% 이내로 제한한다.[15]

반면 신탁계약을 통해 자기주식을 취득한 경우에도 일정한 공시규제는 이루어지고 있다. 즉, 자기주식 취득에 관하여 신탁계약을 체결한 주권상장법인은 해당계약을 체결한 후 3월이 경과한 때에는 그 날부터 5일 이내에 신탁계약에 따라 신탁업자가 취득하여 보유하고 있는 자기주식 상황보고서, 즉 "신탁계약에 의한

13) 한국상사법학회 편, 전게서, 1037~1038면(정수용 집필부분).

14) 김정수, 「자본시장법원론」, SFL그룹, 2011, 878면.

15) 금융감독원, 「기업공시 실무안내」, 2018, 65면.

취득상황보고서"를 금융위원회에 제출하여야 한다(발행공시규정 제5-10조 제1항). 그리고 동 보고서에는 보고대상 기간 중 해당 신탁계약을 통하여 취득한 자기주식의 취득 결과를 확인할 수 있는 서류를 첨부하여야 한다(동조 제3항 전단). 신탁계약에 따라 자기주식을 취득하여 보유하고 있는 주권상장법인은 자기주식 보유상황을 해당연도 각 분기말을 기준으로 사업보고서 및 분·반기보고서에도 기재하여야 한다(동조 제4항).

그리고 신탁계약을 체결하고 있는 주권상장법인으로서 자기주식 취득금액한도를 초과하게 된 경우에는 해당 주권상장법인은 신탁계약을 체결하고 있는 신탁업자에 해당 사실을 지체 없이 통보하여야 한다(발행공시규정 제5-11조 제3항).

Ⅲ. 자기주식의 취득재원

주권상장법인이 자기주식을 취득하는 경우 자기주식의 취득가액의 총액은 상법 제462조 제1항에 따른 이익배당을 할 수 있는 한도 이내이어야 한다(자본시장법 제165조의3 제2항). 증권발행공시규정 제5-11조는 자기주식 취득금액한도의 산정기준을 정하고 있는데, 자기주식 신탁계약을 체결한 경우와 자기주식을 처분한 경우에 관한 특칙이 존재하여, 구체적인 취득한도금액이 상법과 달라질 수 있다. 자본시장법은 상법과는 달리 상법상 배당가능이익에 결산기말 이후에 자기주식을 취득한 금액을 공제하고, 처분한 금액을 가산하여 취득한도를 계산한다.[16)]

즉, 주권상장법인이 자기주식을 취득할 수 있는 금액의 한도는

16) 한국상사법학회 편, 전게서, 1037면(정수용 집필부분).

직전 사업연도말 재무제표를 기준으로 상법 제462조 제1항에 따른 이익배당을 할 수 있는 한도의 금액[17]에서 제1호부터 제3호까지의 금액을 공제하고 제4호의 금액을 가산한 금액으로 한다(발행공시규정 제5-11조 제1항).

1. 직전 사업연도말 이후 상법 제341조의2, 제343조 제1항 후단, 자본시장법 제165조의3에 따라 자기주식을 취득한 경우 그 취득금액(자기주식의 취득이 진행 중인 경우에는 해당 최초 취득일부터 취득금액한도 산정시점까지 발생한 자기주식의 취득금액을 포함한다)

2. 신탁계약이 있는 경우 그 계약금액(일부해지가 있는 경우에는 해당 신탁계약의 원금 중에서 해지비율 만큼의 금액을, 직전 사업연도말 현재 해당 신탁계약을 통하여 취득한 자기주식이 있는 경우에는 해당 신탁계약의 원금 중에서 취득한 자기주식에 해당하는 금액을 각각 차감한 금액을 말한다)

3. 직전 사업연도말 이후의 정기주주총회에서 결의된 이익배당금액 및 상법 제458조 본문의 규정에 따라 해당 이익배당에 대하여 적립하여야 할 이익준비금(자본시장법 제165조의12에 따라 이사회에서 결의된 분기 또는 중간배당금액 및 해당 분기 또는 중간배당에 대하여 적립하여야 할 이익준비금을 포함한다)

4. 직전 사업연도말 이후 상법 제342조·자본시장법 제165조의3 제4항·제165조의5 제4항에 따라 처분한 자기주식(상법 제343조 제

---

17) 제462조(이익의 배당) ① 회사는 대차대조표의 순자산액으로부터 다음의 금액을 공제한 액을 한도로 하여 이익배당을 할 수 있다.
  1. 자본금의 액
  2. 그 결산기까지 적립된 자본준비금과 이익준비금의 합계액
  3. 그 결산기에 적립하여야 할 이익준비금의 액
  4. 대통령령으로 정하는 미실현이익

1항 후단에 따라 소각한 주식은 제외한다)이 있는 경우 그 처분주식의 취득원가(이동평균법을 적용하여 산정한 금액으로 한다)

경영실적 등의 악화로 인해 이익배당을 할 수 있는 한도 등의 감소로 직전 사업연도 말의 취득한도를 초과하여 자기주식을 취득한 경우 2013년 개정전 자본시장법은 이를 3년 이내 처분하도록 규정하였다. 그러나 2011년 상법개정으로 이러한 경우 초과하여 취득한 자기주식을 처분할 의무를 부담하지 않고, 이사들이 제341조 제3항과 제4항에 따른 책임만 부담한다. 이에 따라 상법과의 정합성을 위해 2013년 자본시장법을 개정하여 3년 이내에 처분하도록 규정한 구법 제165조의2 제5항, 시행령 제176조의3을 삭제하였다. 자기주식의 취득 또는 처분 기간은 이사회의 결의사항에 따른다(자본시장법시행령 제176조의2 제1항 제1호, 규정 제5-1조 제1호 바목, 제2호 바목). 처분의무 조항은 삭제되었지만, 취득한도금액을 초과하여 취득한 자기주식은 이사회 결의로 상당한 기간 내에 처분하여야 할 것이다.

자기주식을 취득할 때 이사의 자본충실책임을 규정한 상법 제341조 제3항과 제4항은 자본시장법에 그 규정이 없으므로 상장법인에도 적용된다.[18] 상법 제341조 제3항과 제4항에 따른 책임과 관련하여 12월말 결산법인이 2013년 1월에 자기주식을 취득하고 2013년 3월 말에 정기총회를 통해 재무제표를 확정하는 경우, 취득할 1월 당시 직전 결산기의 배당가능이익은 2012년 재무제표가 아직 확정되지 않았으므로 2011년 배당가능이익이 될 수밖에 없으며, 자기주식을 취득한 해당 영업연도는 2013년이므로

18) 한국상사법학회 편, 전게서, 1036면(정수용 집필부분).

배당가능이익을 2011년과 2013년을 비교하여야 하는지, 아니면 2011년과 2012년을 비교하여야 하는지가 문제된다. 상법의 문언만으로 보면 2011년(직전 결산기)과 2013년(해당 영업연도)의 배당가능이익을 비교하여 이사의 자본충실책임을 판단할 수밖에 없다.[19)]

Ⅳ. 자기주식의 취득방법 및 취득한도에 대한 위반의 효과

1. 취득방법의 위반

자본시장법에서 자기주식 취득의 방법에 대해 엄격히 규제하는 이유는 주주에게 주식을 매각할 기회를 공평하게 제공하기 위해서이다. 따라서 취득방법을 위반한 경우에는 주주평등원칙에 반하므로 그 거래는 무효라고 보는 견해[20)]와, 원칙적으로 무효이지만 상대방이 선의인 경우에 한하여 유효로 보는 견해[21)]가 있다.

자기주식 취득의 대부분을 차지하는 거래소를 통한 취득의 경우 현재 증권거래시스템 아래에서는 매도인별로 매도한 주식수를 특정할 수 없으므로 자기주식을 무효로 본다고 하더라도 원상회복이 불가능하다는 현실적인 문제가 제기된다.[22)]

2. 취득한도의 위반

자본시장법에서 자기주식의 취득재원에 대해 규제하는 이유는

19) 금융감독원, 전게서, 164면; 한국상사법학회 편, 전게서, 1036~1037면(정수용 집필부분).

20) 임재연, 회사법 I, 499면; 김정수, 「자본시장법원론[개정판]」, SFL그룹, 2014 (이하, “전게서(2014)”라 칭한다), 1029면.

21) 한국증권법학회, 「자본시장법[주석서 I]」, 박영사, 2009, 696면(권종호 집필부분).

22) 임재연, 회사법 I, 495면; 한국상사법학회 편, 전게서, 1044면(정수용 집필부분).

회사의 채권자를 보호하기 위해서이다. 취득재원에 대한 규제에 위반하여 자기주식을 취득한 경우 그 법적 효과에 관해서는 유효설이 유력하다. 그 근거로는 자기주식 취득을 무효로 했을 때 발생하는 거래 안전상의 문제, 취득한 자기주식 중 재원규제 위반분과 그렇지 않은 부분의 구별의 현실적 어려움 등이 거론된다.[23] 반면 무효설은 취득금액 한도를 위반한 경우 위반분만 무효로 본다.[24]

생각건대, 취득재원에 관한 규제를 위반한 자기주식 취득의 경우에도 원칙적으로 무효로 보아야 할 것이나 현실적으로 취득한 자기주식 중 재원규제를 위반한 부분과 그렇지 않은 부분을 구별하는 것이 불가능할 수 있다는 점, 배당가능이익의 한도감소로 인하여 초과취득하게 된 자기주식을 무효로 하지 않고 3년 이내에 초과분을 처분하도록 하였는데 2013년 개정 자본시장법은 이 처분규정마저 삭제한 점(자본시장법 165조의2 5항 삭제)을 고려하면 유효로 볼 수밖에 없을 것이다.

V. 자기주식의 취득 절차

1. 이사회 결의

주권상장법인은 자본시장법 제165조의3 제1항의 방법 또는 상법 제341조 제1항 각 호의 어느 하나에 해당하는 방법으로 자기주식을 취득하는 경우에는 상법 제341조 제2항에도 불구하고 이사회의 결의로써 자기주식을 취득할 수 있다(자본시장법 제165조의

---

23) 김정수, 「현대증권법원론」, 박영사, 2002, 542면.

24) 임재연, 회사법 I, 495면; 김정수, 전게서(2014), 1030면.

3 제3항). 자기주식의 처분도 이사회 결의에 따른다(동법 제165조의 3 제4항, 동법시행령 제176조의2 제1항).

주권상장법인이 자본시장법 제165조의3에 따라 자기주식을 취득 또는 처분하거나 신탁계약을 체결 또는 해지하려는 경우 이사회는 다음 사항을 결의하여야 한다(동법시행령 제176조의2 제1항).

1. 거래소에서 취득하는 방법이나 균등한 조건으로 취득 또는 처분하려는 경우에는 취득 또는 처분의 목적·금액 및 방법, 주식의 종류 및 수, 그 밖에 금융위원회가 정하여 고시하는 사항[25]

2. 신탁계약을 체결 또는 해지하려는 경우에는 체결 또는 해지의 목적·금액, 계약기간, 그 밖에 금융위원회가 정하여 고시하는 사항[26]

---

25) 제5-1조(자기주식취득·처분에 관한 이사회결의 사항) 주권상장법인이 영 제176조의2 제1항 제1호에 따라 이사회결의를 거쳐야 할 사항은 다음 각 호와 같다.
   1. 취득의 경우
      가. 취득의 목적
      나. 취득예정금액
      다. 주식의 종류 및 수
      라. 취득하고자 하는 주식의 가격
      마. 취득방법
      바. 취득하고자 하는 기간
      사. 취득 후 보유하고자 하는 예상기간
      아. 취득을 위탁할 투자중개업자의 명칭
      자. 그 밖에 투자자 보호를 위하여 필요한 사항

26) 제5-2조(신탁계약에 의한 자기주식취득·처분에 관한 이사회결의 사항) 주권상장법인이 영 제176조의2 제1항 제2호에 따라 이사회결의를 거쳐야 할 사항은 다음 각 호와 같다.
   1. 신탁계약의 체결의 경우
      가. 체결목적
      나. 체결금액
      다. 계약일자 및 계약기간
      라. 계약을 체결하고자 하는 신탁업자의 명칭
      마. 그 밖에 투자자 보호를 위하여 필요한 사항

2. 주요사항보고서의 제출

주권상장법인은 자기주식을 취득(자기주식의 취득을 목적으로 하는 신탁계약의 체결을 포함한다)할 것을 이사회에서 결의한 때에는 그 사실이 발생한 날의 다음 날까지 그 내용을 기재한 주요사항보고서를 금융위원회에 제출하여야 한다(자본시장법 제161조 제1항 제8호). 이처럼 자기주식 취득 전에 주요사항보고서를 금융위원회에 제출하도록 한 것은 미공개정보를 이용한 불법내부자거래를 방지하고 감독당국이 그 취득의 적법성여부를 사전에 객관적으로 검토하기 위해서이다.[27] 금융위원회는 주요사항보고서가 제출된 경우 이를 거래소에 지체 없이 송부하여야 한다(동법 제161조 제5항).

금융감독원의 실무는 자본시장법에 의한 자기주식 취득 이외에 상법 제341조의2에 따른 특정목적에 의한 자기주식 취득의 경우 별도의 결의가 있다고 보기 어렵고, 단지 다른 행위에 자기주식 취득이 수반되는 것에 불과하므로, 자기주식 취득에 대한 주요사항보고서 제출의무는 없다고 본다. 다만 이렇게 취득한 자기주식을 처분할 때에는 처분결의를 수반하므로 제출의무가 있다(처분보고서 제출의무는 없다).[28]

3. 취득결과보고서의 제출

주권상장법인이 자기주식의 취득을 완료하였거나 취득기간이 만료된 때에는 그 날로부터 5일 이내에 취득결과보고서를 금융위원회에 제출하여야 한다(발행공시규정 제5-8조 제1항). 취득결과보고

---

27) 임재연, 「2018년판 자본시장법」, 박영사, 2018(이하 "자본시장법"이라 한다), 733면.

28) 금융감독원, 전게서, 58면.

서에는 ① 매매거래의 내역을 증명할 수 있는 서류, ② 취득에 관한 이사회 결의 내용대로 취득하지 않았을 경우에는 그 사유서 및 소명자료를 첨부하여야 한다(동조 제2항). 주권상장법인은 취득결과보고서를 제출한 경우에 한하여 자기주식 취득에 관하여 새로운 이사회 결의를 할 수 있다(발행공시규정 제5-4조 제1항 전단).[29][30] 자기주식 취득에 관하여 신탁계약을 체결한 주권상장법인은 해당 계약을 체결한 후 3월이 경과한 때에는 그날부터 5일 이내에 신탁계약에 따라 신탁업자가 취득하여 보유하고 있는 자기주식 상황보고서(이하 "신탁계약에 의한 취득상황보고서")를 금융위에 제출하여야 한다(발행공시규정 제5-10조 제1항).

주요사항보고서 제출 후 주가가 상승하는 경우에 신고금액을 초과하여 자기주식을 취득할 수 있는가? 현행법상 자기주식의 취득신고는 취득수량과 취득금액 중 어느 것을 기준으로 그 이행여부를 판단할 것인지에 대해 명확한 규정은 없으나, 해석상 다음과 같은 근거에서 취득신고주식수량을 그 이행여부의 판단기준으로 본다. 첫째, 발행공시규정 제5-4조 제1항에 따르면 취득신고

29) 그러나 주권상장법인이 주식매수선택권 행사에 대비하기 위하여 자기주식을 취득하고자 하는 경우에는 다음의 요건을 충족하면 취득결과보고서를 제출하지 않더라도 자기주식 취득에 관하여 새로운 이사회 결의를 할 수 있다(발행공시규정 제5-4조 제2항). ① 종전의 이사회결의에 따른 자기주식 취득이 주식매수선택권의 행사에 따라 자기주식을 교부하는 것을 목적으로 하지 않을 것, ② 새로운 이사회 결의일 현재 주식매수선택권의 행사가능일이 이미 도래하였거나 행사가능일이 3월 이내에 도래하는 경우로서 주식매수선택권 행사에 따라 자기주식을 교부하기로 한 수량 이내에서 취득할 것. 이 경우 해당 주권상장법인은 그 사실을 입증할 수 있는 서류를 주요사항보고서에 첨부하여야 한다.

30) 주권상장법인이 주식매수선택권의 행사에 따라 교부할 목적으로 취득하고 있는 자기주식은 해당 취득에 대한 취득결과보고서 제출 전이라도 이를 취득목적에 따라 교부할 수 있다. 이 경우 교부된 자기주식은 취득결과보고서 제출시점까지는 처분되지 않은 것으로 본다(발행공시규정 5-4조 3항).

주식수량을 모두 취득하지 못한 경우에는 해당 취득기간 만료 후 1개월이 경과하여야 새로운 이사회 결의를 할 수 있다. 둘째, 주요사항보고서상의 취득예정금액은 취득신고수량에 주요사항보고서 제출일의 전일종가를 적용하여 산출한 금액으로서 이는 취득할 금액이 아니라 투자자에게 공시하기 위한 예시금액에 불과하다. 따라서 주요사항보고서 제출 후 취득신고수량에 따라 자기주식을 취득하였으나 주가가 상승한 결과 취득예정금액을 초과하게 되는 것은 문제가 되지 않는다. 물론 상법상 배당가능이익의 한도를 초과할 수는 없다.[31)]

4. 취득기간

주권상장법인이 자본시장법 제165조의3 제1항 및 제2항에 따라 자기주식을 취득하려는 경우에는 동법 제391조에 따라 이사회 결의 사실이 공시된 날의 다음 날부터 3개월 이내에 금융위원회가 정하여 고시하는 방법[32)]에 따라 증권시장에서 자기주식을 취득하여야 한다(자본시장법시행령 제176조의2 제3항). 주권상장법인은 자기주식의 취득결과보고서를 제출한 경우에 한하여 자기주식 취득에 관하여 새로운 이사회 결의를 할 수 있다. 3개월의 기간 이내에 결의한 취득신고주식수량을 모두 취득하지 못한 경우에는 해당취득기간 만료 후 1월이 경과하여야 새로운 이사회 결의를 할 수 있다(발행공시규정 제5-4조 제1항 후단). 다만, 보통주를 취득하기 위하여 취득에 관한 이사회결의를 하였으나 다시 상법에 따른 의결권이 없거나 제한되는 주식을 취득하고자 하는 경우

31) 금융감독원, 전게서, 179면.

32) 증권발행공시규정 제5-5조 참조.

에는 후단의 규정을 적용하지 아니한다(동 조항 단서). 즉, 위 제한을 받지 않고 신고한 취득기간 이내에 별도의 이사회결의로 자기주식을 취득할 수 있다.[33] 또한 주식매수선택권의 부여를 위하여 자기주식을 취득하는 경우에도 일정한 요건을 충족하는 때에는 이러한 제한을 받지 않는다(발행공시규정 제5-4조 제2항).

5. 매수주문의 방법

(1) 원칙

주권상장법인이 자기주식을 취득하는 경우에는 취득방법이나 취득규모에 따라서는 시세에 큰 영향을 미칠 수 있다. 따라서 이러한 매매주문으로 인한 가격왜곡 현상을 최소화하기 위하여 발행공시규정은 매수주문방법에 관해 일정한 제한을 하고 있다. 즉, 주권상장법인이 상법 제341조 제1항 제1호의 방법으로 자기주식을 취득하기 위하여 매수주문을 하고자 할 때에는 다음의 방법에 따라야 한다(발행공시규정 제5-5조 제1항).

(i) 거래소가 정하는 바에 따라 장개시 전에 매수주문을 하는 경우에는 매수가격은 전일의 종가와 전일의 종가를 기준으로 100분의 5 높은 가격의 범위 이내로 하여야 한다.

(ii) 거래소가 정하는 정규시장의 매매거래시간 중에 매수주문(정정매수주문을 포함)을 하는 경우에는 매수가격은 자본시장법 제393조 제1항에 따른 거래소의 증권시장업무규정에서 정하는 가격의 범위 이내로 하여야 한다. 즉, 당해 종목의 직전의 체결가격과 최우선매수호가의 가격 중 높은 가격으로부터 5호가 가격단

33) 한국상사법학회 편, 전게서, 1040면(정수용 집필부분).

위 높은 가격을 상한으로 하고 5호가 가격단위 낮은 가격을 하한으로 하는 범위 이내의 가격으로 하여야 한다(유가증권시장 업무규정 제39조 제1항 제2호 가목). 이 경우 매매거래시간 중 매수주문은 거래소가 정하는 정규시장이 종료하기 30분 전까지 제출하여야 한다.

(iii) 1일 매수주문수량은 취득신고주식수의 100분의 10에 해당하는 수량과 이사회결의일 전일을 기산일로 하여 소급한 1개월간의 일평균거래량의 100분의 25에 해당하는 수량 중 많은 수량 이내로 하여야 한다. 다만, 그 많은 수량이 발행주식총수의 100분의 1에 해당하는 수량을 초과하는 경우에는 발행주식총수의 100분의 1에 해당하는 수량 이내로 하여야 한다.

(iv) 매수주문일 전일의 장 종료 후 즉시 위탁투자중개업자로 하여금 1일 매수주문수량 등을 거래소에 신고하도록 하여야 하며, 매수주문위탁 투자중개업자는 1일 1사로 하여야 하고, 이사회에서 결의한 자기주식 취득기간 중에 매수주문을 위탁하는 투자중개업자는 5사를 초과해서는 아니된다.

(2) 시간외 대량매매

주권상장법인이 다음 어느 하나에 해당하는 경우에는 거래소가 정하는 시간외 대량매매의 방법에 따라 자기주식을 취득할 수 있다(발행공시규정 제5-5조 제2항).

(i) 정부, 한국은행, 예금보험공사, 한국산업은행, 중소기업은행, 한국수출입은행 및 정부가 납입자본금의 100분의 50 이상을 출자한 법인으로부터 자기주식을 취득하는 경우

(ii) 정부가 주권상장법인의 자기주식 취득과 관련하여 공정경쟁 촉진, 공기업 민영화 등 정책목적 달성을 위하여 허가·승인·

인가 또는 문서에 의한 지도·권고를 하고 금융위에 요청한 경우로서 금융위가 투자자보호에 문제가 없다고 인정하여 승인하는 경우

(3) 주식매수선택권의 행사에 따른 취득의 경우

주권상장법인이 주식매수선택권의 행사에 따라 자기주식을 교부하기 위하여 새로이 자기주식을 취득하고자 이사회 결의를 한 때에는, 매수주문가격 및 1일 매수주문수량 등의 적용에 있어서 각각의 이사회 결의를 기준으로 적용한다(발행공시규정 제5-5조 제3항).

(4) 매수주문의 특례

자본시장법은 이처럼 주권상장법인의 자기주식 취득에 대해서는 매수수량과 시기에 대해 일정한 제한을 가하고 있지만, 시장상황의 급변 등 특수한 상황에 대비한 특례도 아울러 규정하고 있다. 즉, 거래소는 시장상황 급변 등으로 투자자 보호와 시장안정을 유지하기 위하여 즉각적인 조치가 필요한 경우 1일 매수주문수량을 이사회 결의 주식수 이내로 하여 주권상장법인 자기주식을 취득하도록 할 수 있다(발행공시규정 제5-6조 제1항). 다만 이러한 조치를 취하거나 이를 변경하려고 할 경우에는 거래소는 사전에 금융위원회의 승인을 받아야 한다(동조 제2항).

(5) 투자중개업자의 위탁거부

자기주식의 취득을 위탁받은 투자중개업자는 해당 주권상장법인이 자본시장법시행령 제176조의2 제2항에 위반하여 자기주식의 취득 제한기간 중에 자기주식의 매수를 위탁하는 것임을 안 경우에는 그 위탁을 거부하여야 한다(발행공시규정 제5-7조).

제3절 자기주식의 처분

Ⅰ. 처분방법

자본시장법은 상법과 마찬가지로 자기주식 처분에 관한 사항을 특별히 규정하고 있지 않다. 다만 자기주식의 장내처분에 관해서는 다음에 기술하는 것처럼 시장왜곡이나 불공정거래 방지를 위한 제한이 있다(발행공시규정 제5-9조 제5항~제8항). 금융감독원 실무는 자본시장법상 자기주식의 취득은 모든 주주에게 매도할 수 있는 기회를 공평하게 주어야 하기 때문에 주주평등의 원칙상 거래소시장을 통한 경쟁매매만 허용한다. 그러나 자기주식의 처분에 관해서는 명문의 규정이 없어 이러한 원칙을 엄격하게 적용할 필요가 없으므로 장내처분뿐만 아니라 장외처분도 가능하다고 한다.[34)]

또한 장외처분의 경우 거래소시장을 통한 매도의 경우와는 달리 수량과 매도가격에 대한 제한도 없으므로, 원칙적으로 수량과 매도가격 역시 당사자들의 합의에 의하여 정해진다. 그렇지만 발행공시규정이 장내매도의 경우 가격제한 규정을 둔 취지를 고려해 볼 때, 장외처분의 경우에도 이에 상응하는 합리적인 가격이어야 할 것이고, 처분가격이나 처분시기가 불합리한 경우 불공정거래행위나 이사의 배임행위 등 민·형사상 책임이 발생할 수 있다.[35)]

---

34) 금융감독원, 전게서, 65면; 한국상사법학회 편, 전게서, 1038면(정수용 집필부분).
35) 금융감독원, 전게서, 65면.

Ⅱ. 처분 절차

주권상장법인이 취득한 자기주식을 처분(자기주식을 취득하기로 하는 신탁업자와의 신탁계약의 해지를 포함한다)하는 경우에는 대통령령으로 정하는 요건·방법 등의 기준에 따라야 한다(자본시장법 제165조의3 제4항).

1. 이사회 결의

주권상장법인이 취득한 자기주식을 처분하거나 신탁계약을 해지하려는 경우 먼저 이사회 결의를 거쳐야 한다(자본시장법시행령 제176조의2 제1항 본문). 다만, 주식매수선택권의 행사에 따라 자기주식을 교부하는 경우와 신탁계약의 계약기간이 종료한 경우에는 그러하지 아니하다(동법시행령 제176조의2 제1항 단서).

자기주식을 처분하려는 경우 이사회 결의사항은 처분의 목적·금액 및 방법, 주식의 종류 및 수, 그 밖에 금융위원회가 정하여 고시하는 사항[36]이다(동법시행령 제176조의2 제1항 제1호). 신탁계약을 해지하려는 경우에는 해지의 목적·금액, 계약기간, 그 밖에 금

36) 제5-1조(자기주식취득·처분에 관한 이사회결의 사항) 주권상장법인이 영 제176조의2 제1항 제1호에 따라 이사회결의를 거쳐야 할 사항은 다음 각 호와 같다.
1. 취득의 경우 (생략)
2. 처분의 경우
가. 처분목적
나. 처분예정금액
다. 주식의 종류 및 수
라. 처분하고자 하는 주식의 가격
마. 처분방법
바. 처분하고자 하는 기간
사. 처분을 위탁할 투자중개업자의 명칭
아. 그 밖에 투자자 보호를 위하여 필요한 사항

융위원회가 정하여 고시하는 사항[37]이다(동법시행령 제176조의2 제1항 제2호).

2. 처분결과보고서

주권상장법인이 자기주식을 처분하면 처분결과보고서를 금융위원회에 제출하여야 하는데, 그 절차는 취득결과보고서와 동일하다. 즉, 주권상장법인이 자기주식의 처분을 완료하거나 처분하고자 하는 기간이 만료된 때에는 그 날로부터 5일 이내에 자기주식의 처분에 관한 결과보고서(처분결과보고서)를 금융위원회에 제출하여야 하며, 이때 처분결과보고서에는 ① 처분내역을 증명할 수 있는 서류, ② 처분에 관한 이사회결의 내용대로 처분하지 않았을 경우에는 그 사유서 및 소명자료를 첨부하여야 한다(발행공시규정 제5-9조 제1항, 제5-8조).[38]

주권상장법인은 처분결과보고서를 제출한 경우에 한하여 자기주식처분에 관하여 새로운 이사회 결의를 할 수 있으며, 처분기

37) 제5-2조(신탁계약에 의한 자기주식취득·처분에 관한 이사회결의 사항) 주권상장법인이 영 제176조의2 제1항 제2호에 따라 이사회결의를 거쳐야 할 사항은 다음 각 호와 같다.
 1. 신탁계약의 체결의 경우 (생략)
 2. 신탁계약의 해지(일부해지를 포함한다. 이하 같다)의 경우
  가. 해지목적
  나. 해지금액
  다. 해지일자
  라. 해지할 신탁업자의 명칭
  마. 그 밖에 투자자 보호를 위하여 필요한 사항

38) 다만 주식매수선택권의 행사에 따라 자기주식을 교부하는 경우에는 발행공시규정 제5-4조 제1항 및 제5-8조를 준용하지 아니하며, 자기주식을 교환대상으로 하는 교환사채의 발행을 통하여 처분하는 경우에는 발행공시규정 제5-8조를 준용하지 않는다(발행공시규정 5-9조 1항).

간, 즉 이사회 결의일 익일부터 3월 이내(발행공시규정 제5-9조 제1항)의 기간 동안 결의한 처분주식수량을 모두 처분하지 못한 경우에는 해당 처분기간 만료 후 1월이 경과하여야 새로운 이사회 결의를 할 수 있다(발행공시규정 제5-9조 제1항, 제5-4조 제1항).[39] 다만 주식매수선택권의 행사에 따라 자기주식을 교부하는 경우와 신탁계약의 계약기간이 종료된 경우에는 처분결과보고서의 제출을 생략할 수 있다(발행공시규정 제5-9조 제4항).

3. 신탁계약 해지결과의 보고

주권상장법인이 신탁계약을 해지하는 이사회 결의를 한 때에는 신탁계약을 해지한 날부터 5일 이내에 신탁계약의 해지결과보고서(신탁계약해지결과보고서)를 금융위원회에 제출하여야 한다(발행공시규정 제5-10조 제2항). 신탁계약해지결과보고서에는 신탁계약 해지 사실을 확인할 수 있는 서류를 첨부하여야 한다(동조 제3항 후단).

4. 이사회 결의 후 처분기간

주권상장법인의 자기주식 처분기간은 이사회 결의 사실이 공시된 날의 다음 날부터 3월 이내로 한다(발행공시규정 제5-9조 제1항).

Ⅲ. 매도주문의 방법

자기주식 처분의 경우에도 자기주식 취득의 경우와 마찬가지

39) 다만 보통주를 처분하기 위하여 이사회결의를 하였으나 다시 의결권 없는 주식을 처분하고자 하는 경우에는 그러하지 아니하다(발행공시규정 5-9조 1항, 5-4조 1항 단서).

로 매도주문 방법에 관해 엄격히 규제하고 있는데, ① 증권시장을 통한 처분 뿐만 아니라 ② 시간외대량매매방법에 의한 처분, ③ 전자증권중개회사를 통한 처분에 관해서도 각각 규정을 두고 있다. 이는 자기주식의 장내처분은 위의 세 가지 방법에 의해서만 이루어져야 함을 의미하는 것으로 보아야 할 것이다.

1. 증권시장을 통한 처분

주권상장법인이 증권시장을 통하여 자기주식을 처분하기 위하여 매도주문을 하고자 할 때에는 다음 방법에 따라야 한다(발행공시규정 제5-9조 제5항).

(i) 첫째, ① 거래소가 정하는 바에 따라 장개시 전에 매도주문을 하는 경우에는 매도가격은 전일의 종가와 전일종가를 기준으로 2 호가가격단위 낮은 가격의 범위 이내로 하여야 하며, ② 거래소가 정하는 정규시장의 매매거래시간 중에 매도주문(정정매도주문 포함)을 하는 경우에는 매도가격은 자본시장법 제393조 제1항에 따른 거래소의 증권시장업무규정에서 정하는 가격의 범위 이내로 하여야 한다. 즉, 당해 종목의 직전의 체결가격과 최우선매도호가의 가격 중 낮은 가격으로부터 5호가 가격단위 높은 가격을 상한으로 하고 5호가 가격단위 낮은 가격을 하한으로 하는 범위 이내의 가격으로 하여야 한다(유가증권시장 업무규정 제39조 제1항 제2호 나목). 이 경우 매매거래시간 중 매도주문은 거래소가 정하는 정규시장이 종료하기 30분 전까지 제출하여야 한다(발행공시규정 제5-9조 제5항 제1호).

(ii) 1일 매도주문수량은 처분신고주식수의 100분의 10에 해

당하는 수량과 처분신고서 제출일 전일을 기산일로 하여 소급한 1개월간의 일평균거래량의 100분의 25에 해당하는 수량 중 많은 수량 이내로 하여야 한다. 다만, 그 많은 수량이 발행주식총수의 100분의 1에 해당하는 수량을 초과하는 경우에는 발행주식총수의 100분의 1에 해당하는 수량 이내로 하여야 한다(동 조항 제2호).

(iii) 매도주문일 전일의 장 종료 후 즉시 매도주문 위탁 투자중개업자는 1일 매도주문수량등을 거래소에 신고하여야 한다(동 조항 제3호).

(iv) 매도주문 위탁 투자중개업자는 1일 1사로 하여야 하고, 다만 이사회 결의에서 정한 자기주식 처분기간 중에 매도주문을 위탁하는 투자중개업자는 5사를 초과해서는 아니 된다(동 조항 제4호).

2. 시간외대량매매의 방법에 의한 처분

주권상장법인은 자기주식을 거래소가 정하는 시간외대량매매의 방법으로 처분하는 것도 가능한데, 이 경우에는 위 1)의 (i) 및 (ii)는 적용하지 아니하며, 매도주문의 호가는 당일(장 개시 전 시간외대량매매의 경우에는 전일을 말한다) 종가를 기준으로 100분의 5 낮은 가격과 100분의 5 높은 가격의 범위 이내로 하여야 한다(발행공시규정 제5-9조 제6항).

3. 다자간매매체결회사를 통한 처분

주권상장법인이 다자간매매체결회사를 통하여 자기주식을 처분하기 위하여 매도주문을 할 때에는 발행공시규정 제5-9조 제5

항에 따른 증권시장을 통한 처분의 방법을 준용한다(발행공시규정 제5-9조 제7항).

4. 투자중개업자의 위탁거부

주권상장법인으로부터 자기주식의 처분을 위탁받은 투자중개업자는 주권상장법인이 자기주식처분기준에 관한 시행령 제176조의2에 위반하여 자기주식의 매도를 위탁하는 것임을 안 경우에는 그 위탁을 거부하여야 한다(발행공시규정 제5-9조 제8항).

Ⅳ. 자기주식을 교환대상으로 하는 전환사채의 발행

주권상장법인이 자기주식을 교환대상으로 하는 교환사채를 발행한 경우에는 그 사채권을 발행하는 때에 자기주식을 처분한 것으로 본다(자본시장법시행령 176조의2 4항). 주권상장법인이 자기주식을 교환대상으로 하는 교환사채의 발행을 완료한 때에는 그 날로부터 5일 이내에 처분결과보고서를 제출하여야 하며, 동 처분결과보고서에는 처분(교환사채 발행)내역을 증명할 수 있는 서류를 첨부하여야 한다(발행공시규정 5-9조 3항).

제4절 자기주식 취득 또는 처분의 금지기간

주권상장법인은 다음에 해당하는 기간 동안에는 자기주식의 취득 또는 처분 및 신탁계약의 체결 또는 해지를 할 수 없다(자본시장법 시행령 제176조의2 제2항, 제106조 제5항). 이는 자기주식의 취득 또는 처분(신탁계약의 체결·해지 및 신탁계약을 통한 자기주식의 취득·처분)으로 인하여 인위적인 시장가격의 왜곡이 발생하거나, 미공개정보를 이용한 매매거래가 발생되지 않도록 하기 위한 것이다.

1. 다른 법인과의 합병에 관한 이사회 결의일부터 과거 1개월간
2. 유상증자의 신주배정에 관한 기준일(일반공모증자의 경우에는 청약일) 1개월 전부터 청약일까지의 기간
3. 준비금의 자본전입에 관한 이사회 결의일부터 신주배정기준일까지의 기간
4. 자본시장법시행령 제205조 제1항 제5호에 따른 시장조성을 할 기간
5. 자본시장법 제174조 제1항에 따른 미공개중요정보가 있는 경우 그 정보가 공개되기 전까지의 기간
6. 처분(신탁계약의 해지를 포함) 후 3개월간 또는 취득(신탁계약의 체결을 포함) 후 6개월간.

이러한 제한사유 중 제1호와 제2호는 상장법인이 자기주식을 취득하여 주가에 영향을 미침으로써 합병이나 신주발행 시의 기준가격의 공정한 산정을 저해할 우려가 있기 때문이다. 제3호의 경우 신주발행과 관련하여 기존에 공시한 사항의 변경이 초래되

기 때문이다. 제4호 내지 제5호는 증권시장에서의 기타 공정한 거래의 형성을 저해한다. 제6호는 빈번한 취득·처분으로 인한 시장가격의 왜곡을 예방하기 위한 것이다.[40]

한편 i) 주요사항보고서 제출 후 자기주식 취득 전에 보고서에 기재한 취득기간, 취득방법, 수량 등을 변경할 수 있는가? 이러한 사항은 투자자의 투자판단에 영향을 미치는 중요한 사항이고, 변경을 허용하면 투자자에게 혼란을 줄 수 있으므로 변경을 허용하지 않는 것이 금융감독원의 실무이다.[41] ii) 신고한 자기주식취득기간 중에 취득수량을 증가시키거나 별도의 자기주식 취득을 위한 주요사항보고서를 제출하는 것은 이미 제출한 보고서에 대한 공시번복에 해당할 수 있고 투자자들의 예측 가능성을 저해할 수 있으므로 허용되지 않는다(발행공시규정 제5-4조 제1항).[42] 반면 유사한 경제적 효과를 초래함에도 불구하고 자기주식의 신탁계약기간 도중 별도의 신탁계약을 체결하면서 주요사항보고서를 제출하는 것은 허용한다. 즉, 자본시장법이 신탁계약 체결 이후 6개월 이내에 이를 해지하거나, 신탁계약 해지 이후 3개월 이내에 신규 신탁계약을 체결하는 것을 금지하고 있다. 그러나 자기주식의 신탁계약기간 도중 새로운 신탁계약을 체결하면서 주요사항보고서를 추가로 제출할 수 있는지 여부에 대하여는 명문의 규정은 없는데, 신탁계약의 체결 및 해지에 대한 제한만 명시하고, 통상 신탁계약기간이 1년 이상인 장기인 점 등을 고려하여 신탁계약기간 중 별도의 신탁계약 체결 및 동 보고서의 제출도 허용

---

40) 금융감독원, 전게서, 61~63면; 한국상사법학회 편, 전게서, 1041면(정수용 집필부분).

41) 금융감독원, 전게서, 162면; 한국상사법학회 편, 전게서, 1042면(정수용 집필부분).

42) 금융감독원, 전게서, 168면.

한다.[43)]

한편 취득 또는 처분의 제한기간 운용과 관련하여 투자자의 투자판단에 중대한 영향을 미칠 요인이 적거나 기업 경영상 불가피하게 자기주식의 취득 또는 처분이 필요한 경우까지 제한할 필요가 없기 때문에 다음의 경우 "처분(신탁계약의 해지를 포함한다) 후 3개월간 또는 취득(신탁계약의 체결을 포함한다) 후 6개월간"이라는 제한이 적용되지 않는다(자본시장법시행령 제176조의2 제2항 제6호 단서).[44)]

가. 임직원에 대한 상여금으로 자기주식을 교부하는 경우(계열사의 임직원은 불포함)
나. 주식매수선택권의 행사에 따라 자기주식을 교부하는 경우
다. 자본시장법 제165조의3 제2항에 따른 한도를 초과하는 자기주식을 처분하는 경우
라. 임직원에 대한 퇴직금·공로금 또는 장려금 등으로 자기주식을 지급(「근로복지기본법」에 따른 사내근로복지기금에 출연하는 경우를 포함)하는 경우
마. 「근로복지기본법」 제2조 제4호에 따른 우리사주조합에 처분하는 경우
바. 법령 또는 채무이행 등에 따라 불가피하게 자기주식을 처분하는 경우
사. 「공기업의 경영구조개선 및 민영화에 관한 법률」의 적용을 받는 기업이 민영화를 위하여 그 기업의 주식과의 교환을

43) 금융감독원, 전게서, 169면; 한국상사법학회 편, 전게서, 1042면(정수용 집필부분).
44) 김정수, 전게서(2014), 1037면.

청구할 수 있는 교환사채권을 발행하는 경우

아. 국가 또는 「예금자보호법」에 따른 예금보험공사로부터 자기주식을 취득한 기업이 그 주식과 교환을 청구할 수 있는 교환사채권을 발행하는 경우(자목의 경우는 제외). 이 경우 교환의 대상이 되는 자기주식의 취득일부터 6개월이 지난 후에 교환을 청구할 수 있는 교환사채권만 해당한다.

자. 아목에 따른 기업이 교환사채권을 해외에서 발행하는 경우로서 자기주식을 갈음하여 발행하는 증권예탁증권과 교환을 청구할 수 있는 교환사채권을 발행하는 경우

차. 자기주식의 취득일부터 금융위원회가 정하여 고시하는 기간이 경과한 후 자기주식을 기초로 하는 증권예탁증권을 해외에서 발행하기 위하여 자기주식을 처분하는 경우

카. 신탁계약에 따라 자기주식을 취득한 신탁업자로부터 신탁계약이 해지되거나 종료된 때(자본시장법 제165조의3 제1항 제2호) 자기주식을 반환받는 경우

금융감독원 실무에 따르면 주권상장법인이 일정한 계약에 따른 대가로 현재 보유하고 있지 아니한 자기주식을 취득하여 계약상대방에게 이를 교부하기로 하는 약정을 한 경우에는 이와 같은 약정을 할 당시에 이미 자기주식의 처분을 예정하고 있었던 것으로서, 자기주식을 취득한 이후 발생한 채무이행 등의 사정에 따라 처분하는 것이 아니므로, 상기 바목의 "채무이행에 따라 불가피하게" 자기주식을 처분하는 경우에 해당한다고 보기 어렵다고 본다.[45)]

45) 금융감독원, 전게서, 175면.

제5절 자기주식의 법적 지위

자기주식의 법적 지위에 관해 자본시장법은 아무런 규정을 두고 있지 않다. 상법에서도 자기주식의 경우 의결권이 없다는 규정(상법 369조 2항) 이외에는 특별한 규정을 두고 있지 않다.

자기주식에 대하여 공익권은 인정되지 않다는 데에 대해 이설이 없으나 자익권의 경우에는 견해가 대립하고 있다. 통설은 자익권도 전면적으로 인정되지 않는다고 본다. 즉, 주주권은 본래 회사 이외의 자를 위하여 인정되는 권리로서 회사가 동시에 그 구성원이 되는 자기주식 취득의 경우에는 그 성질상 인정될 수 없다고 한다. 다만 준비금의 무상전입시 신주인수권이 인정되어야 하는지에 대해서는 견해의 대립이 있다.[46]

회사가 자기주식을 제3자에게 양도하게 되면 그때에는 자기주식에 부착된 모든 권리가 부활하여 양수인은 모든 권리를 행사할 수 있게 된다.

46) 최준선, 회사법, 314면. 자세한 내용은 전술한 제2장 제4절 Ⅱ.6. 참조.

제4장
자기주식의 활용

제1절 경영권방어와 자기주식

Ⅰ. 자기주식 처분거래의 유효성과 방어행위의 적법성

경영권 분쟁 상황에서 자기주식 처분거래의 효력을 처분행위의 효력에 한정하여 다룰 것인지, 방어행위의 적법성 측면에서 다룰 것인지, 양자를 모두 포함하여 검토할 것인지 여부가 문제된다. 2015년 삼성물산 사건 이전의 하급심 판례들은 자기주식 처분거래의 법적 성질을 자본거래 또는 손익거래로 구분하여 보고, 자본거래로 보는 경우에는 상법 제416조 이하의 신주발행 법리를 유추적용하여 처분행위의 효력을 부정한 반면, 손익거래로 보는 경우에는 유추적용을 부정하는 입장에서 처분거래의 효력을 인정하였다.

그러나 자식주식의 처분거래가 경영권 분쟁 중에 이루어지는 경우에는 처분거래의 적법성뿐만 아니라, 방어행위의 적법성이 문제될 수 있다. 즉, 자기주식을 지배주주의 우호세력에게 처분하면 이는 우호세력에 대해 신주를 제3자배정한 것과 같은 효과가 발생하게 된다. 이처럼 자기주식의 처분이 경영권을 방어하기 위한 목적으로 사용된 경우 처분거래의 유효성뿐만 아니라,[1] 다른 경영권 방어조치에 대한 사법심사와 마찬가지로 경영권 방어행위의 적법요건도 동시에 검토하여야 할 것이다.[2]

---

1) 처분의 유효성에 대해서는 전술한 제2장 제4절 Ⅲ.3. 참조.

2) 김정호, "자기주식의 처분과 경영권 방어", 「경영법률」 제24집 제3호(한국경영법률학회, 2014), 78면; 신우진, "경영권 방어를 위한 자기주식의 제3자에 대한 처분의 법적 문제점", 「기업법연구」 제21권 제1호(한국기업법학회, 2007),

Ⅱ. 경영권 방어의 적법성 관련 법리의 적용 여부

자기주식의 처분에 관하여 신주발행의 법리가 유추적용되지 않는다고 하더라도 특히 경영권 분쟁상태에 있는 경우에는 이에 관하여 일정한 통제를 함으로써 이사회의 권한남용을 방지하고 적법한 경영권 방어행위가 이루어지도록 할 필요가 있다. 우리 법원은 미국처럼 방어행위의 적법성에 관한 일반원칙을 정립하고 있지 않으며, 개별적인 사안별로 방어행위의 적법성을 판단하고 있다.[3)]

1. 주요목적기준 - 대법원 2009.1.30. 선고 2008다50776 판결

이 사건은 경영권 분쟁 중에 회사가 발행주식총수의 30%에 해당하는 신주를 발행하여 제3자에게 배정한 사례이다. 대법원은 상법 제418조 제1항, 제2항의 규정은 주식회사가 신주를 발행하면서 주주 아닌 제3자에게 신주를 배정할 경우 기존 주주에게 보유 주식의 가치 하락이나 회사에 대한 지배권 상실 등 불이익을 끼칠 우려가 있다는 점을 감안하여, 신주를 발행할 경우 원칙적으로 기존 주주에게 이를 배정하고 제3자에 대한 신주배정은 정관이 정한 바에 따라서만 가능하도록 하면서, 그 사유도 신기술의 도입이나 재무구조 개선 등 기업 경영의 필요상 부득이한 예외적인 경우로 제한함으로써 기존 주주의 신주인수권에 대한 보호를 강화하고자 하는 데 그 취지가 있다고 본다. 따라서 이 사안

156면.

3) 윤은경, "자기주식처분에 대한 규제 – 서울중앙지방법원 2015.7.7. 자 2015카합80597 결정 및 서울고등법원 2015.7.16. 자 2015라20503 결정을 중심으로 –", 「홍익법학」 제16권 제4호(2015), 320면.

처럼 주식회사가 신주를 발행함에 있어 신기술의 도입, 재무구조의 개선 등 회사의 경영상 목적을 달성하기 위하여 필요한 범위 안에서 정관이 정한 사유가 없는데도, 회사의 경영권 분쟁이 현실화된 상황에서 경영진의 경영권이나 지배권 방어라는 목적을 달성하기 위하여 제3자에게 신주를 배정하는 것은 상법 제418조 제2항을 위반하여 주주의 신주인수권을 침해하는 것으로 판단하였다.

이 판례는 대법원이 경영권 방어의 주요 목적을 기준으로 판단하였다는 점에서 미국 델라웨어주 법원이 1960년대에 취하였던 주요 목적 기준(primary purpose test)에 따른 것으로 보기도 한다.[4)]

2. Unocal 기준과 현대엘리베이터 사건(수원지방법원 여주지원 2003.12.12.자 2003카합369 결정)

미국의 Unocal 판결에서 법원은 방어의 동기 및 근거의 합리성(제1기준) 이외에도 방어의 정도에 있어서 합리성(제2기준)이 요구된다는 비례성기준(proportionality test)을 채택하였다. 따라서 방어의 동기와 정도 모두에 합리성이 비례적으로 있어야 하고, 이는 대상회사의 이사가 증명하여야 한다.[5)]

현대엘리베이터 사건은 동사의 의결권 있는 주식총수의 47.54%를 보유하고 있던 ㈜금강고려화학과 30.3%를 보유하면서 경영권을 갖고 있던 최대주주 사이에 경영권 분쟁이 발생한 상황에서, 현 경영진이 대규모의 일반공모증자의 방식으로 신주를 발행하여 경영권을 방어하려고 하자 금강고려화학(주)이 신주발행금지

4) 김정호, 전게논문, 79면.

5) 송종준, 「적대적 M&A의 법리」, 도서출판 개신, 2008, 204-205면.

가처분을 신청한 것이다.

법원은 신주발행의 주요목적이 기존 지배주주의 대상 회사에 대한 지배권 및 현 이사회의 경영권 방어에 있고, 회사의 경영을 위한 기동성 있는 자금조달의 필요성 및 이를 위한 적합성을 인정하기 어려운 경우라고 하더라도 적대적 M&A를 시도하는 자본의 성격과 M&A의 의도, 기존 지배주주 및 현 경영진의 경영전략, 대상회사의 기업문화 및 종래 대상회사의 사업 내용이 사회경제적으로 차지하는 중요성과 M&A로 인한 종래 사업의 지속 전망 등에 비추어 기존 지배주주의 지배권 또는 현 경영진의 경영권이 유지되는 것이 대상회사와 일반 주주에게 이익이 되거나 특별한 사회적 필요가 있다고 인정되고, 또한 신주발행에 있어 대상회사가 경영권분쟁 당사자인 기존 지배주주가 아닌 일반 주주의 의견과 중립적인 전문가의 조언을 듣는 절차를 거치는 등 합리성이 있는 경우라면, 이는 상법 제418조 제2항 및 이와 동일한 내용의 정관규정이 정하는 회사의 경영상 목적을 달성하기 위하여 필요한 경우에 해당한다고 볼 수 있다고 판시하였다.

또한 법원은 신주발행이 경영권분쟁 상황에서 회사의 경영을 위한 자금조달이 필요하다고 볼 사정이 없음에도 주로 회사의 기존 지배주주나 경영진의 지배권 유지 또는 경영권 방어의 목적으로 이루어졌다고 보았다. 그 외 신주발행의 경우 기존 지배주주의 지배권 또는 현 경영진의 경영권이 유지되는 것이 회사와 일반 주주에게 이익이 되거나 사회적 필요가 있다는 등의 특별한 사정이 없는 것으로 보이므로, 이 사건 신주발행은 상법 및 정관에 위배하여 주주의 신주인수권을 위법하게 침해한 것으로 판시하였다.

법원은 이 사례에서 경영권 방어만을 순수한 목적으로 하는 경우에도 일정한 실체적 요건과 절차적 요건을 충족한 경우에는 그 방어행위는 적법하다고 본다. 즉, 회사 또는 전체 주주의 이익에 부합하고(방어행위 자체의 합리성), 신주발행행위가 객관적 사정에 의해 뒷받침 되고 중립적인 전문가 조언 등의 절차를 거치는 실질적 합리성이 있다면(방어정도의 합리성) 적법한 신주발행행위(방어행위)로 보아야 한다고 보았다.[6] 이처럼 방어행위 자체의 합리성과 방어정도의 합리성을 기준으로 방어행위의 적법성을 판단하였다고 보아 미국의 Unocal 기준과 유사한 기준을 채택한 것으로 보는 견해도 있다.[7]

이 사례는 경영권 방어를 위해 자기주식을 취득하여 처분한 경우에도 자본시장법상 달리 위법요건이 없어 그 방어행위의 목적이나 동기 등을 분석한 결과 회사와 주주의 이익에 부합하는 것이라면 이를 적법한 것으로 인정할 수 있다는 것이다. 그렇지만 이러한 요건을 충족하더라도 객관적으로 볼 때 대상회사를 해산하거나 처분하여야 하는 불가피한 사정이 있어서 현 경영진의 경영권을 유지하는 것이 적정하지 않은 경우에 까지 이러한 기준을 적용하는 것은 불합리하므로 이 기준도 보완되어야 한다고 지적된다.[8]

---

6) 윤은경, 전게논문, 323면.
7) 김정호, 전게논문, 79면.
8) 송종준, 전게서, 230~231면.

제2절 기업조직개편과 자기주식

2015년 개정상법은 기업의 원활한 구조조정 및 투자 활성화를 위하여 기업의 조직개편제도를 획기적으로 개선하였다. 자기주식과 관련하여 개정 전 상법은 합병, 분할, 주식교환 등 조직개편을 할 때 그 대가로 신주 이외에 자기주식을 이전할 수 있다는 규정을 두지 않아 그 인정여부를 둘러싸고 논란이 제기되었다.

2015년 개정상법에서는 주식의 포괄적 교환, 흡수합병, 흡수분할합병의 경우에 각각 조직개편의 대가로서 자기주식을 이전할 수 있다는 점을 명시함으로써 이러한 문제를 입법적으로 해결하였다. 즉, 주식의 포괄적 교환의 경우 완전모회사로 되는 회사는 교환대가로 자기주식을 완전자회사로 되는 회사의 주주에게 이전할 수 있고(제360조의3 제3항 제2호), 흡수합병의 경우 존속회사는 소멸회사의 주주에게 합병대가의 전부 또는 일부를 자기주식으로 제공할 수 있게 되었다(제523조 제3호). 흡수분할합병의 경우에도 분할승계회사는 분할합병대가의 전부 또는 일부를 분할회사의 주주에게 자기주식으로 지급할 수 있게 되었다(제530조의6 제1항 제3호, 제4호). 한편 대가로 자기주식을 이전하는 경우에 이를 기재한 조직개편 계약서를 공시하도록 규정하였다(제360조의4 제1항 제2호, 제522조의2 제1항 제2호, 제530조의7 제1항 제4호).[9]

기업조직개편 과정에서 자기주식은 두 가지 측면에서 문제된다. 첫째, 상법상 자기주식의 취득 규제와 관련하여 기업조직개편

9) 송종준, “M&A 활성화를 위한 개정 「상법」 해설자료”, 「선진상사법률연구」 제74호(법무부, 2016), 116면.

과정에서 자기주식의 처리가 문제된다. 둘째, 대가의 유연화와 관련히여 원활한 기업구조개편을 위하여 자기주식을 어떻게 활용할 것인지가 문제된다.[10)]

Ⅰ. 합병과 자기주식

합병당사회사가 자기주식이나 상대방 회사의 주식을 보유하고 있는 상태에서 합병을 한 경우 이러한 주식의 처리를 어떻게 해야 하는지가 문제된다. 우선 자기주식의 취득 규제는 소멸회사의 주식과 관련된다. 소멸회사의 자기주식이나 존속회사가 보유하는 소멸회사의 주식에 대하여 존속회사의 주식을 배정하는 경우 존속회사는 합병을 통해 자기주식을 취득하는 결과가 되므로 자기주식의 취득 규제와 충돌이 문제될 수 있을 것이다.

대가의 유연화는 존속회사의 주식과 관련되는데, 합병대가로 존속회사의 자기주식이나 소멸회사가 보유한 존속회사의 주식을 소멸회사의 주주에게 배정할 수 있다면 소규모합병이 용이해 진다.[11)]

1. 존속회사가 자기주식을 보유한 경우

2015년 상법개정 이전에는 존속회사가 보유하고 있는 자기주식을 합병대가로 활용할 수 있는지 여부에 관하여 견해가 대립하였으나, 합병대가의 유연화의 일환으로 2015년 개정상법은 합병대가로 소멸회사의 주주에게 존속회사의 자기주식을 이전할 수

10) 박선희, “자기주식과 기업구조조정”, 「BFL」 제87호(서울대학교 금융법센터, 2018), 58-59면.

11) 박선희, 전게논문, 59면.

있음을 명시적으로 규정하고 있다(제522조의2 제1항 제2호, 제523조 제3호).

존속회사는 자기주식을 그대로 보유할 수도 있고, 신주발행에 갈음하여 합병의 대가로 소멸회사 주주에게 배정할 수도 있다. 자기주식으로 합병대가를 모두 지급할 수 있다면 신주발행이 필요하지 않으므로 무증자합병도 가능하다.[12)]

한편 존속회사 주주가 합병과정에서 주식매수청구권을 행사함으로써 존속회사가 취득하는 자기주식의 경우(제341조의2 제4호)에도 합병대가로 활용할 수 있다. 다만 상장회사는 자기주식을 매수한 날로부터 5년 내에 이를 처분하여야 하는데(자본시장법 제165조의5 제4항 및 동법시행령 제176조의7 제4항), 비상장회사에 대해서는 2011년 상법개정으로 이러한 처분의무가 철폐되어(상법 제342조) 상장회사가 더 제한을 받고 있다.

2. 소멸회사가 자기주식을 보유한 경우

(1) 합병신주의 배정 여부

소멸회사의 자기주식은 합병에 의해 당연히 소멸하며 이에 대해 신주를 배정할 수 없다는 부정설이 다수설이다. 그 근거로는 자기주식의 귀속주체가 없다거나,[13)] 경제적으로 미발행주식과 동일하다는 점,[14)] 불필요하게 번잡한 절차를 피해야 한다는 점[15)]

---

12) 송옥렬, 「상법강의[제8판]」, 홍문사, 2018(이하 "상법강의"라 한다), 1233면.

13) 이철송, 회사법강의, 1080면; 송옥렬, 상법강의, 1233면.

14) 정동윤, 「회사법[제7판]」, 법문사, 2005, 819면.

15) 권기범, 「기업구조조정법[제4판]」, 삼영사, 2011(이하 "기업구조조정법"이라 한다), 148면.

등이 거론된다. 독일, 프랑스 및 일본도 합병신주의 배정을 명문으로 금지한다(독일 기업재편법 제68조 제1항 제1문, 프랑스 상법 L.236-3조 제2항 제2호 및 일본회사법 제749조 제1항 제3호, 제753조 제1항 제9호 괄호).

반면 합병의 포괄승계 법리상 존속회사는 소멸회사의 권리·의무를 포괄적으로 승계하므로 존속회사가 소멸회사의 자기주식에 신주를 배정하고 이를 합병의 효과로서 포괄승계할 수 있다고 보는 긍정설이 소수설로 제기된다. 그 근거로는 i) 독일 기업재편법이나 일본 회사법과는 달리 상법은 합병신주의 배정을 금지하는 명문의 규정이 없으며, ii) 자기주식 취득의 예외사유로서 상법 제341조의2 제1호는 "회사의 합병으로 인한 경우"를 규정하고 있는데, 이를 넓게 해석하여 소멸회사의 자기주식에 대한 합병신주의 배정이 허용된다고 보는 것이 타당하며, iii) 2011년 개정 전 상법은 취득한 자기주식을 상당한 기간 내에 처분하도록 하였으므로(구 상법 제341조 제2호) 무용한 절차의 반복이라는 측면에서 제341조의2 제1호를 넓게 해석할 실익이 없었지만, 2011년 개정상법은 이러한 처분의무를 철폐하였으므로 이를 제한적으로 해석할 이유가 없다는 것이다.[16]

현재 실무는 소멸회사가 보유하는 자기주식에 대하여 합병신주를 배정하는 경우와 배정하지 않는 경우, 또는 양자를 혼합한 사례 등 다양하게 나타나고 있으며, 이들을 금융감독당국은 허용하고 있다.[17]

---

16) 박선희, 전게논문, 59-60면.

17) 구체적 사례는 박선희, 전게논문, 59면 주) 2; 조현덕·박병권, "자기주식의 법적 지위", 「BFL」 제87호(서울대학교 금융법센터, 2018), 16면 <표 1> 참조.

(2) 소멸회사 주주가 주식매수청구권을 행사함에 따라 취득한 자기주식의 처리

소멸회사의 주주가 합병에 반대하여 주식매수청구권을 행사함에 따라 소멸회사가 취득한 자기주식에 대해서는 두 가지 문제가 제기된다. 첫째, 이렇게 취득한 자기주식에 대해 합병신주를 배정할 수 있는지 여부이다. 즉, 실무적으로 소멸회사가 보유한 자기주식에 대하여 합병신주를 배정할 수 있다고 보는 소수설[18]에 따르는 경우, 합병과정에서 반대주주의 주식매수청구권 행사에 따라 소멸회사가 신규로 취득하게 되는 자기주식에 대해서도 합병신주를 배정할 수 있는가의 문제이다.

이를 긍정하는 견해는 그 근거로 i) 합병신주는 원래 소멸회사의 합병 반대주주에게 배정되어야 하는 것인데 주식매수청구에 따른 소유권 이전 시기에 따라 그 취급이 달라지는 것은 불합리하며,[19] ii) 전술한 것처럼 소멸회사가 보유한 자기주식에 대해서도 상법 제341조의2 제1호에 따라 합병신주를 배정할 수 있다고 보는 것이 타당하므로 주식매수청구권의 행사에 따라 소멸회사가 취득하는 자기주식에 대하여도 합병신주를 배정할 수 있고,[20] iii) 주식매수청구권 행사의 결과로 취득하게 되는 자기주식은 합병과정에서 반대주주의 보호를 위하여 불가피하게 취득

18) 전술한 제4장 제2절 1.나.1) 참조.

19) 조현덕·박병권, 전게논문, 17면. 반대주주의 주식 소유권이 회사로 이전되는 시기에 대하여 다수설은 매매대금의 지급시기라고 보는 반면(이철송, 회사법강의, 590면), 소수설은 반대주주는 이미 회사를 탈퇴할 의사를 확정적으로 표시하고 대금정산만 남았음에도 불구하고 주주로서의 권리를 행사하는 것은 타당하지 않으므로 입법론으로는 합병등기와 동시에 주주의 지위를 상실시켜야 한다고 본다(김건식·노혁준·천경훈, 전게서, 838면; 송옥렬, 상법강의, 956면).

20) 박선희, 전게논문, 60면.

하는 것이며, iv) 기존에 보유하고 있던 자기주식과 합병과정에서 신규로 취득하는 자기주식을 달리 취급하여야 할 합리적인 근거가 없다는 것이다.[21]

한편 소멸회사의 자기주식에 대해 합병신주를 배정할 수 없다는 다수설[22]의 입장에서 보면 소멸회사의 주주가 주식매수청구권을 행사함에 따라 소멸회사가 취득하게 되는 자기주식에 대해서도 합병신주를 배정할 수 없다고 보게 될 것이다. 실무상으로는 합병신주를 배정하는 경우, 배정하지 않는 경우 또는 양자를 혼용한 사례가 있다.[23]

둘째, 자본시장법은 주권상장법인이 반대주주의 주식매수청구권 행사에 따라 취득한 자기주식을 매수한 날로부터 5년 이내에 처분하도록 규정하고 있는데(자본시장법 제165조의5 제4항 및 동법시행령 제176조의7 제4항), 이러한 처분의무가 존속회사의 반대주주로부터 취득한 자기주식 뿐만 아니라, 전술한 소수설에 따라 '소멸회사의 반대주주로부터 매수한 소멸회사주식에 대하여 합병신주를 발행함으로써' 합병에 따라 존속회사가 취득하는 자기주식에 대해서도 적용되는지 여부가 문제된다.

이에 대하여 i) 이 주식은 소멸회사 관점에서는 주식매수청구권을 통하여 취득한 주식이지만, 합병법인의 견지에서는 합병을 통하여 취득한 자기주식으로 볼 수 있으며(상법 제341조의2 제1호), 이렇게 해석하면 자본시장법상 처분의무는 발생하지 않는다는 결론에 이르게 된다. 반면 ii) 주식매수청구권의 행사로 인한 자

21) 조현덕·박병권, 전게논문, 17면.

22) 전술한 제4장 제2절 1.나.1) 참조.

23) 구체적 사례는 박선희, 전게논문, 60면 주) 6; 조현덕·박병권, 전게논문, 16면 <표 1> 참조.

기주식의 취득이라는 측면에서 보면 소멸회사의 자기주식이 합병신주의 배정에 따라 합병법인의 자기주식으로 변경되었지만, 이 주식도 합병과정에서 반대주주의 주식매수청구권의 행사로 취득한 자기주식이기 때문에 자본시장법상 처분의무가 합병법인에 승계된다고 볼 수도 있다.[24)]

자본시장법 제165조의5 제4항은 주권상장법인이 반대주주로부터 취득한 자기주식에 적용되는 것이지만, 양자 모두 반대주주의 주식매수청구권 행사에 따른 것이므로 그 실질이 동일하므로 동일하게 5년 이내에 처분해야 할 것이다.[25)] 위 자본시장법 규정은 존속회사만이 처분의무를 부담하는 것으로 한정하고 있지 않으며, 소멸회사의 주식매매대금의 지급 시기라는 우연한 사정에 의하여 그 처분의무 여부가 달라질 수 있다는 점(즉 합병등기 이전에 지급하는 경우 처분의무를 부담하지 않지만, 합병등기 이후에 지급하는 때에는 처분의무를 부담하게 된다)을 고려할 때 양자 모두 처분하는 것이 타당하다.[26)]

3. 존속회사가 소멸회사의 주식을 보유한 경우(抱合株式)

합병의 준비단계에서 미리 소멸회사의 주식을 매입하는 경우도 있고, 특히 모회사가 자회사를 합병하는 경우 포합주식이 발생한다. 포합주식에 대한 합병신주의 배정은 실질적으로 신주발행에 의한 자기주식취득과 다르지 않다.

포합주식에 대하여 신주를 배정할 수 있는지 여부에 대해 긍정

---

24) 조현덕·박병권, 전게논문, 17면.

25) 박선희, 전게논문, 60면; 조현덕·박병권, 전게논문, 18면.

26) 조현덕·박병권, 전게논문, 17~18면.

설은 존속회사가 보유하는 소멸회사의 주식에 대하여는 신주를 배정하면 존속회사가 자기주식을 취득한 것이 되지만, 이는 i) 통상의 신주발행으로 발행회사가 자기주식을 취득하는 것이 아니고, ii) 존속회사가 보유하고 있던 자산이 합병으로 인하여 다른 종류의 자산으로 변한 것으로 이해하여야 하고, iii) 상법 제341조의2 제1호에 의해 허용되는 예로 보아야 한다. 즉, 포합주식에 대해서도 합병신주를 배정할 수 있다고 본다.[27]

부정설은 그 근거로 i) 상법 제341조의2 제1호를 이런 경우까지 포함하도록 넓게 해석하여 자기주식의 대량취득을 허용하는 것은 바람직하지 않으며,[28] ii) 상법 제341조의2 제1호의 '합병으로 인한 때'라 함은 소멸회사가 존속회사의 주식을 갖고 있는 경우에 그 주식을 존속회사가 포괄적으로 취득할 수 있다는 의미로 해석하는 것이 타당하고,[29] iii) 비교법적으로도 독일, 프랑스 및 일본은 합병신주를 교부할 수 없도록 입법적으로 해결하고 있다는 점을 든다(독일 기업재편법 제68조 제1항 제1문, 프랑스 상법 L.236-3조 제2항 제2호 및 일본회사법 제749조 제1항 제3호 괄호 및 제3항, 제753조 제1항 제7호).[30]

판례는 존속회사가 보유하던 소멸회사의 주식에 대하여 반드시 신주를 배정하여야 한다고 볼 수 없다고 판시하여 포합주식에

27) 박선희, 전게논문, 61면; 이철송, 회사법강의, 1080면; 송옥렬, 상법강의, 1233면.
28) 노혁준, "기업구조조정과 자기주식의 쟁점 및 입법적 개선방안", 「법학연구」 제28권 제1호(연세대학교 법학연구원, 2018), 115면; 江頭憲治郎, 「株式會社法[第7版]」, 有斐閣, 2017, 263~264面.
29) 홍복기, "M&A에 대한 상법상 규제와 몇 가지 문제점 : 합병, 분할, 주식의 포괄적 교환을 중심으로", 「선진상사법률연구」 제67호(법무부, 2014), 6면.
30) 권기범, 「현대회사법론[제7판]」, 삼영사, 2017(이하 "현대회사법론"이라 한다), 155면; 김건식·노혁준·천경훈, 전게서, 773면; 최기원, 전게서, 1107면.

대한 합병신주의 배정 여부는 당사자들이 자유롭게 정할 수 있다고 본다.[31] 합병신주를 배정하게 되면 존속회사가 자기주식을 취득하는 결과가 된다.[32]

4. 소멸회사가 존속회사의 주식을 보유한 경우

소멸회사가 존속회사의 주식을 보유하고 있는 경우에는 존속회사가 합병에 의하여 이를 승계하여 자기주식이 된다(제341조2 제1호). 존속회사가 이를 계속 보유해도 무방하지만 상법 제342조에 따라 이사회의 결의로 처분할 수도 있으며,[33] 또한 합병과 동시에 소각할 수 있다(제343조 제1항 단서).[34]

한편 합병대가의 유연화와 관련하여 소멸회사가 보유하는 존속회사의 주식을 합병대가로 소멸회사의 주주에게 교부할 수 있는지가 문제된다. 이를 부정하는 견해[35]도 있으나, 다수의 견해는 이를 긍정하며 그 근거로는 존속회사가 자기주식을 갖는 경우와 달리 볼 합리적인 사유가 없다거나,[36] 존속회사가 자기주식을 취득하는 원인에 근거하여 그 처분방법이 결정되는 것은 아니라거나,[37] 2015년 개정상법에서 존속회사가 합병대가로 자기주식을 이전하는 것을 명시적으로 허용한 것은 합병대가를 유연화하기 위한 것이므로 합병대가로 교부되는 자기주식을 존속회사가 합

31) 대법원 2004.12.9. 선고 2003다69355 판결.
32) 송옥렬, 상법강의, 1233면.
33) 이철송, 회사법강의, 1080면.
34) 권기범, 기업구조조정법, 2011, 133~134면; 홍복기, 전게서, 5면.
35) 최기원, 전게서, 1107면.
36) 권기범, 기업구조조정법, 134면.
37) 홍복기, 전게서, 6면.

병 전에 보유하고 있었던 것으로 제한할 이유는 없다고 한다.[38] 대법원의 등기선례와 독일의 기업재편법 제68조 제1항 제2문도 긍정설을 취하고 있다.[39]

5. 자기주식의 활용과 소규모합병의 요건

(1) 소규모합병의 의의

소규모합병이라 함은 존속회사가 발행하는 합병신주 및 이전하는 자기주식의 총수가 존속회사 발행주식총수의 100분의 10을 초과하지 아니하는 경우를 말하는데, 이때 존속회사의 주주총회의 승인은 이를 이사회의 승인으로 갈음할 수 있다. 다만, 합병으로 인하여 소멸회사의 주주에게 제공할 금전이나 그 밖의 재산을 정한 경우에 그 금액 및 그 밖의 재산의 가액이 존속회사의 최종 대차대조표상으로 현존하는 순자산액의 100분의 5를 초과하는 경우에는 주주총회의 승인을 받아야 한다(제527조의3 제1항).

소규모합병의 경우 존속회사에게는 주주총회 승인 결의가 필요하지 않고 이에 따라 반대주주에 대하여 주식매수청구권도 부여되지 않으므로 합병 추진이 용이하다. 존속회사는 자기주식을 합병대가로 활용하거나 소멸회사의 주식에 대해 합병신주나 자기주식을 배정하지 않음으로써 소규모합병을 추진하고자 하는 유인이 있다. 반면 존속회사의 주주 보호를 위해서는 이를 제한할 필요성이 있다. 이처럼 소규모합병에서 자기주식의 처리는 이

38) 박선희, 전게논문, 61면.

39) 등기선례 200508-2(2005.8.3. 공탁법인과-365 질의회답); 권기범, 기업구조조정법, 134면; 김건식·노혁준·천경훈, 전게서, 773면; 노혁준, "자기주식과 기업의 합병, 분할", 「증권법연구」 제9권 제2호(한국증권법학회, 2008)(이하 "전게논문Ⅰ"이라 한다), 148면.

해관계가 상충된다.[40)]

(2) 합병대가로 존속회사의 자기주식을 활용하는 경우

종래 판례는 존속회사가 보유하고 있는 자기주식을 합병대가로 지급하는 경우 이는 구 상법 제527조의3 제1항에서 말하는 합병신주에 포함되지 않는다고 하였다(대법원 2004.12.9. 선고 2003다69355 판결). 이에 따라 소멸회사의 자산규모가 존속회사의 10%를 초과하더라도 존속회사의 자기주식을 지급함으로써 소규모합병을 이용할 수 있게 되는 문제점이 발생하였다. 2015년 개정상법에서 존속회사가 발행하는 합병신주와 이전하는 자기주식의 총수를 합산하여 발행주식총수의 100분의 10을 초과하는지 여부를 판단하도록 규정함으로서 이 문제가 해결되었다(제527조의3 제1항).

합산하는 자기주식의 범위에 존속회사가 합병으로 포괄승계할 자기주식(즉 소멸회사가 보유하고 있는 존속회사의 주식)도 포함되는지 여부가 문제된다. 즉, 전술한 4.라.에서 소멸회사가 존속회사의 주식을 보유하고 있는 경우에 이를 존속회사가 포괄승계하게 되는데, 이러한 주식을 합병대가로 소멸회사에 교부할 수 있다고 보는 긍정설(다수설)의 경우에 문제된다. 2015년 개정상법은 합병대가로 자기주식을 활용하도록 하면서 소규모합병 요건을 편법적으로 충족시키는 것을 방지하기 위하여 소규모합병 요건에서 자기주식을 합산하도록 규정한 것이다(제522조의 제1항 제2호, 제523조 제3호). 그러므로 소멸회사가 보유하는 존속회사의 주식을 합병대가로 활용하는 경우에는 소규모 합병요건을 판단할 때 이러한 자기주식도 합산하는 것이 타당하다.[41)]

40) 박선희, 전게논문, 61면.

(3) 존속회사가 보유하고 있는 소멸회사의 주식(포합주식)에 대해 합병신주 및 자기주식(구주)을 배정하지 않는 경우

판례에 따르면 존속회사가 소멸회사의 주식을 가진 경우(抱合株式) 이러한 포합주식에 합병신주를 배정할 것인지 여부는 당사자가 자유롭게 정할 수 있다.[42] 포합주식에 대하여 합병신주나 자기주식을 배정하지 않을 경우 소멸회사의 가치가 존속회사 기업가치의 10%를 초과하더라도 소규모합병을 할 수 있게 된다. 예컨대, 소멸회사가 존속회사 기업가치의 20% 정도인 경우 존속회사가 먼저 소멸회사의 주식을 50% 이상 취득하였다면 소멸회사의 나머지 50% 이하의 주식에 대해서만 합병신주나 구주를 배정함으로써 소규모합병을 이용할 수 있다.

이처럼 포합주식에 대하여 합병신주 및 자기주식을 배정하지 않을 경우 제527조의3 제1항의 소규모합병의 요건을 판단할 때 합병신주 및 자기주식을 배정한 것으로 보고 합산하여야 하는지가 문제된다.

합산을 부정하는 견해는 ⅰ) 제527조의3 제1항은 "합병으로 인하여 발행하는 신주 및 이전하는 자기주식"이라고 명시하고 있으므로 "발행되지 아니한 신주 및 이전하지 아니한 자기주식"을 합산하는 것은 문언의 범위를 벗어나는 해석이며, ⅱ) 합산을 긍정하는 견해를 취할 경우 완전자회사를 합병하는 때에도 소규모합병을 이용할 수 없다는 문제를 제기한다.[43]

반면 합산을 긍정하는 견해는 ⅰ) 존속회사 주주의 입장에서

41) 박선희, 전게논문, 62면.

42) 대법원 2004.12.9. 선고 2003다69355 판결.

43) 박선희, 전게논문, 62~63면.

자회사 형태로 지배하는 것과 합병하여 하나로 되는 것은 법적으로 구별되어야 하며,[44] ii) 합산하지 않음으로써 소규모 합병의 범위를 초과한 합병에 대하여 소규모합병이라는 간소한 절차를 취하는 것은 소규모합병의 취지에 어긋난다고 보는데, 타당한 견해이다.

6. 삼각합병과 모회사주식

2011년 상법개정에 의해 합병대가로 금전이나 그 밖의 재산을 제공할 수 있게 됨에 따라(제523조 제4호) 존속회사의 모회사의 주식도 "그 밖의 재산"으로서 합병대가로 지급할 수 있다. 이처럼 존속회사인 자회사가 소멸회사의 주주에게 합병대가로 그 모회사의 주식을 제공하는 합병을 삼각합병이라 한다. 삼각합병을 위해 자회사가 모회사 주식을 예외적으로 취득할 수 있도록 허용된다(상법 제523조의2 제1항).

이 경우 모회사가 자회사인 존속회사를 거치지 않고 직접 소멸회사의 주주에게 합병대가로 모회사의 신주를 발행하거나 모회사의 자기주식을 교부할 수 있다면 절차가 간소화되어 시간과 비용을 절감하고 상호주 보유에 관한 복잡한 문제를 고려할 필요가 없을 것이다.[45]

---

44) 송옥렬, 상법강의, 1241면.

45) 전준영, "삼각조직재편과 자회사의 모회사주식 취득에 따른 법적 쟁점", 「금융법연구」 제13권 제3호(한국금융법학회, 2016), 324면. 그 이외에도 모회사는 자회사를 통해 대상회사를 합병함으로써 모회사의 주주총회 특별결의, 주식매수청구권을 회피할 수 있고, 대상회사의 잠재적 부실에 따른 위험이 모회사로 전이되는 것도 차단할 수 있다(노혁준, "기업재편제도의 재편: 합병, 주식교환 및 삼각합병제도를 중심으로", 「경제법연구」 제13권 제2호(한국경제법학회, 2014), 70면).

이러한 방식이 상법상 허용되는지 여부에 대하여, 이를 긍정하는 견해에 따르면 상법 제523조의2는 자회사에 의한 모회사주식의 취득 금지(제342조의2)의 예외를 명문으로 인정하여 자회사가 미리 모회사 주식을 취득할 수 있도록 한 근거에 불과하므로, 상법 제523조 제4호 자체로 모회사 주식도 "그 밖의 재산"에 해당하여 합병대가로 지급할 수 있는 것이며, 이에 따라 모회사가 직접 합병신주를 소멸회사에 발행하는 것이 허용된다고 한다.[46)]

반면 부정설의 경우 i) 삼각합병은 예외적으로 합병대가를 모회사 주식으로 지급할 수 있도록 하기 위하여 허용된 제도라는 점, ii) 그런 관점에서 존속회사가 모회사 주식을 취득할 수 있도록 제523조의2를 별도로 입법한 점,[47)] iii) 소멸회사 재산의 포괄승계로 인하여 자회사의 주식가치가 증가한 것을 근거로 모회사가 발행한 신주에 대한 납입으로 보기 어려운 점,[48)] iv) 삼각합병을 허용한 제523조 제4호의 문언상 모회사 주식을 교부하는 주체가 '존속하는 회사'라고 하고 있는 점,[49)] v) 삼각합병의 경우에도 거래 당사자는 자회사와 소멸회사라는 점[50)] 등을 근거로 하는데, 부정설이 타당하다고 본다. 입법론적으로는 존속회사가 모회사의

46) 윤희웅·감가영, "삼각합병에 대한 법적 검토", 「증권법연구」 제14권 제2호(한국증권법학회, 2013), 293~294면.

47) 최승재, "합병법제의 개정과 합병세제의 조화에 관한 관견", 「선진상사법률연구」 제67호(법무부, 2014), 45면.

48) 김건식·노혁준·천경훈, 전게서, 761면; 송옥렬, 상법강의, 1235면.

49) 윤영신, "삼각합병제도 도입과 활용상의 법률문제", 「상사법연구」 제32권 제2호(한국상사법학회, 2013), 36면; 임재연, 「회사법 II [개정5판]」, 박영사, 2018, 700~701면; 전준영, 전게논문, 325면.

50) 김지환, "삼각합병의 활용과 법적 과제", 「기업법연구」 제25권 제4호(한국기업법학회, 2011), 79면; 한국상사법학회, 「주식회사법대계 III [제2판]」, 법문사, 2016, 424면[김병태·노혁준 집필부분].

주식을 취득하는 절차를 거치지 않고 모회사가 합병대가로 직접 소멸회사에게 모회사 발행신주를 교부하는 방식이 더 효율적이기 때문에 이를 명문으로 허용할 필요가 있을 것이다.

Ⅱ. 회사분할과 자기주식

분할당사회사 사이에 주식을 상호소유하고 있거나 분할회사가 자기주식을 갖고 있는 경우에는 합병에서와 마찬가지로 분할신주의 배정 여부가 문제된다.

1. 인적 분할의 경우

회사분할의 유형은 여러 가지로 분류할 수 있지만 분할대가로 받는 주식을 누가 배정받느냐에 따라 인적분할과 물적분할로 구분된다. 우선 인적분할이란 분할회사가 영업을 분할하면서 그 대가로 받는 주식을 분할회사의 '주주'에게 직접 배정하는 방식이다. 반면 물적 분할은 분할대가로 받는 주식을 '분할회사'에게 직접 배정하는 방식이다. 또한 분할사업을 인수하는 상대방이 존재하는지 여부를 기준으로 단순분할과 분할합병으로 구분하기도 한다. 단순분할은 분리된 사업 부분이 새로운 법인을 형성하며, 분할합병은 분리된 사업부분이 기존의 다른 법인(승계회사)에 흡수된다. 단순분할의 경우 분할회사의 주주(인적 분할시) 또는 분할회사(물적 분할시)가 신설회사의 주식을 배정받는 반면, 분할합병의 경우 분할회사의 주주 또는 분할회사가 승계회사의 신주를 배정받는다.[51]

(1) 단순분할

1) 분할회사가 보유하고 있는 자기주식에 대한 분할신주의 교부

자기주식을 보유하고 있던 분할회사가 분할 후 신설회사("단순분할신설회사")를 설립한 다음 그 신설회사가 발행한 신주를 분할회사의 기존 주주들에게 지분비율대로 배정하는 경우이다. 이때 분할회사가 보유하고 있는 자기주식에 대해서도 신설회사가 발행한 신주를 배정하여야 하는지 여부에 관해 상법상 규정이 없으므로 견해가 대립된다. 실무상으로는 분할회사의 자기주식에 대하여 분할신주를 배정하는 경우가 다수이다.[52]

분할회사의 자기주식에 배정한 신설회사의 주식은 의결권을 가진 주식이 되므로, 분할회사의 지배주주는 자신의 지분에 대한 신설회사의 주식 이외에 분할회사의 자기주식에 배정된 신설회사의 주식에 대해서도 지배권을 행사하게 되므로 신설회사에 대한 실질적인 지분비율이 증가하는 결과를 초래하게 된다. 분할회사가 자기주식을 더 많이 보유할수록 지배권의 왜곡현상이 더 심화되는 것으로 나타난다.

이처럼 분할회사의 자기주식에 신설회사의 신주를 배정하는지 여부에 따라 신설회사의 소유구조에 차이가 생기게 된다. 예컨대, 甲과 乙이 분할회사의 주식을 6:4의 비율로 소유하고 있고 자기주식이 20%를 차지하고 있다면, 지배주주인 甲은 자신의 지분비율에 대한 신설회사의 신주 배정분(48%)[53] 이외에 자기주식에 대한 신주 배정분(20%)에 대한 지배권도 확보하게 되어 신설회사에

51) 노혁준, 전게논문 I, 142면.

52) 조현덕·박병권, 전게논문, 18면.

53) 6/10 × (1-2/10) = 0.48

대한 지분비율이 68%로 증가하게 된다. 또한 동일한 사안에서 자기주식이 33.3%인 경우 신설회사에 대한 지분비율은 73.3%(40[54] + 33.3)로 증가한다.

분할신주의 교부를 긍정하는 견해는 그 근거로 지배구조의 왜곡을 방지하기 위하여 분할회사가 보유하고 있는 자기주식에 대하여 분할신주를 교부하는 것을 입법으로 이를 금지하는 것은 별개로 하고 i) 분할신주는 분할회사의 자기주식이 아니며, 상법상 이를 금지하는 규정도 없으므로 분할신주를 교부할 수 있다는 것이다.[55] ii) 만약 분할신주의 배정이 허용되지 않는다고 해석하면 분할신설회사의 발행주식총수가 감소하여 신설회사의 자본금이 감소하게 되며, 오히려 주주 사이에 분할 전후로 지분율이 변동하는 문제가 발생한다고 한다.[56] iii) 자기주식에 대하여 분할신주를 배정하는 것은 자기주식의 가치보존을 위한 자기주식의 형태 변경에 불과하고 새로운 취득이 아니며, 설령 새로운 취득으로 보더라도 자기주식의 무상취득은 현행 법 아래서도 허용된다[57]고 주장한다.[58] iv) 상장회사의 자기주식은 필요시 언제든지 처분이 가능한 회사의 주요자산으로 환금성이 높은 자산적 성격이 강한데, 분할신주를 배정하지 않으면 자기주식의 가치가 현저하게 훼손되며 그로 인해 분할회사의 기업가치가 낮아질 우려가 있다는 것이다.[59] v) 분할회사의 자기주식은 독립적인 법인

---

54) 6/10 × (1−1/3) = 0.4

55) 박선희, 전게논문, 63~64면.

56) 조현덕·박병권, 전게논문, 19면.

57) 대법원 1996.6.25. 선고 96다12726 판결.

58) 조현덕·박병권, 전게논문, 19면.

59) 국회 법제사법위원회(심태규 전문위원), “상법 일부개정법률안(김기준 의원 대

격을 갖는 분할회사의 주식으로서 그 지배주주인 개인지분으로 볼 수 없다는 것이다.[60] vi) 분할회사의 자기주식에 대하여 신주 배정을 허용하지 않으면 2011년 개정 상법에서 자기주식 취득 규제를 완화한 취지와 배치된다고 한다.[61] vii) 정부는 정책적으로 지주회사로의 전환을 장려하여 왔는데 만일 자기주식에 대하여 분할신주의 배정을 금지한다면 별도로 자회사의 주식을 매입하여야 하고 이는 지주회사로 전환하는 데에 부담이 된다.[62] viii) 법인세법 제46조 제2항 제2호는 "분할법인 등의 주주가 소유하던 주식의 비율에 따라 배정할 것"을 과세특례가 적용되는 적격분할 요건으로 규정하고 있는데, 실무에서는 이를 근거로 하여 분할회사가 보유하는 자기주식에 대하여도 분할신주를 배정하였고, 이는 적격분할로 인정되었다. 그러나 상법이 이러한 분할신주의 배정을 금지한 경우 법인세법상 적격분할 요건과 상법상 분할 제도가 충돌하여 실무상 혼란이 발생할 수 있다는 것이다.[63]

이를 부정하는 견해는 i) 안분형 분할이 이루어지는 경우 신설회사에 대해서도 기존 소유지분비율이 유지되는 것이 정상적이며, 이는 분할회사의 자기주식에 대하여 신주를 배정하지 않음으로써 가능하게 되며, ii) 따라서 분할회사가 자기주식을 그대로 보유하는 경우 신설회사의 분할신주를 배정하지 않는 것이 타

표발의) 검토보고", 2015.6., 6~7면; 국회 법제사법위원회(강병훈 전문위원), "상법 일부개정법률안(박용진 의원 대표발의, 제837호) 검토보고", 2016.11., 6~7면.

60) 국회 법제사법위원회(강병훈 전문위원), 전게 검토보고, 7면.

61) 국회 법제사법위원회(강병훈 전문위원), 전게 검토보고, 8면.

62) 국회 법제사법위원회(심태구 전문위원), 전게 검토보고, 8면; 국회 법제사법위원회(강병훈 전문위원), 전게 검토보고, 7~8면.

63) 국회 법제사법위원회(심태구 전문위원), 전게 검토보고, 7면.

당하고,[64] iii) 분할신주를 교부하면 분할회사를 지배하는 대주주에게 추가 출자 없이 실질적 지분을 높이는 결과를 가져오기 때문에 지배구조의 왜곡이 발생하여 부당하다고 한다.[65] 또한 자산가치의 훼손을 주장하는 긍정설 iv)의 쟁점에 대해서는 이는 자기주식의 본질에 관한 자산설을 전제로 하고, 이에 따른 결론을 자산가치의 훼손이라는 용어로 포장하는 것에 지나지 않으며, 회사분할에서 자산가치의 훼손은 분할회사 및 분할 신설회사의 자산의 총합이 분할로 인해 감소된 경우를 가리킨다고 보아야 한다는 반론이 제기된다. 긍정설 v)의 논거에 대해서는 분할회사의 자기주식에 대하여 분할신설회사 또는 승계회사의 신주가 배정되면 그 신주의 소유권은 분할회사에 있지만, 의결권을 행사하는 자는 지배주주이므로 지배주주가 실질적인 의결권행사의 주체가 된다고 한다.[66] 긍정설 vi)의 쟁점의 경우 2011년 개정 상법에서 자기주식 취득에 대한 규제를 완화한 것은 재무관리의 유연성을 위한 것이므로, 지배주주가 지배력을 높이는 수단으로 남용되는 것은 타당하지 않다고 한다.[67] 긍정설 vii)의 논거에 대해서는 본말이 전도된 것으로, 지주회사 전환과정에서 지배주주의 편법적인 지배력이 강화된다면 이는 지주회사 제도의 도입을 통해 막으려고 했던 폐해가 재현된다고 한다. 긍정설 viii)의 논거에 대해서는 현재의 실무와 달리 분할신주를 배정하지 않더라고 법인세법

64) 노혁준, 전게논문Ⅰ, 142~145면.

65) 송옥렬, 상법강의, 1273면; 황남석, "회사분할과 자기주식", 「조세법연구」 제21집 제1호(한국세법학회, 2015), 121~122면.

66) 최문희, "자기주식과 경영권에 관한 판례 및 상법 개정안의 검토 − 자기주식의 처분, 활용에 관한 법적 쟁점 −", 「선진상사법률연구」 제78권(법무부, 2017), 81면.

67) 최문희, 전게논문, 81면.

상 적격분할 요건을 갖추는 것으로 해석하거나 개정상법에 맞추어 법인세법상 과세특례요건을 명확히 하는 것이 순리라고 한다.[68] 생각건대, 회사분할 과정에서 자기주식에 대해 발행신주를 배정함으로써 지배주주가 그 실질적 지분을 높이는 것은 회사법의 기본원리에 반하므로 부정설이 타당하다고 본다.

2) 분할회사가 자기주식을 분할대상에 포함시킨 경우 분할신설회사의 신주 배정

자기주식을 보유하고 있던 분할회사가 이를 분할대상에 포함시켜 분할신설회사로 이전한 다음, 그 신설회사의 신주를 기존주주들에게 지분비율대로 배정하는 경우이다. 위 분할회사의 자기주식에 대해서도 신설회사의 분할신주를 배정한다면 신설회사는 분할회사에 대한 주식(구주)을 보유하게 될 뿐만 아니라, 신설회사 자신에 대한 주식(신주)도 보유하게 된다. 이처럼 분할할 때 자기주식을 분할대상에 포함하여 신주를 배정하면 분할신설회사는 자기주식을 취득하게 되므로 자기주식 취득 규제와 충돌하게 되어 그 허용 여부가 문제된다.

이를 부정하는 견해가 다수설인데, 그 근거로는 i) 분할회사의 자기주식에 대하여 분할신설회사의 신주 배정을 허용하면 분할을 계기로 신설회사가 자기주식을 보유할 수 있게 되어 타당하지 않으며,[69] ii) 상법 제341조의2의 자기주식 취득의 예외사유 중 "분할로 인한 경우"는 포함되어 있지 않고,[70] iii) 분할은 자산

68) 노혁준, "기업재편의 활성화와 그 딜레마 – 회사분할, 주식양수도에 관한 회사법 개정안들을 중심으로 –", 「상사법연구」 제34권 제3호(한국상사법학회, 2015), 76~77면.

69) 노혁준, 전게논문 I, 145-146면.

및 부채를 이전 대상으로 하고 있는데, 자기주식은 자산이 아닌 음의 자본이므로 분할대상에 포함시킬 수도 없고, 분할신주도 교부할 수 없다는 것이다.[71]

또한 분할신설회사로 이전된 주식을 분할회사 주식으로 존속하게 하는 경우 분할신설회사를 지배하는 대주주에게 추가출자 없이 분할회사에 대한 실질적 지분을 높이는 지배구조의 왜곡이 초래될 수 있으므로 자기주식은 분할대상에 포함시킬 수 없다고 보는 것이 타당하다.[72]

(2) 분할합병

분할합병의 경우 분할회사로부터 분리되는 사업부문을 이어받는 승계회사가 존재한다. 승계회사는 그 지분비율대로 분할회사의 주주들에게 기존 지분비율에 따라 분할신주를 교부하게 된다. 따라서 승계회사를 존속회사로 하면서 분할회사의 일부를 흡수하는 흡수합병과 유사한 구조를 가진다.

이 경우 자기주식에 관한 쟁점에 대해서는 합병과 비슷한 결론이 도출된다. 즉, ⅰ) 승계회사가 자기주식을 보유하고 있는 경우, 존속회사가 자기주식을 보유하고 있는 것처럼 이를 분할대가로 분할회사의 주주에게 분할신주에 갈음하여 교부할 수 있다(제530조의6 제1항 제2호). 이런 방식으로 처리할 것인지 여부는 회사의 재량이다.[73]

ⅱ) 승계회사가 분할회사의 주식을 보유하고 있는 경우 이에

70) 박선희, 전게논문, 64면.

71) 황남석, 전게논문, 121~123면.

72) 박선희, 전게논문, 64면.

73) 권기범, 기업구조조정법, 377면.

대해 승계회사의 분할신주를 교부할지 여부는 존속회사가 소멸회사의 주식을 보유하고 있는 경우(포합주식)의 처리문제와 유사하다. 우리 상법은 이에 대한 직접적인 규정은 없다.

iii) 분할회사가 승계회사의 주식을 보유하고 있는 경우 이를 그대로 보유하고 있다면 문제점이 없지만, 이를 분할사업에 포함시켜 승계회사에 이전시킨 경우에는 흡수합병시와 마찬가지로 승계회사는 이를 분할대가로 사용할 수 있다. 즉, 분할로 인하여 포괄승계하는 자기주식을 분할대가로 분할회사의 주주에게 배정할 수 있다.[74]

iv) 분할회사가 보유하고 있는 자기주식의 처리에 대해서는 합병과 다소 차이가 있다. 이때 (ㄱ) 분할회사가 자기주식 이외의 다른 재산을 승계회사에 분할하면서 자기주식을 계속 보유하는 경우에는, 이에 대한 분할신주의 배정여부는 전술한 단순분할의 경우처럼 부정적으로 해석하여야 한다.[75] (ㄴ) 이러한 자기주식을 분할사업에 포함시킨 경우에는 그 적법성과 분할신주의 배정 가능성 역시 단순분할에 준하여 보아야 할 것이다. 즉, 합병의 경우에는 소멸회사의 법인격이 없어져 버리는 것과 달리 분할회사는 분할 이후에도 존속하는 것을 전제로 하므로, 특히 iv)의 처리에 있어서는 다소 차이점이 발생한다.[76]

2015년 개정상법은 소규모 분할합병을 '소규모 합병에 관한 규정'을 준용함으로써 허용하고 있다(제530조의11 제2항 및 제527조의3). 이에 따라 소규모 분할합병의 요건에 대해서는 소규모 합병과

74) 권기범, 기업구조조정법, 377면.

75) 권기범, 기업구조조정법, 379면; 노혁준, 전게논문Ⅰ, 146면.

76) 노혁준, 전게논문Ⅰ, 146-147면.

동일한 문제가 발생할 수 있다.[77)]

(3) 삼각분할합병

2015년 개정상법은 분할승계회사가 분할합병을 하면서 그 대가로 이미 취득한 모회사 주식을 분할회사의 주주에게 교부할 수 있는 삼각분할합병을 도입하였다. 즉, i) 분할승계회사가 합병대가로 그 밖의 재산을 제공할 수 있는 근거 규정(제530조의6 제1항 제4호)과 ii) 위 규정에 따른 합병대가가 분할승계회사의 모회사 주식인 경우 자회사의 모회사주식 취득 금지의 예외로 인정하는 규정(동조 제4항)이 도입되었다. 이에 따라 삼각합병의 경우 제기된 것과 동일한 문제가 발생한다. 즉, 모회사가(삼각분할합병계약의 당사자로 참여하여 세 당사자 간의 계약으로) 직접 합병대가로 분할회사의 주주에게 모회사 신주를 발행하거나 자기주식을 교부할 수 있는지가 문제 된다. 삼각합병에서와 같은 이유로 부정하는 것이 타당하다.[78)]

2. 물적 분할의 경우

물적 분할의 경우 분할회사가 분할신주를 100% 취득하게 되어 분할회사의 주주가 분할신주를 배정받지 못하기 때문에 분할로 인한 지분비율의 왜곡문제는 발생하지 않는다. 예컨대, 단순분할의 경우 신설회사의 주식은 모두 분할회사가 보유하게 되며, 분할합병의 경우에도 승계회사가 발생하는 분할신주는 분할회사의 주주에게 배정되지 않고 모두 '분할회사'가 보유하게 된다.

---

77) 박선희, 전게논문, 64면.

78) 박선희, 전게논문, 64~65면.

Ⅲ. 주식의 포괄적 교환 및 이전과 자기주식

주식의 포괄적 교환이라 함은 완전자회사가 되는 회사의 주주가 가지는 그 회사의 주식을 교환하는 날에 완전모회사가 되는 회사에 이전하고, 그 완전자회사의 주주는 완전모회사가 주식교환을 위하여 발행하는 신주의 배정을 받거나 완전모회사의 자기주식을 이전받음으로써 완전모회사의 주주가 되는 거래를 말한다(제360조의2 제2항). 즉, 주식의 포괄적 교환이란 인수회사가 대상회사를 100% 소유하여 완전모회사가 되는 조직법상의 거래를 말하며, 완전모회사가 되는 회사는 기존의 회사이다. 반면 주식의 포괄적 이전은 완전모회사가 되는 회사를 신설하는 방법이다(제360조의15 제2항).

1. 주식의 포괄적 교환과 자기주식

자기주식 취득 규제 및 대가의 유연화와 관련하여 주식의 포괄적 교환도 합병과 유사하게 '완전자회사가 되는 회사'(대상회사)의 주식에 대하여 '완전모회사가 되는 회사'(취득회사)의 신주 또는 자기주식을 배정하게 되므로 합병과 유사한 문제가 제기된다. 즉, 완전모회사가 되는 회사 및 완전자회사가 되는 회사가 각각 자기주식이나 상대방 회사의 주식을 보유하게 되는 경우 주식의 포괄적 교환을 하면 합병과 유사한 문제가 생긴다. 다만 주식의 포괄적 교환은 완전모자회사 관계를 설정하는 것이므로 자기주식의 취득 규제는 자회사의 모회사 주식 취득 금지의 문제로 나타난다.[79)]

79) 박선희, 전게논문, 65면.

(1) 완전모회사가 되는 회사가 자기주식을 보유하고 있는 경우

대가의 유연화와 관련하여 완전모회사가 되는 회사가 보유하고 있는 자기주식을 교환대가로 활용할 수 있는지 여부가 문제된다. 2015년 개정상법은 "… 그 완전자회사가 되는 회사의 주주는 그 완전모회사가 되는 회사가 주식교환을 위하여 발행하는 신주의 배정을 받거나 그 회사 자기주식의 이전을 받음으로써 그 회사의 주주가 된다."(제360조의2 제2항)고 규정함으로써 완전모회사가 되는 회사의 자기주식을 교환대가로 활용할 수 있음을 명시적으로 규정하고 있다. 다만, 이에 대해 주식교환계약서에 그 내용을 기재하고 주주총회 특별결의에 의한 승인을 얻어야 한다(제360조의3 제1항, 제2항).

(2) 완전자회사가 되는 회사가 자기주식을 보유하고 있는 경우

완전자회사가 되는 회사가 보유하는 자기주식에 대하여 완전모회사가 되는 회사의 신주를 배정할 수 있는지 여부가 문제된다. 상법은 이에 대하여 명문의 규정이 없다. 이에 대해 신주를 배정하면 자회사가 모회사의 주식을 취득하게 되므로 신주를 배정하지 않는 것이 타당하다는 견해가 제기된다.[80] 또는 주식교환은 완전모자회사 관계를 만드는 것이 목적이기 때문에 교환계약에서 완전자회사가 되는 회사의 자기주식을 소각하는 약정을 해야 한다는 것이다.[81]

반면 신주배정을 긍정하는 견해는 만약 모회사의 주식을 배정하지 않는 경우 자회사의 자산이 감소하게 되어 그 채권자 등을

80) 김건식·노혁준·천경훈, 전게서, 822면.

81) 송옥렬, 상법강의, 1235~1236면.

해하는 결과가 발생할 수 있으므로, 자회사에 의한 모회사 주식 취득 금지의 예외를 규정한 상법 제342조의2 제1항 제1호의 "주식의 포괄적 교환으로 인한 때"를 넓게 해석하여, 대상회사가 취득회사의 주식을 보유하고 있던 경우뿐만 아니라, 대상회사가 보유하던 자기주식에 대해 취득회사의 주식 배정을 허용한 것으로 본다.[82] 즉, 예외적으로 자회사가 모회사주식을 취득하는 경우에는 이러한 주식은 상호주에 해당하여 6개월 이내에 처분하여야 하므로(제342조의2 제2항), 상법 제342조의2 제1항 제1호에서 규정한 "주식의 포괄적 교환으로 인한 때"를 대상회사가 보유하고 있던 '취득회사의 주식'을 주식의 포괄적 교환으로 취득하는 경우에만 해당하는 것으로 제한적으로 해석할 이유가 없다고 한다.[83] ii) 또한 이렇게 해석하는 것이 완전모자회사 관계의 창설을 목적으로 하는 주식교환제도의 취지에 부합한다고 한다.[84] iii) 완전모자회사 관계를 창설하려고 하는 주식교환제도의 취지를 감안하면 비록 주식교환계약서에 신주배정을 않기로 한 약정이 있다고 하더라도 신주배정을 금지할 수 없다고 본다.[85] 실무상으로는 신주를 배정하는 경우가 일반적으로 보인다.[86]

(3) 완전모회사가 되는 회사가 완전자회사가 되는 회사의 주식을 보유하고 있는 경우

이 경우에도 취득회사가 보유하는 대상회사의 주식에 대하여

82) 노혁준, "상법상 주식교환·주식이전에 관한 소고", 「증권법연구」 제3권 제1호 (한국증권법학회, 2002)(이하 "전게논문Ⅱ"이라 칭한다), 248~249면.

83) 박선희, 전게논문, 65면.

84) 권기범, 현대회사법론, 212면.

85) 노혁준, 전게논문Ⅱ, 249면.

86) 조현덕·박병권, 전게논문, 20면.

신주를 배정할 수 있는지 여부에 관하여 상법상 명문의 규정은 없다. 완전모회사의 자본금 증가의 한도액에 관해 상법은 완전모회사가 되는 회사가 주식교환 이전에 완전자회사가 되는 회사의 주식을 이미 소유하고 있는 경우에는, 완전모회사가 되는 회사의 자본금은 주식교환의 날에 완전자회사가 되는 회사에 현존하는 순자산액에 그 회사의 발행주식총수에 대한 '주식교환으로 인하여 완전모회사가 되는 회사에 이전하는 주식의 수'의 비율을 곱한 금액을 넘지 못한다고 규정하고 있다(제360조의7 제2항). 이는 취득회사가 보유하는 대상회사의 주식에는 취득회사의 자기주식을 배정하지 않는다는 것을 전제로 한 조항이다. 만일 배정을 허용할 경우 완전모회사가 되는 회사가 완전자회사가 되는 회사의 주식을 매집한 후 주식교환을 하게 되면 완전모회사가 되는 회사의 자기주식이 대량으로 발생할 수 있으며,[87] 주식교환은 완전모자회사 관계를 창설하기 위한 제도이므로 완전모회사가 되는 회사의 주식을 배정하지 않는 것이 타당하다.[88]

(4) 완전자회사가 되는 회사가 완전모회사가 되는 회사의 주식을 보유하고 있는 경우

이 경우는 주식의 포괄적 교환으로 대상회사는 취득회사의 완전자회사가 되므로 대상회사가 보유하고 있는 취득회사의 주식은 모회사의 주식이 된다. 상법상 자회사는 모회사 주식을 취득할 수 없지만, 주식교환의 경우 완전자회사가 되는 회사가 보유하고 있는 완전모회사가 되는 회사의 주식은 예외적으로 그 보유

87) 권기범, 현대회사법론, 221면; 김건식·노혁준·천경훈, 전게서, 822면.
88) 노혁준, 전게논문Ⅱ, 250면.

가 허용되어, 그 결과 상호주가 된다(제342조의2 제1항 제1호). 따라서 사회사는 그 주식을 주식교환 후 6개월 이내에 처분하여야 한다(제342조의2 제2항).[89]

(5) 자기주식의 활용과 소규모 주식교환 요건

소규모 주식교환이란 완전모회사가 되는 회사가 주식교환을 위하여 발행하는 신주 및 이전하는 자기주식의 총수가 그 회사의 발행주식총수의 100분의 10을 초과하지 아니하는 주식교환을 말한다(제360조의10 제1항). 이 경우 주주총회의 승인은 이사회의 승인으로 갈음할 수 있고 반대주주의 주식매수청구권도 인정되지 아니한다(제3602조의10 제1항, 제7항).

소규모 주식교환의 경우에도 소규모 합병과 마찬가지로 완전모회사가 되는 회사는 자기주식을 교환대가로 활용할 수 있지만(제360조의2 제2항 및 제360조의10 제1항), 소규모 주식교환 요건인 발행주식총수의 100분의 10을 산정할 때 교환대가로 이전하는 자기주식을 합산한다(제360조의10 제1항).[90]

(6) 삼각주식교환

삼각주식교환이라 함은 취득회사가 대상회사를 완전자회사로 만들기 위하여 주식의 포괄적 교환계약에 의하여 대상회사와 주식을 교환하면서 그 대가로 대상회사의 주주에게 취득회사의 주식이 아닌 '취득회사의 모회사'의 주식을 교부하는 것을 말한다. 삼각주식교환은 2015년 개정상법에서 도입된 제도로서 주식교환

89) 권기범, 현대회사법론, 213면; 김건식·노혁준·천경훈, 전게서, 822면; 송옥렬, 상법강의, 1249면.

90) 박선희, 전게논문, 66면.

의 대가를 유연화하고(제360조의3 제3항 제4호), 교환대가로 제공하는 재산이 취득회사의 모회사 주식을 포함하는 경우에는 취득회사가 그 지급을 위하여 모회사 주식을 취득할 수 있도록 예외규정(동조 제6항)을 두는 방식을 취하고 있다.[91)]

그러므로 삼각합병 및 삼각분할합병에서와 마찬가지로 모회사가 (삼각주식교환의 당사자로 참여하여 세 당사자 간의 계약으로) 직접 교환대가로 취득회사의 주주에게 모회사의 신주를 발행하거나 자기주식을 교부할 수 있는지 여부가 문제될 수 있다. 모회사는 삼각주식교환의 법적 당사자가 아닐 뿐만 아니라 완전자회사가 되는 대상회사의 주주가 모회사에게 출자금을 납입하는 것도 아니라는 점에서 삼각합병의 경우와 마찬가지로 이를 부정하여야 할 것이다.[92)]

2. 주식의 포괄적 이전과 자기주식

주식의 포괄적 이전을 하는 경우에는 완전모회사를 신설하게 되므로 전술한 1), 3), 4) 유형의 자기주식을 발생하지 아니한다. 단지 2)의 완전자회사가 보유하고 있는 자기주식에 대하여 완전모회사가 되는 회사의 주식을 배정할 수 있는지 여부가 문제된다.

이에 대해 완전모자회사 관계를 만들기 위하여 주식이전을 하면서 상호주를 발생시켜야 할 이유가 없으므로 자기주식을 소각

91) 이영철, “2014년 상법개정안의 삼각주식교환제도에 관한 법적 검토”, 「기업법연구」 제29권 제3호(한국기업법학회, 2015), 178~179면; 전준영, “삼각조직재편과 자회사의 모회사 주식 취득에 따르는 법적 쟁점”, 「금융법연구」 제13권 제3호(한국금융법학회, 2016), 312면.

92) 박선희, 전게논문, 66면; 송종준, “삼각주식교환제도의 법리와 운용상의 쟁점”, 「저스티스」 통권 제152호(한국법학원, 2016), 74면.

하고 이전절차를 진행해야 한다는 견해가 있다.[93] 반면 자회사가 모회사의 주식을 취득하는 경우에는 6개월 이내에 이를 처분하도록 하고 있으므로(제342조의2 제2항), 자회사에 의한 모회사주식의 취득을 예외적으로 허용하는 상법 제342조의2 제1항 제1호의 "주식의 포괄적 이전으로 인한 때"를 넓게 해석하여 이에 근거하여 '완전모회사가 되는 회사'(피이전회사)의 주식을 배정할 수 있다는 견해도 제기된다.[94]

Ⅳ. 국회에 상정된 법안의 검토

1. 자기주식의 처분방법 및 처분시기

(1) 박영선 의원안(의안번호 제2000106호, 2016.6.7.)

1) 개정안의 내용

상법은 자기주식을 처분할 때, 처분할 상대방 결정 및 처분 방법을 회사의 정관 혹은 이사회가 결정하도록 함에 따라 처분할 상대방 선택이 불공정할 경우, 회사의 지배구조에 중대한 영향을 미침에도 책임을 물을 수 없는 문제가 발생한다. 이에 따라 개정안은 자기주식 처분 시 상대방 결정과 방법에 대해서는 주주평등의 원칙 및 신주발행 절차를 따르도록 제안하고 있다. 즉, 개정안 제342조 제2항을 신설하여 "… 회사가 보유하는 자기의 주식을 처분하는 경우 각 주주가 가진 주식에 따라 균등한 조건으로 처분하여야 한다. 다만, 신기술의 도입, 재무구조의 개선 등 회사의

93) 송옥렬, 상법강의, 1249면.

94) 노혁준, 전게논문Ⅱ, 248~249면; 박선희, 전게논문, 66면.

경영상 목적을 달성하기 위하여 필요한 경우 특정한 자(해당 회사의 주식을 소유한 자를 포함한다)에게 자기의 주식을 처분할 수 있다(개정안 제342조 제2항)."고 규정하자는 것이다.

또한 개정안은 배당가능이익과 관계없이 특정 목적에 의해 취득한 자기주식에 대해서도 그 보유를 인정하지만, 이는 회사의 자본적 기초를 무너뜨릴 염려가 있으므로 배당가능이익으로 취득한 자기주식과는 달리 상당한 시기에 처분하도록 강제하고 있다. 즉, 개정안 제342조 제3항을 신설하여 "회사는 제341조의2 및 제341조의3 단서의 경우에는 상당한 시기에 주식 또는 질권의 처분을 하여야 한다."고 규정하자는 것이다.

2) 개정안의 검토

2011년 개정상법에서 배당가능이익에 의한 자기주식의 취득을 자유화하면서 그 처분에 관한 규정을 정비하지 않음으로써 처분의 공정성을 둘러싸고 많은 논란이 제기되고 있다. 이러한 입법의 미비는 조속히 보완되어야 할 것이다. 그러나 자기주식 처분에 관한 상법개정안이 발의된 지 상당한 기간이 지났음에도 불구하고 입법적 논의가 진전되지 않는 것은 문제이다. 우리나라의 경우 자기주식이 경영권 방어의 중요한 수단으로 기능을 하고 있으므로 자기주식을 처분할 때 기존 주주가 가진 주식에 따라 균등하게 처분하도록 할 것인지 또는 제3자에 대한 처분을 허용할지 여부는 기업환경에 미치는 영향이 크기 때문에,[95] 이해조정이 어려운 것으로 보인다. 경영권 방어수단으로 더 효율적인 것은

95) 국회 법제사법위원회(전문위원 강병훈), "상법 일부개정법률안(박영선의원 대표발의, 제106호) 검토보고", 2016.11., 9면.

자기주식보다는 워런트 등 다른 수단을 강구하는 것이 바람직하며, 자기주식은 본래의 모습으로 규율해야 할 것이다. 즉, 처분에 관해서 주주평등의 원칙에 입각하여 처분이 이루어져야 할 것이다. 처분방식으로 신주발행절차를 적용하는 것은 비효율적일 수 있으므로 자기주식 취득절차를 준용하는 방식을 고려하는 것이 타당하다고 본다.

(2) 이종걸 의원안(의안번호 제2003952호, 2016.11.29.)

1) 개정안의 내용

개정안은 자기주식을 처분하는 경우 소각하거나 주주가 가지고 있는 주식 수에 따라 균등하게 배분하도록 하여 주주평등의 원칙 및 공정성을 보다 강화하려는 취지이다. 즉, 개정안 제342조 제2항을 신설하여 회사는 제1항에 따라 자기의 주식을 처분하는 경우에는 소각하거나, 주주에게 그가 가지고 있는 주식 수에 따라 균등하게 배분하는 방법으로 처분하도록 규정하고 있다.

또한 개정안은 특정한 목적으로 취득한 자기주식의 처분시기를 취득일로부터 3개월 이내로 제한하고 있다. 즉, "회사는 제341조 제2항 제3호에서 정한 기간을 초과한 경우에는 즉시, 제341조의2 각 호와 제341조의3 단서의 경우에는 자기의 주식을 취득 또는 질권의 목적으로 한 날로부터 3개월 이내에 주식 또는 질권의 처분을 하여야 한다."고 규정하고 있다(개정안 제342조 제1항).

2) 개정안의 검토

처분방법에 대한 검토는 박영선 의원안에 대한 검토와 마찬가지로 볼 수 있다. 회사의 합병 또는 다른 회사의 영업 전부의 양수로 인한 경우 등 특정목적으로 취득한 자기주식은 취득재원이 배당가능이익으로 한정되지 않으므로 자기주식을 취득하는 과정에서 회사의 자본 충실을 해할 우려가 있다. 또한 자기주식을 계속 보유하는 것도 회사의 자본충실을 해하고 회사 채권자 등의 권리를 침해할 수 있다. 따라서 이 경우에는 개정 전 상법과 같이 상당한 시기에 처분하여야 하다는 견해와 반대 견해가 대립한다.

자기주식은 재무정책의 탄력적 조절 및 구조조정의 수단으로 이용 가능하고 필요한 시기에 처분하여 자금조달 방법으로도 사용될 수 있으므로 처분시기를 제한할 필요는 없다고 본다. 독일 주식법과 일본 회사법의 경우에도 취득방법을 불문하고 적법한 취득인 경우 소각의무나 처부의무를 규정하고 있지 않다. 따라서 처분의무를 신설하는 것 보다는 취득한 자기주식을 부정한 목적으로 활용하는 것을 방지하는 수단을 강구하는 것이 타당하다고 본다.[96)]

2. 인적 분할시 자기주식에 대한 신주배정의 금지

(1) 박용진 의원안(의안번호 2000837호, 2016.7.12.)

1) 개정안의 내용

2011년 자기주식에 대한 취득규제가 완화됨에 따라 대기업들이 지주회사로 전환하는 과정에서 자기주식을 활용하여 지배주주의 지배력을 강화하는 편법적인 사례가 늘어나고 있다. 회사의 분할 또는 분할합병 등을 통하여 지주회사와 자회사로 분리하면서 분할하기 전에 자기주식의 비율을 적극적으로 확대한 후 분할·분할합병의 방식으로 자회사를 설립하고, 지주회사는 자기주

96) 최문희, 전게논문, 74~75면.

식을 그대로 보유하여 대주주의 지배력을 확대하는 경향이 있다.

이에 따라 개정안은 i) 단순분할신설회사와 분할합병신설회사는 분할 또는 분할합병의 때에 분할회사가 보유하는 자기주식에 대하여 신주를 배정할 수 없도록 규정하고(개정안 제530조의8 제1항), ii) 분할승계회사는 분할합병의 때에 분할회사가 보유하는 자기주식에 대하여 신주 또는 분할승계회사의 자기주식을 배정할 수 없도록 하는 것이다(개정안 제530조의8 제1항).

2) 개정안의 검토

개정안은 회사가 분할 또는 분할합병을 할 경우에는 분할로 인하여 새로 설립되는 회사가 신주를 배정할 때 분할되는 회사의 자기주식에 대하여는 분할신주의 배정을 금지하여 회사의 자본을 통한 대주주의 부당한 지배력 강화를 방지하려는데 있다.

이러한 개정안에 대해서는 찬반 양론이 대립하고 있다.[97] 자기주식 제도의 운용은 기업의 재무전략을 지원하면서도 주주의 비례적 지분에 영향을 미치지 않도록 하는 것이 글로벌 스탠더드에 부합한다고 본다. 특히 우리나라에 장기적으로 투자하고 있는 외국인 연기금 투자자들로부터 상법상 자기주식을 활용한 지배주주의 지분확대 방식에 대하여 강한 불만이 제기되고 있다는 사실은 시사적이라고 본다. 따라서 기업구조조정 과정에서 자기주식에 대한 신주의 배정을 금지하는 것이 타당하다고 본다.

(2) 오신환 의원안(의안번호 제2005633호, 2017.2.14.)

오신환 의원안도 전술한 박용진 의원안과 마찬가지로 단순분할신설회사와 분할합병신설회사는 분할 또는 분할합병을 할 때

97) 전술한 제4장 제2절 참조.

분할회사가 보유하는 자기주식에 대하여 신주배정할 수 없도록 하고 있다(개정안 제530조의8 제1항). 또한 분할승계회사는 분할합병을 할 때 분할회사가 보유하는 자기주식에 대하여 신주 또는 분할승계회사의 자기주식을 배정할 수 없도록 규정하고 있다(개정안 제530조의8 제2항).

제5장
주식소각 제도*

* 이 장은 ① "상법개정안상 자기주식 및 주식소각 제도의 검토", 「일감법학」 제18호(건국대학교 법학연구소, 2010), 135~190면; ② 「주식 및 자본금 제도」, 전남대학교출판부, 2015, 304~323면을 수정·보완한 것이다.

제1절 2011년 개정 전 주식소각 제도의 내용 및 문제점

주식의 소각이라 함은 회사의 존속 중에 특정한 주식을 절대적으로 소멸시키는 회사의 행위를 말한다. 합명회사와 같은 사원의 퇴사제도(상법 제217조)가 없는 주식회사에서 주식의 소각은 회사 존속 중의 유일한 주식의 소멸원인이다.[1)]

주식의 소각은 주주 및 채권자의 이익에 중요한 관계를 가진다. 소각되는 주식의 주주는 임의소각[2)]의 경우에는 특별히 중요한 이해관계는 없지만, 강제소각의 경우에는 소각되는 주식의 주주에게 그 주식의 취득 전에 장래 강제소각될 지도 모른다는 것을 알릴 필요가 있다. 이에 따라 원시정관, 신주에 대해서는 신주인수 전의 정관, 혹은 적어도 총주주의 동의에 의한 정관변경에서 그러한 취지의 규정을 하는 것이 타당하다. 소각되는 주식 이외의 주주는 무상소각의 경우에는 아무런 불이익을 받지 않지만, 유상소각의 경우에는 기업경영에 필요한 재산이 감소하며, 또한 그 대가가 부당한 때에는 평등하게 잔여재산의 분배에 참가하는 권리가 침해되므로 중요한 이해관계를 가진다.

회사의 채권자로서는 무상소각 또는 이익소각의 경우에는 대가의 지불에 의해서 자본금에 대응하는 기본재산이 감소하는 것

1) 上柳克郎·鴻常夫·竹內昭夫 編,「新版注釋會社法(3)」, 有斐閣, 1986, 282面.

2) 임의소각이란 특정한 주식의 소각에 있어서 구체적으로 그 주주의 동의를 얻어 회사가 자기주식을 취득하고 그 후 소각을 하는 것을 말하며, 전형적인 예는 매입하여 소각하는 방법이다. 반면 강제소각이란 이러한 주주의 동의를 얻지 않고, 회사가 주식을 취득하지 않은 채로 소각하는 것을 말하며, 추첨이나 고지 등의 방법에 따른다.

은 아니기 때문에 불이익이 없다. 소각이 유상으로, 그 위에 대가가 자본금에 대응하는 기본재산으로부터 지불되는 한, 대가의 지불에 의해 직접적으로 채권자의 이익이 침해되며, 더욱이 소각이 자본금을 감소시키는 결과를 초래하는 한 주주에 대해 배당할 수 있는 금액이 증가하며, 그 배당에 의해 간접적으로 채권자의 이익이 침해될 우려가 있다. 이처럼 주식의 소각은 회사의 주주와 채권자에게 중요한 이해관계가 있으므로 법률적 규제가 필요하다.[3)]

2011년 개정전 상법상 주식소각은 ① 자본감소의 방법으로 소각하는 방식(개정전 상법 제343조 제1항 본문)과 ② 배당가능이익으로 소각하는 방식(개정전 상법 제343조 제1항 단서, 제343조의2, 제345조 제1항)의 두 가지 유형으로 구분되었다. 자본감소의 방식의 경우 소각되는 주식만큼 자본이 감소하므로 채권자보호절차가 필수적이지만(개정전 제439조 제2항), 이익소각방식의 경우에는 배당가능이익으로 소각하기 때문에 자본금에 영향이 없으므로 동 절차가 불필요하다.

개정전 상법상 이익소각은 i) 상환주식의 상환(개정전 제345조), ii) 정관에 의한 이익소각(개정전 제343조 제1항 단서), iii) 주주총회 특별결의에 의한 이익소각(개정전 제343조의2) 등 세 가지였으며 모두 배당가능이익으로 소각하였다. 이익소각의 본질이 재산의 분배로서 배당이나 자기주식의 취득과 실질적으로 동일함에도 불구하고 서로 다른 절차를 거치도록 하는 것은 바람직하지 않다고 지적되었다. 이익소각의 경우 폐쇄회사는 주주총회 특별결의를 통하여 결정해야 하는데 비하여, 상장회사는 이사회가 결정하도록 하는 것(자본시장법 제165조의3 제1항)은 합리적 근거가

3) 上柳克郎·鴻常夫·竹內昭夫 編, 前揭書, 282~283面.

없었다.[4] 또한 자본시장법은 소각기간을 3개월로 규정함으로써 (동법시행령 제176조의4 제1항 제1호) 상장법인과 비상장법인 사이에 소각절차를 달리하고 있는데 이 역시 합리적인 근거가 없었다.[5]

4) 김건식 외 6인, 「21세기 회사법 개정의 논리」, 소화, 2007, 284면.

5) 국회 법제사법위원회, 상법 일부개정법률안(정부제출) 검토보고, 2007.11., 73~75면.

제2절 2011년 개정상법의 내용

개정 전 상법	개정 상법
제343조(주식의 소각) ① 주식은 자본감소에 관한 규정에 의하여서만 소각할 수 있다. 그러나 정관의 정한 바에 의하여 주주에게 배당할 이익으로써 주식을 소각하는 경우에는 그러하지 아니하다. ② 제440조와 제441조의 규정은 주식을 소각하는 경우에 준용한다.	제343조(주식의 소각) ① 주식은 자본금 감소에 관한 규정에 따라서만 소각(消却)할 수 있다. 다만, 이사회의 결의에 의하여 회사가 보유하는 자기주식을 소각하는 경우에는 그러하지 아니하다. ② 자본금감소에 관한 규정에 따라 주식을 소각하는 경우에는 제440조 및 제441조를 준용한다.
제343조의2(총회의 결의에 의한 주식소각) ① 회사는 제343조의 규정에 의하는 경우 외에 정기총회에서 제434조의 규정에 의한 결의에 의하여 주식을 매수하여 이를 소각할 수 있다. ② 제1항의 규정에 의한 총회의 결의에서는 매수할 주식의 종류, 총수, 취득가액의 총액 및 주식을 매수할 수 있는 기간을 정하여야 한다. ③ 제2항의 경우에 매수할 수 있는 주식의 취득가액의 총액은 대차대조표상의 순자산액에서 제462조제1항 각호의 금액을 공제한 액을 초과하지 못한다. ④ 제2항의 경우에 주식을 매수할 수 있는 기간은 제1항의 결의 후 최초의 결산기에 관한 정기총회가 종결한 후로 정하지 못한다. ⑤ 회사는 당해 영업연도의 결산기에 대차대조표상의 순자산액이 제462조제1항 각호의 금액의 합계	<삭 제>

개정 전 상법	개정 상법
액에 미치지 못할 우려가 있는 때에는 제1항의 규정에 의한 주식의 매수를 하여서는 아니된다. ⑥ 당해 영업연도의 결산기에 대차대조표상의 순자산액이 제462조 제1항 각호의 금액의 합계액에 미치지 못함에도 불구하고 회사가 제1항의 규정에 의하여 주식을 매수하여 소각한 경우 이사는 회사에 대하여 연대하여 그 미치지 못한 금액을 배상할 책임이 있다. 이 경우 제462조의3 제4항 단서의 규정을 준용한다.	

개정상법 제343조 제1항은 본문에서 자본금감소에 관한 규정에 따른 소각을 규정하고, 단서에서 이사회의 결의에 의하여 회사가 보유하는 자기주식을 소각하는 경우를 규정한다. 즉, 상법상 주식소각은 자본금감소에 의한 소각과 자본금감소에 의하지 않는 소각으로 구분되고, 후자는 다시 상환주식의 상환(제345조 제1항), 자기주식의 소각(제343조 제1항 단서), 무액면주식의 소각 등으로 구분된다.6)

2011년 개정상법은 주식소각제도 중 자본금감소에 의한 소각제도는 그대로 존치하면서(제343조 제1문) 전술한 이익소각제도를 본질상 동일한 것으로 보고 하나의 제도로 통합하였다. 즉, i) 정관에 의한 이익소각제도(개정전 상법 제343조 단서)와 ii) 주주총회 특별결의에 의한 소각제도(개정전 상법 제343조의2)에 관한 규정을 삭제하여 이익소각제도를 폐지하였으며, 자기주식의 소각에

6) 임재연, 「회사법 I [개정5판]」, 박영사, 2018(이하 "회사법 I "이라 한다), 572면.

관한 규정(제343조 단서)으로 통합하였다. 이익을 반환하는 방법의 하나로 주식을 소각하면 자본금의 감소없이 이익을 반환하게 되므로 실질적으로는 자기주식의 취득 후 주식을 소각하는 것과 경제적으로 동일하게 된다.[7] 이에 따라 개정상법은 이익소각의 개념을 자기주식의 취득 및 소각이라는 개념으로 정리하였다. 이는 일본 회사법에서 종래의 소각 개념을 자기주식의 취득과 취득한 자기주식의 소각 이라는 두 가지의 행위의 조합으로 정리하고, 자기주식 이외의 소각을 인정하지 않는 제도(일본 회사법 제178조 제1항)를 도입한 것이다.

2011년 개정상법은 배당가능이익의 범위 내에서 자기주식의 취득을 자유화하였으므로 자기주식의 취득 또는 배당과 구별되는 이익소각제도를 존치할 실익이 거의 없다. 자기주식의 취득과 이익소각을 분배(distribution)의 개념으로 인식함으로써 배당과 동일하게 규제하는 방식이 의사결정권자나 재원규제에 통일성을 기할 수 있다.[8] 이에 따라 이익소각제도를 폐지하고 이를 자기주식의 취득 후 주식을 소각하는 방식으로 규정하였다.

그러므로 자기주식 소각의 경우 이사회결의로 가능하며 주주총회 특별결의나 채권자보호절차가 불필요하고, 주식병합규정에 따른 주주 등에 대한 통지절차(상법 제440조, 제441조)도 불필요하다(제343조 제2항). 이에 따라 그 동안 상법상 이익소각에 관한 유형별로 절차가 다르고 또한 자본시장법상의 이익소각 절차가 다르게 규정됨으로 인한 모순과 혼란을 하나의 규정으로 통합하여 해소하게 되었다.

---

7) 김건식 외 6인, 전게서, 284면.

8) 김건식 외 6인, 전게서, 284면.

제3절 주식소각에 관한 입법례

Ⅰ. 미국

미국의 주별 배당규제의 유형은 잉여금(Surplus), 자본금(Capital) 및 액면주식(Par Value Share) 등의 개념을 유지하고 있는 전통적 입법모델(법정자본제도에 근거한 모델)과 이를 폐지한 현대적 입법모델(법정자본제도를 폐지한 모델)로 구분할 수 있다. 전통적 입법모델에는 델라웨어주회사법, 뉴욕주회사법, 1969년 모범사업회사법(Model Business Corporation Act : MBCA) 등이 속하며, 이 모델은 금고주[9]의 개념을 유지하고 있다. 반면 현대적 입법모델은 1970년대 후반 이후 등장한 모델로서 캘리포니아주회사법, 1984년 개정모범사업회사법(Revised Model Business Corporation Act : RMBCA) 등이 여기에 속한다. 이 모델은 배당(Dividend)과 자기주식의 취득(Repurchase)을 모두 '분배(Distribution)'라는 개념 아래 통일적으로 이해하고, 금고주의 개념을 폐지하고 있다.[10]

현대적 모델에서는 금고주 내지 자기주식의 취득 한도액이라는 문제 자체가 독립적인 논점은 아니며, 이 문제는 주주에 대한 '분배'의 재원 및 한도의 문제 중에 포함된다. 현대적 모델에서는 자본금, 자본준비금이라는 개념 자체가 존재하지 않기 때문에 이러한 개념을 전제로 하는 '감자', '자본준비금을 이용한 주식소각'

9) 금고주라 함은 취득목적을 특정하지 않거나 취득목적을 묻지 않고 취득·보유할 수 있는 자기주식을 말한다.

10) 太田 洋, "「金庫株」の解禁問題に關する論点整理[Ⅰ]－米國の關係規制からの示唆－", 「商事法務」 No. 1586 (2001), 15面.

이라는 개념 내지 절차가 존재하지 않는다. 따라서 현대적 모델에서는 우리나라의 이익배당, 주식의 이익소각, 자본준비금에 의한 소각, 감자 등이 모두 '주주에 대한 분배'의 문제로 취급된다. 반면 전통적 모델에서는 금고주의 취득한도액이라는 문제 자체는 계속 법적 논점으로 존재한다.[11)]

Ⅱ. 유럽

유럽회사법 제2지침은 자본금 감소나 주식소각에 대하여 제30조부터 제40조까지 자세하게 규정하고 있다. 제2지침에서도 아직 자기주식의 취득이 완전히 자유화되지 않았으므로 2011년 우리나라 개정전 상법과 동일한 이익소각제도를 구비하고 있다.[12)]

인수자본금의 감소는 법원의 결정이 있는 경우를 제외하고는 주주총회의 특별결의에 의한다(제30조). 회원국의 법률이 자본금 감소 없이 인수자본금의 일부 또는 전부 소각을 승인하는 경우, 당해 법률은 다음의 요건을 충족하여야 한다. 즉, ⅰ) 법률이나 정관이 소각을 규정하고 있는 경우, 소각은 주주총회 보통결의에 의하여 결정되어야 한다. 법률이나 정관이 소각을 규정하고 있지 않는 경우에는 소각은 주주총회 특별결의에 의해서 결정되어야 한다(제35조(a)). 또한 ⅱ) 소각 목적으로 사용할 수 있는 재원은 제15조에서 규정한 배당가능이익이다(제35조(b), 이익소각). ⅲ) 소각

11) 자기주식 취득의 재원규제와 그 수량한도는 대개 배당규제와 일치하지만, 델라웨어주처럼 자기주식 취득의 재원 및 그 수량한도가 배당규제에 비하여 엄격한 주도 상당수 존재한다(김순석, "미국의 배당규제와 자기주식 제도", 「비교사법」 제13권 제2호(2006), 259면).

12) 김건식 외 6인, 전게서, 285~286면.

된 주식의 주주는 회사에 대한 권리를 보유하여야 한다. 단, 투자에 대한 재지급 권리나 소각되지 않은 주식에 대한 잔여재산분배청구에 대한 참여 권리를 제외한다(제35조(c)).

회원국의 법률이 강제소각에 의한 인수자본금의 감소를 규정하고 있는 경우, 당해 법률은 다음의 조건을 충족시켜야 한다. 즉, i) 소각될 주식의 인수 이전에 강제소각이 법률이나 정관에 의하여 규정되거나 승인되어야 한다(제36조(a)). ii) 강제소각이 법률이나 정관에 의하여 승인만 된 경우, 강제소각은 관련된 주주 전원의 동의가 없는 한 주주총회 보통결의에 의한다(제36조(b)). iii) 강제소각을 결정하는 회사기구는 법률이나 정관에서 소각조건 및 소각방식을 정하지 않는 경우 이를 정해야 한다(제36조(c)). 자기주식을 소각함으로써 인수자본을 감소하는 경우, 소각은 항상 주주총회 보통결의에 따른다(제37조).

Ⅲ. 영국

2006년 영국회사법에 따르면 회사는 상환주식을 발행할 수 있다. 공개회사는 정관의 규정이 있는 경우에 한하여 상환주식을 발행할 수 있다(제684조 제1항). 2006년 회사법은 폐쇄회사에 대해서 상환주식의 배정 이전에 정관에 의한 사전승인 요건을 삭제하였다.[13] 그러나 폐쇄회사는 정관의 규정을 통하여 상환주식의 발행을 배제하거나 제한할 수 있다(제684조 제2항). 이사는 정관이나 주주총회 보통결의에 의한 승인이 있는 경우, 상환조건 및 상환

13) Saleem Sheikh, A Guide to the Companies Act 2006, Routledge·Cavendish, 2008, p.779.

방식을 결정할 수 있다(제685조 제1항, 제2항). 이 조항은 회사법검토위원회(Company Law Review Group)의 권고에 따라 공개회사와 폐쇄회사 모두 이사회에 수권할 수 있도록 규정한 것이다.[14)]

상환주식은 배당가능이익이나 상환의 목적으로 발행된 신주의 발행대금으로만 상환할 수 있다(제687조 제2항). 즉, 이익소각을 허용하고 있다(제687조 제2항(a)). 폐쇄회사는 주주총회 특별결의를 통하여 상환주식을 자본금으로 상환할 수 있다(제687조 제1항, 제716조 제1항). 주식을 상환할 때 프리미엄을 지급하여야 하는 경우 그 프리미엄은 배당가능이익으로부터 지급되어야 한다(제687조 제3항).

주식이 상환되면 그 주식은 소각된 것으로 간주되며(제688조(a)), 상환된 주식의 액면가치 만큼 회사의 자본금이 감소한다(제688조(b)).

Ⅳ. 독일

원칙적으로 주식소각은 자본금 감소의 규정에 따라야 한다(독일주식법 제237조 제2항). 다음의 경우 주식의 발행가액이 전부 납입되었다면 자본금 감소에 관한 규정에 따르지 않고 소각할 수 있다(동조 제3항). 즉, 주식이 무상으로 회사의 처분에 맡겨진 때(제1호), 대차대조표상의 이익(Bilanzgewinn)이나 이익준비금(Gewinnrücklage)의 소각을 위한 목적으로 이용할 수 있는 경우에는 대차대조표상의 이익이나 이익준비금의 적립금으로서 소각하는 때(제2호), 무액면주식의 소각(제3호) 등이 해당한다. 이 중 제2호가 이익소각을 규정하고 있다. 이익소각의 경우에는 소각된 주식의 금액과 동일한 금액을 자본준비금(Kapitalrücklage)으로 적립하여야 한다(동법 제237조 제5항).[15)]

---

14) Id.

V. 일본

1. 연혁 및 제도의 취지

2005년 개정전 상법에서는 주식소각에 대해 ⅰ) 회사가 주주와 합의에 의하여 이미 취득한 자기주식을 이사회결의에 의해 소각하는 경우(개정전 상법 제212조 제1항), ⅱ) 자본감소의 규정에 따르는 경우(제213조 제1항, 제375조 제1항 제2호), ⅲ) 정관규정에 근거하여 이익소각을 하는 경우(제213조), ⅳ) 강제상환형의 수의상환주식의 경우(제213조 제1항, 제222조 제1항 제4호)에 대해서 주주가 보유하는 주식을 소각할 수 있었다. 여기서 ⅱ) 이하는 주주로부터 동의를 얻지 않고(즉, 회사의 취득절차 없이) 소각이 이루어지기 때문에 강제소각이라 칭하였다.[16] 회사법에서는 ⅰ) 유형의 소각만을 제178조에서 규정하고 있는데 이는 개정전 상법 제212조를 계승한 것이다.[17]

이처럼 강제소각이 아니라 자기주식의 소각을 존속시키도록 한 것은 회사에 의한 주식취득 절차를 거치는 ⅰ)의 경우가 실무상 장점이 크고 또한 제도가 보다 명확하였기 때문이다.[18] 다만 종래의 강제소각도 실질적으로 불가능하게 된 것은 아니며, 회사법 아래에서는 회사가 주주의 동의 없이 주식을 취득한 후에 이를 소각하는 것으로 정리되었다.[19] 그런 의미에서 강제소각의 폐

15) 김건식 외 6인, 전게서, 286면.

16) 江頭憲治郎, 「株式會社法·有限會社法[第4版], 2005, 249~250面.

17) 伊藤靖史, 「逐條解說會社法 第2卷 株式·1(酒卷俊雄/龍田 節 編)」, 中央經濟社, 2008, 465面.

18) 相澤 哲, 「一問一答新會社法」, 商事法務, 2005, 62~63面.

19) 종래 강제소각과 같은 것은 회사가 자기주식을 주주로부터 강제적으로 취득하

지는 조문수를 줄이기 위해 정리한 것에 불과하다.[20]

2. 소각절차

자기주식을 소각하는 데에는 회사가 소각하는 자기주식의 종류와 수를 정하여야 한다(일본회사법 제178조 제1항). 이러한 결정은 이사회설치회사에서는 이사회결의에 따라야 한다(동조 제2항). 이사회비설치회사는 이사의 과반수에 의한 결정으로 족하다고 해석된다(제348조 제2항).[21] 유한회사법이 유한회사의 지분소각은 사원총회의 특별결의를 요구하고 있다는 점(동법 제23조의3 제2항)을 이유로, 이사회비설치회사에서 소각결정을 하는 데에는 주주총회의 보통결의가 필요하다는 학설도 있다.[22] 그러나 유한회사법에서 사원총회 특별결의가 필요한 것은 출자 1구좌의 금액에 출자의 총구좌수를 곱한 금액이 자본금총액으로 되며(동법 제61조 제3항), 출자와 자본금의 관계가 절단되어 있지 않아서, 지분의 소

여 이를 제178조의 규정에 의해 소각함으로써 할 수 있다. 예컨대, 정관규정에 근거하여 배당가능이익으로써 하는 소각(개정전 상법 제213조 제1항)에 대해서는 정관에서 취득조항(회사법 제107조 제1항 제3호, 제108조 제1항 제6호) 또는 전부취득조항(회사법 제108조 제1항 제7호)을 부과한 주식을 강제적으로 취득하고, 취득대가로서 금전을 교부함으로써 동일한 결과를 실현할 수 있다. 또한 종래 상환주식(개정전 상법 제222조 제1항 제4호)에 대해서는 회사법 아래에서는 취득청구권부주식이나 취득조항부주식을 이용하는 것으로 된다. 자본금감소규정에 따른 소각(개정전 상법 제213조 제1항)에 대해서는 이미 2001년 6월 상법개정에 의해 액면주식제도가 폐지되었기 때문에, 회사법 아래에서는 자본금감소를 할 때 발행주식총수를 감소시킬 필요성이 생기지 않는다. 그러나 자본금의 감소와 동시에 자기주식을 취득하여 이를 소각할 수도 있다(相澤 哲, 前掲書, 63面; 江頭憲治郎, 前掲書, 259面; 伊藤雄司, 「會社法コメンタール 4－株式[2](山下友信 編)」, 商事法務, 2009, 133~134面).

20) 伊藤靖史, 前掲書, 465~466面.

21) 龍田節, 「會社法大要」, 有斐閣, 2007, 265面.

22) 江頭憲治郎, 「株式會社法[第4版]」, 有斐閣, 2011, 260面 註) 3.

각이 필연적으로 자본금총액의 감소를 수반하는 것으로 해석되기 때문이지만,[23] 회사법 아래에서는 이사회비설치회사에 대해서 종전의 규제를 유지해야 할 이유는 없다. 제178조의 문언, 그리고 주식소각이 회사로서 중요한 의사결정이라고 말하기 어렵기 때문에 전술한 것처럼 해석하는 것이 타당하다.[24]

소각을 결정한 후 회사는 지체없이 주식실효의 절차를 취하여야 한다. 주주명부에서 당해 주주에 관한 사항을 말소하고, 주권발행회사는 주권을 폐기하여야 한다.[25] 이에 대해 2005년 개정전 상법 제212조 제2항은 자기주식소각의 이사회결의 후 회사가 "지체없이 주식실효의 절차를 행한다"는 규정을 두었다. 회사법에서는 이에 해당하는 규정은 없지만, 이는 개정전 상법 아래에서 주식실효 절차의 내용이 명확하지 않았기 때문이라고 설명되며, 회사법 아래에서도 이러한 종류의 작업이 필요하다는 데에는 변함이 없다.[26] 다만 2005년 개정전 상법 아래에서는 이러한 행위가 이루어지기까지는 소각의 효력이 생기지 않는다고 해석될 수 있었지만,[27] 이 견해를 회사법 아래에서도 유지해야 하는가에 대해서는 의문이 제기된다. 확실히 주권이 발행되어 있는 경우에 대해서는 자기주식에 대한 강제집행이나 자기주식의 선의취득을 인정하는 입장을 취하는 한, 주권의 폐기나 소각된 주식의 주권

23) 江頭憲治郎, 「株式會社法·有限會社法[第4版]」, 有斐閣, 2005, 253面
24) 伊藤雄司, 前揭書, 135~136面.
25) 江頭憲治郎, 「株式會社法[第4版]」, 有斐閣, 2011, 260面.
26) 相澤哲·豊田祐子, "株式(株式會社による自己の株式の取得)", 「立法擔當者による新·會社法の解說(相澤 哲 編)」, 別冊商事法務 No. 295 (2006), 44面.
27) 東京地判平成 2·3·29 金融·商事判例 第857号 27面; 矢沢惇, "株式の消却ー特に償還株式について", 「松本先生古稀記念企業法の諸問題」, 有斐閣, 1981, 130面 以下; 上柳克郎·鴻常夫·竹內昭夫 編, 前揭書, 293面.

번호의 특정 등에 의해 소각된 자기주식과 그렇지 않은 자기주식을 구별할 필요가 있으며, 그러한 행위가 이루어질 때까지는 자기주식은 소각되지 않고 "존재한다"고 취급하지 않을 수 없을 것이다. 이에 대해 주권이 발행되지 않은 경우에는 원래 소각된 자기주식과 소각되지 않은 자기주식과를 구별할 필요는 없고, 이러한 경우에 대해서 예컨대, 주주명부의 기재말소에 의해서 비로소 소각의 효력이 생기게 할 실익이 있다고 할 수 있다. 따라서 이 경우에는 회사의 소각결정에 의해서 바로 소각효과가 생기는 것으로 하여도 좋을 것이다.[28] 다만 대체주식에 대해서는 발행자가 소각된 자기주식에 대해 말소신청을 하여야 하며, 대체계좌부에 감액기재가 이루어진 날에 소각효력이 생긴다.[29]

3. 미발행주식의 재발행 문제

주식을 소각할 때에 소각분만큼 발행가능주식총수 중 미사용분이 부활하는가 라는 문제가 오래 전부터 다투어졌다. 즉, 주식소각을 함에 따라 정관소정의 발행가능주식총수로부터 발행주식총수를 뺀 수가 증가하며 그만큼 회사가 다시 주식을 발행할 수 있는지 여부가 특히 공개회사에서 문제로 되었다.

이에 대해 종래는 수권자본제도의 취지를 어떻게 해석하느냐에 따라 결론이 달라지게 된다고 이해되었다. 즉, 수권자본제도를 수권주식수만큼의 주식발행을 이사회에 수권한 것이라고 생각하면, 이미 그 권한을 행사한 것이기 때문에 주식을 소각하더라도

---

28) 神田秀樹,「會社法[第11版]」, 弘文堂, 2009, 108面; 龍田節, 前揭書, 265面.

29) 社債株式振替法 第158條 第1項, 第2項, 第134條; 伊藤雄司,「會社法コメンタール 4－株式[2](山下友信 編)」, 商事法務, 2009, 135~136面.

그만큼 다시 주식을 발행할 수 없다고 해석된다.[30] 이에 대해 수권자본제도의 취지를 장차 신주발행에서 기존 주주의 지분비율 감소의 한계를 설정하는 것으로 생각하면, 주식소각에 의해서 감소한 발행주식총수만큼 새롭게 신주를 발행하는 것은 상관이 없다고 해석된다.[31]

2005년 개정전 상법 아래에서 통설은 사용하지 않은 발행가능주식이 부활하지 않는다는 것이었다.[32] 등기실무에서도 소각된 주식수만큼 발행주식총수가 감소하면 당연히(정관변경 절차 없이) 발행가능주식총수가 감소하고, 따라서 주식소각할 때에 발행주식총수의 변경등기(회사법 제911조 제3항 제9호, 제915조 제1항) 외에 발행가능주식총수의 변경등기도 요하는 것으로 하였다.[33]

그러나 회사법에서는 주주총회 결의를 거치지 않고 정관변경의 효력이 생기는 경우에 대해서 명문의 규정이 제정되고(회사법 제184조 제2항, 제191조, 제195조), 또한 다른 사실의 발생에 의해 정관변경이 이루어진 것으로 간주할 필요가 있는 경우에 대해서도 규정되었다(회사법 제112조 제1항, 제608조 제3항, 제610조). 그러므로 정관변경에 관한 이러한 특별한 규정이 없는 주식소각의 경우에는 정관기재사항인 발행가능주식총수는 감소하지 않는다.[34] 여기

30) 鈴木竹雄·石井照久, 「改正株式會社法解說」, 日本評論社, 1950, 314面; 鈴木竹雄·竹內昭夫, 「會社法[第3版]」, 有斐閣, 1994, 14面; 大隅健一郎·今井宏, 「會社法論·中[第3版]」, 有斐閣, 1992, 541面.

31) 神田秀樹, 前揭書, 125面; 矢沢惇, "株式の消却－特に償還株式について", 「松本先生古稀記念·企業法の諸問題」, 有斐閣, 1981, 162面.

32) 江頭憲治郎, 前揭書, 260面 註) 2.

33) 昭和27年3月28日民事甲227号民事局長通達; 昭和44·10·3 民事甲第2028号民事局長回答.

34) 相澤 哲·岩崎友彦, 前揭論文, 28面. 또한 자기주식의 소각의 경우에 소각한 주식수만큼 발행가능주식총수가 감소한다는 취지의 정관규정을 두는 것은 가

서 더 나아가 주식소각에 의해 감소한 발행주식총수만큼 그 후 발행가능주식총수가 증가하고 소각분에 해당하는 주식을 재발행할 수 있다는 유력한 견해도 제기된다.[35] 그러한 의미에서 발행가능주식총수는 회사가 발행할 수 있는 주식수의 상한이라기 보다는 기존 주주의 지주비율 감소의 하한을 획정하는 정관의 정함이라고 할 수 있다.[36] 더욱이 발행주식총수의 감소에 의해 공개회사에서 발행가능주식총수가 발행주식총수의 4배를 초과하더라도 상관없다.[37]

회사법이 이러한 종래의 통설을 폐기한 이유는 다음과 같이 설명된다. 즉, 종래 통설의 사고방식은 이사회가 주식소각과 재발행을 무한하게 반복할 수 있다고 하면 수권자본제도의 취지를 몰각하는 것으로 보기 때문이다. 그러나 회사법에서는 자기주식의 취득과 처분을 반복하는 것은 완전히 자유롭게 되었으며, 자기주식의 처분은 신주발행과 동일한 규율에 따르는 것으로 되었다.[38] 결국 주식소각과 재발행을 반복하는 것과 동일한 경제적 실질을 가지는 행위가 회사법 규정에 따르면서 적법하게 이루어지게 되었다. 따라서 종래와는 달리 주식소각과 재발행을 반복하는 것을 금지할 이유는 없다고 생각되어 종래의 통설을 폐기하였다.[39]

능하다(相澤哲·葉玉匡美·郡谷大輔, 「論点解説新·會社法」, 商事法務, 2006, 182面).

35) 江頭憲治郎, 前揭書, 260面.

36) 矢沢惇, 前揭論文, 162面.

37) 江頭憲治郎, 前揭書, 260面. 회사법 제113조 제3항은 '정관변경'에 의해 발행가능주식총수가 증가하는 경우만을 규제하고 있다.

38) 회사법 제199조 제1항. 2005년 개정전 상법에서는 자기주식의 처분과 신주발행은 달리 규정되었다.

39) 伊藤靖史, 前揭書, 467面.

4. '자기주식의 소각 후 신주발행'과 '보유하는 자기주식의 처분' 간의 차이점[40]

2001년 6월 개정상법은 자기주식의 취득을 자유화하고 그 취득한 자기주식을 회사가 영속적으로 보유하는 것을 인정하였다(금고주의 해금). 동시에 자기주식의 처분에도 신주발행과 동등한 절차를 거칠 것을 요구하였다. 회사법에서도 이를 수용하고 자기주식의 처분과 신주발행을 모집주식의 발행 등으로서 일괄하여 규정하고 있다.[41] 이러한 규제 아래에서는 자기주식을 소각한 후에 다시 신주발행을 하는 것과 회사가 보유하는 자기주식을 처분하는 것에는 실제상 차이는 거의 없다.

양자의 차이점으로는 첫째, 회계상의 차이점이다. 회사가 가지는 자기주식은 대차대조표상 주주자본의 공제항목으로서 계상된다(회사계산규칙 제76조 제2항 제5호). 자기주식을 소각한 경우 자기주식의 장부가격을 감액하고 대신에 기타자본잉여금을 감액하는 처리(기타자본잉여금이 마이너스인 경우에는 기타이익잉여금을 감액한다)가 된다.[42] 소각에 따라 주주자본 내부의 내역이 변할 따름이며 분배가능액에도 영향은 없다. 다만 회사가 보유하는 자기주식을 소각하지 않고 그 후 처분한 경우에 그 처분차익은 기타자본잉여금을 증가시키기 때문에 자기주식의 처분에 의해서 회사에 유입된 재산가액의 일부에는 배당구속력이 미치지 않을 가능성이 있지만, 회사가 자기주식을 소각한 후에 다시 신주발행을 한

40) 伊藤雄司, 前揭書, 134~135面.

41) 자기주식의 시장매각을 규정한 제179조는 중의원 심의과정에서 내부자거래 등을 우려하여 삭제되었다.

42) 企業會計基準委員會, 企業會計基準第1号 「自己株式及び準備金の額の減少等に關する會計基準」 11·12 [2002], 회사계산규칙 제24조 제2항·제3항.

경우에는 자본금 및 자본준비금을 증가시키기 때문에 유입한 재산가액의 전액에 대해 배당구속력이 미친다는 차이가 있다.

둘째, 강제집행 가능성 여부이다. 2005년 개정전 상법 아래에서는 회사가 보유하는 자기주식에 대해서는 채권자가 강제집행을 할 수 있다는 견해가 유력하였다.[43] 자기주식에 어떠한 자산성이 인정된다는 견해나, 자기주식이 '존재한다'고 하는 사고방식과 유사하다. 다만 이러한 귀결이 반드시 명확한 것은 아니며,[44] 이처럼 해석하는 실제상 의의도 없고 이러한 견해가 유지될 수 있을지도 명확하지 않다.[45]

---

43) 森本滋, "自己株式取得規制の改正－平成13年6月商法改正の評價",「金融法務事情」第1643号(2002), 60面; 江頭憲治郎 外 編,「改正會社法セミナー[株式編]」, 有斐閣, 2005, 107~108面.

44) 藤田友敬, "自己株式の法的地位",「商事法への提言－落合誠一先生還曆記念(小塚莊一郎·高橋美加 編)」, 商事法務, 2004, 97面.

45) 森本滋, "自己株式の取得規制",「金融法務事情」第1813号(2007), 15面은 자기주식의 처분이 회사법 아래에서 제약되고 있다는 것을 이유로 채권자에 의한 압류를 부정적으로 다루고 있다.

제4절 주식소각에 관한 2011년 개정상법의 검토

Ⅰ. 소각의 종류

개정상법은 주식소각을 i) 자본금 감소에 관한 규정에 따른 소각(제343조 제1항 본문)과 ii) 이사회의 결의에 의하여 회사가 보유하는 자기주식의 소각(제343조 제1항 단서)으로 구분하여 규정하고 있다.

1. 자본금 감소에 관한 규정에 의한 소각

(1) 의의

상법은 자본금 감소에 관한 규정[46]에 따라서만 주식을 소각할 수 있다고 규정하고 있다(제343조 제1항 본문). 2011년 개정전 상법은 자기주식의 취득사유 중 하나로 "주식을 소각하기 위한 때"를 규정하고 있었으나(개정전 제341조 제1호), 개정상법은 이를 삭제하였다. 이에 따라 소각을 위한 자기주식의 취득도 배당가능이익의 범위 내에서 이루어져야 한다(제341조 제1항). 개정상법 제343조 제1항 본문에서 "자본금 감소에 관한 규정에 따라서만 주식을 소각할 수 있다"는 것은 소각을 위해서는 원칙적으로 자본금 감소에 관한 절차에 따라 주주총회 특별결의와 채권자보호절차를 거쳐야 한다는 의미이다.[47]

---

46) 자본금감소에 관한 규정이란 주주총회의 결의에 관한 규정(제438조, 제439조 제1항), 채권자보호에 관한 규정(제439조 제2항·3항, 제232조), 주식병합의 절차에 관한 규정(제440조 내지 제442조), 단주처리에 관한 규정(제443조), 자본금감소무효의 소에 관한 규정(제445조 내지 제446조) 등을 말한다.

(2) 적용범위

상법 제343조 제1항 본문은 액면, 무액면주식을 가리지 않고 주식의 소각은 자본금 감소의 절차에 따라야 하는 것으로 규정하고 있다. 그러나 무액면주식을 발행하는 경우에는 발행가의 일부 또는 전부가 자본금에 계상된 후에는 발행주식총수와 자본금은 무관하게 존재하므로 이를 소각하더라도 자본금에는 영향이 없다. 물론 무액면주식을 소각하면서 자본금도 같이 감소할 수 있으나, 이는 무액면주식의 소각과 자본금 감소라는 별개의 현상이 병행하는 것에 불과하다.[48]

따라서 제343조 제1항 본문에 근거하여 자본금 감소에 관한 규정에 따라 주식소각을 하는 것은 소각의 결과 자본금이 감소하는 액면주식의 소각에만 해당한다고 보아야 한다.[49] 또한 무액면주식의 소각을 하면 그 발행가액 중 자본금으로 계상한 금액[50]이 감소하므로 자본금 감소에 관한 규정에 따라 소각하여야 할 것 같지만, 무액면주식은 일단 발행된 이후에는 주식수와 자본금이 연계되지 않는다. 따라서 무액면주식 발행회사의 자본금 감소는 주식의 소각·병합과 관계없이 주주총회 특별결의와 채권자보호절차에 따라 이루어진다.[51]

---

47) 임재연, 회사법Ⅰ, 573면; 한국상사법학회 편, 「주식회사법대계Ⅰ[제2판]」, 법문사, 2016, 1074면(오성근 집핍부분).

48) 이철송, 회사법강의, 438면.

49) 이철송, 회사법강의, 435면; 임재연, 회사법Ⅰ, 573면; 최준선, 「2011 개정상법 회사편 해설」, 한국상장회사협의회, 2011(이하 "2011년 개정상법 회사편 해설"이라 한다), 74면; 한국상사법학회 편, 전게서, 1075면(오성근 집필부분).

50) 회사가 무액면주식을 발행하는 경우 회사의 자본금은 주식 발행가액의 2분의 1 이상의 금액으로서 이사회에서 자본금으로 계상하기로 한 금액의 총액이다(제451조 제2항).

51) 임재연, 회사법Ⅰ, 573면.

무액면주식을 발행하는 회사가 자본금을 감소하는 방법이나 절차는 액면주식과 유사하다. 단순히 자본금의 액을 낮추는 방법과 발행주식총수를 줄이는 방법을 모두 사용할 수 있을 것이다. 주식소각으로 발행주식총수를 줄이는 방법을 사용하면서 그에 상응하는 자본금을 감소시킬 수 있다.[52]

2. 자기주식의 소각

(1) 소각규정의 적용범위

개정상법 제343조 제1항 단서를 이사회의 결의에 의하여 회사가 보유하는 자기주식을 소각하는 경우에는 자본금 감소절차에 따르지 않고 소각할 수 있도록 규정하고 있다. 상법은 이 단서조항의 적용을 받을 수 있는 대상을 정하고 있지 않기 때문에 그 적용범위가 문제된다.

1) 무액면주식

무액면주식은 상법 제341조 제1항 단서에 따라 배당가능이익으로 취득한 자기주식이든, 상법 제341조의2에 해당하여 특정목적(기본재산)으로 취득한 자기주식이든, 어느 것이나 이사회의 결의에 의해 소각할 수 있다(통설).[53]

2) 액면주식

액면주식이 제343조 제1항 단서에 의해 소각될 수 있는지 여부에 대해서는 학설이 대립한다. 제1설은 제343조 제1항 단서의 적

52) 송옥렬, 「상법강의[제8판]」, 홍문사, 2018, 897면.

53) 법무부 해설서의 경우에만 제341조 1항 단서의 적용범위를 배당가능이익으로 취득한 자기주식(무액면주식 및 액면주식 포함)으로 해석한다(법무부, 「상법 회사편 해설」, 2012, 120면).

용대상에는 무액면주식의 경우 제341조 제1항에 의해 취득하든 제341조의2에 의해 취득하든 모두 포함되는 반면, 액면주식은 포함되지 않는다고 보는 견해이다. 이 견해는 i) 액면주식을 발행한 경우에는 발행주식의 액면총액이 자본금을 구성하므로(제451조 제1항) 주식의 소각은 바로 자본금의 감소를 의미한다고 본다. 따라서 자본금의 감소는 주주와 채권자의 이해에 직결되는 문제인데, 이를 이사회의 결의만으로 실행할 수는 없다고 한다. ii) 상법 제343조 제1항 단서는 일본 회사법 제178조를 참고하면서 생긴 입법의 착오로 본다. 즉, 일본 회사법 아래에서는 무액면주식만 발행할 수 있으므로 동법 제178조가 자기주식을 이사회결의로 소각할 수 있다고 하는 것은 무액면주식인 자기주식을 이사회결의로 소각할 수 있다는 의미인데, 이를 간과한 데서 비롯된 오류로 본다.[54] 제1설에 대해서는 액면주식의 소각의 경우에도 배당가능이익에 의한 소각은 자본금 감소를 수반하지 않고, 다만 발행주식총수와 자본금 간에 괴리가 발생할 뿐이라는 통설의 입장에 부합하지 않는다는 비판이 제기된다.[55]

제2설은 제341조 제1항에 의해 배당가능이익으로 취득한 액면주식만 포함된다고 보는 견해이다.[56] 특정목적에 의해 취득한 자

54) 이철송, 회사법강의, 439면. 이 견해는 무액면주식에 대해서만 제343조 제1항 단서를 적용해야 하는 이유를 무액면주식의 경우 자기주식을 소각하더라도 주식의 수와 자본금이 연관을 갖지 않으므로 자본금에 영향에 없다고 한다. 또한 자기주식을 소각할 경우 회사의 발행주식총수가 감소하여 그 효과는 모든 주주에게 비례적으로 미치므로 주주에게 새로운 이해문제를 초래하지 않고, 소각하는 단계에서는 회사의 자산이 유출되는 것도 아니므로 회사채권자의 이해와도 무관하다고 한다.

55) 임재연, 회사법Ⅰ, 575면.

56) 법무부, 전게서, 120면; 한국상사법학회 편, 전게서, 1077면(오성근 집필부분); 임재연, 회사법Ⅰ, 575면; 정찬형, 「상법강의(상)[제21판]」, 박영사, 2018, 783

기주식은 취득할 때 재원규제가 없기 때문에 이를 포함할 경우 배당가능이익을 초월하여 자본금 감소절차 없이 주식을 소각하게 되어, 자본충실의 원칙에 반하고 채권자 보호절차도 취하지 않게 되는 문제가 있으므로 이사회결의로 소각할 수 없다고 보는 제2설이 타당하다고 본다.

제3설은 제341조 제1항 및 제341조의2에 의해 취득한 액면주식이 모두 포함된다고 보는 견해[57]이다. 그 근거로는 i) 회사재산의 유출은 자기주식을 취득할 때 이루어진 것이므로 회사채권자 보호는 소각시점이 아니라 취득시점에 절차가 진행되어야 한다는 것이다. ii) 취득시 채권자보호절차가 없는 경우는 상법이 채권자보호절차 없이 자본금을 반환할 수 있다고 정책적으로 규정한 것으로 본다.[58] iii) 자기주식의 소각은 자본금의 감소절차를 거치지 않고 이루어지므로, 자본금이 감소하지도 않고 채권자 보호절차가 필요하지도 않다. 특정목적에 의해 취득한 자기주식을 소각한다고 하더라도 소각시점에 회사재산이 추가로 유출되는 것도 아니다. 따라서 제341조 제1항 단서에 따른 소각은 자본금 감소절차에 따른 소각이 아니므로 취득한 액면주식을 소각하더라도 자본금이 감소하지 않고 소각시점에 추가적인 회사재산의 유출도 없다는 것이다.[59]

년 주) 4.

57) 권기범, 「현대회사법론[제7판]」, 삼영사, 2017(이하 "현대회사법론"이라 한다), 542~543면; 송옥렬, "2011년 개정 회사법의 해석상 주요쟁점 – 기업재무 분야를 중심으로 –" 「저스티스」 제127호(2011), 66면; 정동윤, 「상법(상)[제6판]」, 법문사, 2012, 528면; 최준선, 「회사법[제13판]」, 삼영사, 2018(이하 "회사법"이라 한다), 487면.

58) 송옥렬, 전게논문, 66면; 최준선, 회사법, 487면.

59) 정동윤, 전게서, 528면.

Ⅱ. 소각 관련 준용규정의 명확화

개정상법 제343조 제1항에서 현행 상법상 배당가능이익에 의한 이익소각 제도를 하나의 조문으로 통합하여 통일한 것은 타당한 입법이라고 본다. 이는 법률의 실질적 효과가 같을 경우 동일하게 규율한다는 현대 회사법의 경향을 반영한 것이다. 특히 개정상법 제341조 제1항에서 배당가능이익의 범위 내에서 자기주식의 취득을 자유화하였기 때문에 종래 자기주식의 취득이 제한적인 경우에 그 존재 의의가 있었던 이익소각 제도를 폐지한 것은 일관성이 있는 입법으로 본다.

개정상법 제343조 제2항은 자본감소에 의한 주식소각의 절차에 대하여 주식병합에 관한 규정 중 주권제출과 병합의 효력발생시기에 관한 제440조와 제441조를 준용하고 있다. 그러나 이 조항은 해석상 강제소각에 대해서만 적용되며, 주주와 회사간 계약에 따라 주로 매입하여 소각하는 방식인 임의소각에는 적용되지 않는다.[60)] 즉, 임의소각의 경우에는 회사가 정관에서 정하는 회수방법에 따라 자기주식을 취득한 후 지체없이 주식의 실효절차를 밟음으로써 그 효력이 발생하기 때문이다(상법 제341조 제1호, 제342조).[61)]

유상소각의 경우 단주가 생길 수 있는데 이는 주식병합에서의 단주처리 절차 규정(제443조 및 제444조)을 유추적용해야 할 것이다.[62)] 그러나 개정상법 제343조 제2항은 주식병합 절차 가운데 제440조와 제441조만을 준용할 뿐, 단주처리에 관한 제443조와

60) 권기범, 현대회사법론, 541면.

61) 권재열, "현행 상법상 주식소각제도의 문제점과 개선방안", 「상사법연구」 제29권 제3호(한국상사법학회, 2010), 60~61면.

62) 임재연, 회사법Ⅰ, 574면.

제444조를 제외하고 있는데, 이 조항들을 포함하여야 할 것이다. 이에 대해 실무가 단수를 설사하는 방법으로 처리하고 있기 때문에 이를 반영하여 준용대상에서 제외한 것으로 보는 견해[63]가 있지만, 준용규정을 명확하게 포함시켜 개정하는 것이 바람직하다고 본다.[64]

Ⅲ. 소각을 위하여 취득할 수 있는 주식수

2011년 개정전 상법은 주주총회 결의에 의한 주식소각의 경우에 총회결의에서 매수할 주식의 총수를 결의하도록 하고(개정전 제343조의2 제2항), 취득가액의 총액은 배당가능이익을 초과하지 못하도록 제한하고 있었으나(개정전 제343조의2 제3항), 취득할 수 있는 주식수에 대해서는 제한이 없었다. 이는 이익소각을 목적으로 자기주식을 취득하는 경우에는 지체없이 소각하여야 하였으므로(개정전 제342조 전단) 자기주식 보유로 인한 폐해가 발생할 우려가 없다는 데에 기인한 것이다.[65] 개정상법에서는 제343조의2를 삭제하고 이익소각 전체를 자기주식을 취득하여 소각하는 절차에 포함시켰으므로 개정전 상법상 제342조의2는 개정상법 제341조에 의하여 규율된다. 그런데 개정상법 제341조 제2항은 주주총회에서 취득할 수 있는 자기주식의 수를 결의하고, 취득재원에 대해서는 개정전 제343조의2 제3항과 마찬가지로 배당가능이익

63) 권기범, "주식소각에 의한 자본감소 소고", 「상법연구의 향기(정희철 교수 정년 20년 기념)」, 2004, 127면 주) 48.

64) 동지, 권재열, 전게논문, 61면.

65) 권종호, "2001년 개정상법 및 증권거래법상의 주식소각제도", 「현대상사법논집(우계 강희갑 박사 화갑기념), 2001, 125~126면.

으로 제한하고 있으나 취득할 수 있는 주식수를 제한하지 않으므로(제341조 제1항), 개정전처럼 발행주식총수의 소각이 문제된다.[66]

상장회사의 경우에는 주식소각의 결과 발행주식총수가 상장기준을 하회하게 되면 상장폐지사유가 되기 때문에 현실적으로 상장기준에 미달할 정도로 주식소각을 할 수 없을 것이다.[67] 그러나 비상장회사의 경우 이러한 제한이 없으므로 이론상 1주를 제외한 발행주식총수를 소각할 수 있다는 문제가 남는다. 이익소각은 배당가능이익으로 소각하는 것이기 때문에 자본금에 영향을 미치지 않고 따라서 채권자의 이해관계에도 영향을 미치지 않는다. 그러나 1주를 제외한 발행주식총수를 소각하면 실질적으로 회사를 해산하는 것과 마찬가지의 효과가 발생하게 되어 이익소각을 통하여 해산절차를 우회하는 결과를 초래하는데, 이는 상법이 예정하지 않은 효과이다.[68] 따라서 1주를 제외한 발행주식총수를 소각하는 문제를 해결하기 위해서 소각을 위하여 취득할 수 있는 주식수에 일정한 제한을 가하는 것이 타당하다고 본다.

Ⅳ. 소각에 의한 완전감자가 가능한가?

이러한 문제는 이사회 결의에 의한 소각뿐만 아니라 자본금감소에 의한 주식소각의 경우에도 동일하게 발생한다. 양자는 발행가능주식총수가 감소한다는 점에서는 동일하지만, 후자는 주식소

66) 권재열, 전게논문, 68~69면.

67) 권종호, "[토론요지] 자기주식의 이익소각제도에 대한 몇가지 시사점", 「비교사법」 제8권 제2호(한국비교사법학회, 2001), 45면.

68) 옥무석, "자기주식의 이익소각제도에 대한 몇가지 시사점", 「비교사법」 제8권 제2호(한국비교사법학회, 2001), 45면.

각으로 자본금이 감소한다는 점에 차이가 있다. 2009년 5월 상법 개정에 의해 최저자본금제도에 관한 규정(제329조 제1항)이 폐지되었고 상법상 1주당 금액은 100원 이상이어야 하므로(제329조 제4항), 이론상 자본금을 100원까지 감소시킬 수 있다.[69] 그러나 자본감소에 의한 주식소각의 경우에도 회사의 해산과 실질적으로 동일한 효과를 가져오는 완전감자는 허용되지 않는다고 본다.[70]

다만 완전감자와 동시에 신주발행을 하는 경우에는 이를 예외적으로 허용한다고 볼 필요성이 있다. 대법원 등기선례도 완전감자와 증자등기가 순차로 접수되고 그 사이에 효력 공백이 없는 경우에는 완전감자를 허용하고 있다.[71] 독일의 통설, 판례도 동일한 견해이다.[72] 일본회사법은 완전감자와 신주발행을 명문으로 인정하고 있다. 즉, 감소하는 자본금의 액은 자본감소의 효력발생일의 자본금의 액을 초과하지 못한다고 규정한다(회사법 제447조 제2항). 즉, 자본금의 액은 마이너스가 아닌 한 0으로까지 감소될 수 있으며, 기준시기가 주주총회 결의시가 아니라 자본감소의 효력발생일이라는 것이다. 예컨대, 회사가 자본금의 감소와 병행하여 모집주식의 발행절차를 진행한 경우에는 그 절차에 따라 증가한 자본금의 액이 감소한도액으로 된다.[73]

우리나라에서 완전감자와 동시에 신주발행을 허용하기 위해서는 상법에 근거규정을 두어 주주 전원의 동의를 요건으로 하고

69) 권재열, 전게논문, 57면.

70) 옥무석, 전게논문, 33면.

71) 대법원 등기선례 3402-795 (2001.12.7.).

72) 권기범, 전게논문, 93면.

73) 相澤 哲·岩崎友彦, "株式會社の計算等", 「商事法務」 第1746号(2005), 39面; 江頭憲治郎, 前揭書, 629~630面.

발행되는 신주는 구주주에게 배정을 의무화하여야 한다는 견해가 제기된다.[74] 이에 대해 현행법의 해석론으로도 가능하며 그 결의는 주주총회 특별결의로 족하다는 입장도 있다.[75] 생각건대, 완전감자 후 증자는 대부분 기업구조조정을 위한 목적으로 활용되는 점을 감안하여 현행법의 해석론으로도 가능하게 하고, 그 결의요건도 주주총회 특별결의로 하는 것이 타당하다고 본다. 또한 주주에게 신주인수권이 보장되므로 신주배정에 관한 별도의 규율은 필요 없을 것이다.

V. 주식소각으로 소멸된 주식의 재발행

한편 주식소각으로 소멸된 주식을 재발행할 수 있는지 여부가 문제된다. 2011년 개정전 상법상 통설은 자기주식 취득에 대한 이사회의 수권은 최초로 주식을 발행할 때 이미 사용하였으므로, 재발행을 허용하는 것은 이사(이사회)에게 무한의 수권을 하는 것으로 보아 소각된 주식분의 재발행을 허용하지 않았다. 그러나 일본의 경우 2001년 자기주식 취득을 자유화하면서 이러한 수권자본제도에 대한 기존의 인식을 수정하였다. 즉, 수권자본제도는 주주의 지주비율 감소의 한계를 정하는 기준으로 보아 이러한 수권범위 내에서라면 재발행은 제한없이 허용된다고 보았다. 이를 통하여 기업의 재무전략적 탄력성을 높일 수 있게 되었다. 우리나라의 경우에도 2011년 개정상법에서 배당가능이익의 범위 내

74) 염춘필, "자본감소절차 및 등기실무에서 발생하는 제문제－사례별 실무내용 소개와 검토의견을 중심으로－", 「법무사저널」 2008년 11월·12월호, 서울지방법무사협회, 97면; 권재열, 전게논문, 58~59면.

75) 권기범, 전게논문, 92~93면.

에서 자기주식 취득을 자유화하고 있는 만큼 수권자본제도에 대한 인식을 수정하여 기업들이 탄력적으로 재무전략을 활용할 수 있도록 할 필요가 있다고 본다.[76]

76) 이철송, 회사법강의, 441~442면.

제5절 소결

2011년 개정상법은 자기주식취득 제도를 자본시장법과 마찬가지로 배당가능이익의 내에서 자유화하면서 이익소각 제도를 철폐하고 자기주식의 취득 및 소각이라는 개념으로 통일하였다. 이는 법률관계의 실체를 반영한 타당한 입법이라고 본다.

그러나 자기주식의 취득방법을 규정한 제341조 제1항 제2호는 대통령령에 위임하는 형식을 취하고 있으나 이는 너무 광범위한 위임입법으로 생각된다. 동 조항에서 보다 더 구체적인 자기주식의 취득방법을 규정하는 것이 타당하다고 본다. 즉, i) 회사와 주주 간에 합의에 의한 취득이나, ii) 특정한 주주로부터 취득하는 방법에 대한 기본적인 사항을 상법에서 규정하고 구체적인 내용을 시행령에 위임하는 것이 타당하다고 본다.

자기주식의 처분제도에 대해서 2011년 개정상법은 처분시기, 처분절차나 요건에 대하여 규정하지 않고 있다. '자기주식의 취득 및 처분'은 '주식의 소각과 신주발행'에 유사한 기능을 가지게 되므로, 자기주식의 처분이 신주발행이라는 번거로운 절차를 회피하는 수단으로 악용될 우려가 있다. 그러나 일본처럼 신주발행절차에 따르는 경우 자기주식 처분을 통하여 기동적인 재무전략을 실행하는데 걸림돌이 될 것으로 전망된다. 따라서 이러한 기업의 재무전략적인 신축성과 기존 주주의 지주비율의 유지라는 목적을 동시에 달성할 수 있도록 독일처럼 자기주식의 처분에 대하여 주식평등의 원칙에 입각하여 처분하도록 하는 규정을 두는 것이 타당하다.

주식소각을 하면서 유상으로 소각하는 경우 단주가 생길 수 있는데 이는 주식병합에서의 단주처리 절차(상법 제443조 및 제444조)에 따라야 할 것이다. 그러나 개정상법 제343조 제2항은 주식병합 절차 가운데 제440조와 제441조만을 준용하고 있는데, 단주처리에 관한 조항들을 포함시켜야 한다. 한편 주식소각으로 소멸된 주식을 재발행할 수 있는지 여부가 문제된다. 개정전 상법상 통설은 자기주식 취득에 대한 이사회의 수권은 최초로 주식을 발행할 때 이미 사용하였으므로, 재발행을 허용하는 것은 이사(이사회)에게 무한의 수권을 하는 것으로 보아 소각된 주식분의 재발행을 허용하지 않는 것이었다. 그러나 자기주식 취득을 자유화하는 경우 수권자본제도는 주주의 지주비율 감소의 한계를 정하는 기준으로 보아 이러한 수권범위 내에서라면 재발행은 제한없이 허용된다고 보는 것이 타당하다.

제6장

결 론

우리나라 상법이 2011년 개정에서 배당가능이익에 의한 자기주식의 취득을 자유화하고 2015년 개정에서는 기업구조조정 과정에서 자기주식의 이전에 관해 규정함에 따라 자기주식이 기업의 재무전략에 탄력적으로 활용되고 있다. 그러나 자기주식의 공정한 처분에 관한 규정이 마련되지 않고, 기업구조조정 과정에서 지배주주가 자기주식을 활용하여 지분확대를 도모하는 폐단이 발생하는 등 그 부작용도 나타나고 있다. 자기주식 제도의 운용은 기업의 재무전략을 지원하면서도 주주의 비례적 지분에 영향을 미치지 않도록 하는 것이 글로벌 스탠더드에 부합한다고 본다. 특히 외국인 기관투자자가 우리나라 기업들이 기업구조조정 과정에서 자기주식을 활용하여 지배주주의 지분을 실질적으로 확대하는데 대하여 강한 불만을 표출하고 있는 점은 시사적이라 본다.

이러한 논의의 출발점으로서 제2장은 상법상 자기주식 제도를 논의하였다. 자기주식 제도의 의의 및 규제 동향을 분석하고 2011년 개정전 상법상 자기주식 제도의 내용 및 문제점을 논의하였다. 또한 자기주식에 관한 입법례로서 미국, 유럽연합, 영국, 독일, 일본의 제도를 검토하였다. 또한 2011년 개정상법상 자기주식 제도의 변경내용을 자기주식의 취득과 처분으로 구분하여 고찰하였다.

2011년 개정상법은 자기주식의 취득에 대해서는 취득방법이나 취득절차에 관해 자세하게 규정하고 있으나, 자기주식의 처분에 대해서 처분시기, 처분절차나 요건에 대하여 규정하지 않고 있다. 이에 따라 '자기주식의 취득 및 처분'은 '주식의 소각 및 신주발행'과 유사한 기능을 가지게 되므로, 자기주식의 처분이 신주발행이라는 번거로운 절차를 회피하는 수단으로 악용될 우려가 있다. 그러나 일본처럼 신주발행절차에 따르는 경우 자기주식 처분을 통하여 기동적인 재무전략을 실행하는데 걸림돌이 될 것으로 전망된다. 따라서 이러한 기업의 재무전략적인 신축성과 기존 주주의 지주비율의 유지라는 목적을 동시에 달성할 수 있도록 독일처럼 자기주식의 처분에 대하여 주식평등의 원칙에 입각하여 처분하도록 하는 규정을 두는 것이 타당하다.

제3장은 자본시장법상 자기주식 취득 및 처분에 관한 특례를 분석하였다. 우선 자기주식 제도에 관한 2013년 개정 자본시장법의 주요 내용을 검토하고, 자기주식 취득의 특례를 취득방법, 취득재원, 취득절차 등으로 구분하여 논의하였다. 자기주식의 처분에 대해서는 처분방법, 처분절차, 매도주문의 방법 등의 관점에서 고찰하였다. 그 이외에 자기주식 취득 또는 처분의 금지기간, 자기주식의 법적 지위에 관해서 다루었다.

제4장은 자기주식의 활용을 논의하였다. 우선 경영권 방어국면에서 자기주식을 활용하는 문제를 분석하고, 기업조직개편 과정에서 자기주식을 활용하는 방법을 검토하였다. 합병, 분할, 주식의 포괄적 교환 및 이전의 경우 자기주식을 활용하는데 있어서 제기되는 법적 쟁점을 분석하였다.

자기주식의 처분거래가 경영권 분쟁 중에 이루어지는 경우에는 처분거래의 적법성 뿐만 아니라, 방어행위의 적법성이 문제될 수 있다. 즉, 자기주식을 지배주주의 우호세력에게 처분하면 이는 우호세력에 대해 신주를 제3자에게 배정한 것과 같은 효과가 발생하게 된다. 이처럼 자기주식의 처분이 경영권을 방어하기 위한 목적으로 사용된 경우 처분거래의 유효성 뿐만 아니라, 다른 경영권 방어조치에 대한 사법심사와 마찬가지로 경영권 방어행위의 적법요건도 동시에 검토하여야 할 것이다.

기업조직개편 과정에서 자기주식은 두 가지 측면에서 문제된다. 첫째, 상법상 자기주식의 취득 규제와 관련하여 기업조직개편 과정에서 자기주식의 처리가 문제된다. 둘째, 대가의 유연화와 관련하여 원활한 기업구조개편을 위하여 자기주식을 어떻게 활용할 것인지가 문제된다.

합병의 경우 합병당사회사가 자기주식이나 상대방 회사의 주식을 보유하고 있는 상태에서 합병을 한 때 이러한 주식의 처리를 어떻게 해야 하는지가 쟁점이다. 우선 자기주식의 취득 규제는 소멸회사의 주식과 관련된다. 소멸회사의 자기주식이나 존속회사가 보유하는 소멸회사의 주식에 대하여 존속회사의 주식을 배정하는 경우 존속회사는 합병을 통해 자기주식을 취득하는 결과가 되므로 자기주식의 취득 규제와 충돌이 문제될 수 있을 것이다. 대가의 유연화는 존속회사의 주식과 관련되는데, 합병대가로 존속회사의 자기주식이나 소멸회사가 보유한 존속회사의 주식을 소멸회사의 주주에게 배정할 수 있다면 소규모합병이 용이해 진다.

소멸회사가 자기주식을 보유한 경우 합병신주를 배정할 수 있는지 여부에 대해 외국의 입법례에 비추어 부정하는 것이 타당하다. 존속회사가 보유한 소멸회사의 주식(포합주식)에 대해 판례는 당사자가 합병신주의 배정여부를 선택할 수 있다고 보지만, 역시 부정하는 것이 타당하다. 소멸회사가 보유하는 존속회사의 주식을 합병대가로 소멸회사의 주주에게 교부할 수 있는지 여부에 대해서는 이를 긍정하는 것이 타당하다.

제5장은 주식소각 제도를 검토하였다. 우선 2011년 상법 개정 전 주식소각 제도의 내용 및 문제점을 논의하고, 2011년 개정상법상 주식소각 제도를 분석하였다. 또한 주식소각에 관한 입법례로서 미국, 유럽, 영국, 독일, 일본의 제도에 관하여 다루었다. 또한 2011년 개정상법상 주식소각 제도상 문제되는 쟁점에 대해서도 논의하였다.

주식소각을 하면서 유상으로 소각하는 경우 단주가 생길 수 있는데 이는 주식병합에서의 단주처리 절차(제443조 및 제444조)에 따라야 할 것이다. 그러나 개정상법 제343조 제2항은 주식병합 절차 가운데 제440조와 제441조만을 준용하고 있는데, 단주처리에 관한 조항들을 포함시켜야 한다. 한편 주식소각으로 소멸된 주식을 재발행할 수 있는지 여부가 문제된다. 개정전 상법상 통설은 자기주식 취득에 대한 이사회의 수권은 최초로 주식을 발행할 때 이미 사용하였으므로, 재발행을 허용하는 것은 이사(이사회)에게 무한의 수권을 하는 것으로 보아 소각된 주식분의 재발행을 허용하지 않는 것이었다. 그러나 자기주식 취득을 자유화하는 경우 수권자본제도는 주주의 지주비율 감소의 한계를 정하는 기준으로 보아 이러한 수권범위 내에서라면 재발행은 제한없이 허용된다고 보는 것이 타당하다.

부 록

- 자기주식 관련 법령
- 참고문헌
- 찾아보기

자기주식 관련 법령

상 법

제341조(자기주식의 취득) ① 회사는 다음의 방법에 따라 자기의 명의와 계산으로 자기의 주식을 취득할 수 있다. 다만, 그 취득가액의 총액은 직전 결산기의 대차대조표상의 순자산액에서 제462조 제1항 각 호의 금액을 뺀 금액을 초과하지 못한다.

1. 거래소에서 시세(時勢)가 있는 주식의 경우에는 거래소에서 취득하는 방법
2. 제345조 제1항의 주식의 상환에 관한 종류주식의 경우 외에 각 주주가 가진 주식 수에 따라 균등한 조건으로 취득하는 것으로서 대통령령으로 정하는 방법

② 제1항에 따라 자기주식을 취득하려는 회사는 미리 주주총회의 결의로 다음 각 호의 사항을 결정하여야 한다. 다만, 이사회의 결의로 이익배당을 할 수 있다고 정관으로 정하고 있는 경우에는 이사회의 결의로써 주주총회의 결의를 갈음할 수 있다.

1. 취득할 수 있는 주식의 종류 및 수
2. 취득가액의 총액의 한도
3. 1년을 초과하지 아니하는 범위에서 자기주식을 취득할 수 있는 기간

③ 회사는 해당 영업연도의 결산기에 대차대조표상의 순자산액이 제462조 제1항 각 호의 금액의 합계액에 미치지 못할 우려가 있는 경우에는 제1항에 따른 주식의 취득을 하여서는 아니 된다.

④ 해당 영업연도의 결산기에 대차대조표상의 순자산액이 제462조 제1항 각 호의 금액의 합계액에 미치지 못함에도 불구하고 회사가 제1항에 따라 주식을 취득한 경우 이사는 회사에 대하여 연대하여 그 미치지 못한 금액을 배상할 책임이 있다. 다만, 이사가 제3항의 우려가 없다고 판단하는 때에 주의를 게을리하지 아니하였음을 증명한 경우에는 그러하지 아니하다.

제341조의2(특정목적에 의한 자기주식의 취득) 회사는 다음 각 호의 어느 하나에 해당하는 경우에는 제341조에도 불구하고 자기의 주식을 취득할

수 있다.

1. 회사의 합병 또는 다른 회사의 영업전부의 양수로 인한 경우
2. 회사의 권리를 실행함에 있어 그 목적을 달성하기 위하여 필요한 경우
3. 단주(端株)의 처리를 위하여 필요한 경우
4. 주주가 주식매수청구권을 행사한 경우

제341조의3(자기주식의 질취) 회사는 발행주식총수의 20분의 1을 초과하여 자기의 주식을 질권의 목적으로 받지 못한다. 다만, 제341조의2 제1호 및 제2호의 경우에는 그 한도를 초과하여 질권의 목적으로 할 수 있다.

제342조(자기주식의 처분) 회사가 보유하는 자기의 주식을 처분하는 경우에 다음 각 호의 사항으로서 정관에 규정이 없는 것은 이사회가 결정한다.

1. 처분할 주식의 종류와 수
2. 처분할 주식의 처분가액과 납입기일
3. 주식을 처분할 상대방 및 처분방법

제342조의2(자회사에 의한 모회사주식의 취득) ① 다른 회사의 발행주식의 총수의 100분의 50을 초과하는 주식을 가진 회사(이하 "母會社"라 한다)의 주식은 다음의 경우를 제외하고는 그 다른 회사(이하 "子會社"라 한다)가 이를 취득할 수 없다.

1. 주식의 포괄적 교환, 주식의 포괄적 이전, 회사의 합병 또는 다른 회사의 영업전부의 양수로 인한 때
2. 회사의 권리를 실행함에 있어 그 목적을 달성하기 위하여 필요한 때

② 제1항 각호의 경우 자회사는 그 주식을 취득한 날로부터 6월 이내에 모회사의 주식을 처분하여야 한다.

③ 다른 회사의 발행주식의 총수의 100분의 50을 초과하는 주식을 모회사 및 자회사 또는 자회사가 가지고 있는 경우 그 다른 회사는 이 법의 적용에 있어 그 모회사의 자회사로 본다.

제342조의3(다른 회사의 주식취득) 회사가 다른 회사의 발행주식총수의 10분의 1을 초과하여 취득한 때에는 그 다른 회사에 대하여 지체없이 이를 통지하여야 한다.

제343조(주식의 소각) ① 주식은 자본금 감소에 관한 규정에 따라서만 소각

(消却)할 수 있다. 다만, 이사회의 결의에 의하여 회사가 보유하는 자기주식을 소각하는 경우에는 그러하지 아니하다.

② 자본금감소에 관한 규정에 따라 주식을 소각하는 경우에는 제440조 및 제441조를 준용한다.

제343조의2 삭제 <2011.4.14.>

상법시행령

제9조(자기주식 취득 방법의 종류 등) ① 법 제341조 제1항 제2호에서 "대통령령으로 정하는 방법"이란 다음 각 호의 어느 하나에 해당하는 방법을 말한다.

1. 회사가 모든 주주에게 자기주식 취득의 통지 또는 공고를 하여 주식을 취득하는 방법
2. 「자본시장과 금융투자업에 관한 법률」 제133조부터 제146조까지의 규정에 따른 공개매수의 방법

② 자기주식을 취득한 회사는 지체 없이 취득 내용을 적은 자기주식 취득내역서를 본점에 6개월간 갖추어 두어야 한다. 이 경우 주주와 회사채권자는 영업시간 내에 언제든지 자기주식 취득내역서를 열람할 수 있으며, 회사가 정한 비용을 지급하고 그 서류의 등본이나 사본의 교부를 청구할 수 있다.

제10조(자기주식 취득의 방법) 회사가 제9조 제1호에 따라 자기주식을 취득하는 경우에는 다음 각 호의 기준에 따라야 한다.

1. 법 제341조 제2항에 따른 결정을 한 회사가 자기주식을 취득하려는 경우에는 이사회의 결의로써 다음 각 목의 사항을 정할 것. 이 경우 주식 취득의 조건은 이사회가 결의할 때마다 균등하게 정하여야 한다.
   가. 자기주식 취득의 목적
   나. 취득할 주식의 종류 및 수
   다. 주식 1주를 취득하는 대가로 교부할 금전이나 그 밖의 재산(해당 회사의 주식은 제외한다. 이하 이 조에서 "금전등"이라 한다)의 내용 및 그 산정 방법
   라. 주식 취득의 대가로 교부할 금전등의 총액
   마. 20일 이상 60일 내의 범위에서 주식양도를 신청할 수 있는 기간

(이하 이 조에서 "양도신청기간"이라 한다)

바. 양도신청기간이 끝나는 날부터 1개월의 범위에서 양도의 대가로 금전등을 교부하는 시기와 그 밖에 주식 취득의 조건

2. 회사는 양도신청기간이 시작하는 날의 2주 전까지 각 주주에게 회사의 재무 현황, 자기주식 보유 현황 및 제1호 각 목의 사항을 서면으로 또는 각 주주의 동의를 받아 전자문서로 통지할 것. 다만, 회사가 무기명식의 주권을 발행한 경우에는 양도신청기간이 시작하는 날의 3주 전에 공고하여야 한다.
3. 회사에 주식을 양도하려는 주주는 양도신청기간이 끝나는 날까지 양도하려는 주식의 종류와 수를 적은 서면으로 주식양도를 신청할 것
4. 주주가 제3호에 따라 회사에 대하여 주식 양도를 신청한 경우 회사와 그 주주 사이의 주식 취득을 위한 계약 성립의 시기는 양도신청기간이 끝나는 날로 정하고, 주주가 신청한 주식의 총수가 제1호나 목의 취득할 주식의 총수를 초과하는 경우 계약 성립의 범위는 취득할 주식의 총수를 신청한 주식의 총수로 나눈 수에 제3호에 따라 주주가 신청한 주식의 수를 곱한 수(이 경우 끝수는 버린다)로 정할 것

자본시장법

제165조의3(자기주식 취득 및 처분의 특례) ① 주권상장법인은 다음 각 호의 방법으로 자기주식을 취득할 수 있다.

1. 「상법」 제341조 제1항에 따른 방법
2. 신탁계약에 따라 자기주식을 취득한 신탁업자로부터 신탁계약이 해지되거나 종료된 때 반환받는 방법(신탁업자가 해당 주권상장법인의 자기주식을 「상법」 제341조 제1항의 방법으로 취득한 경우로 한정한다)

② 제1항의 경우 자기주식의 취득가액의 총액은 「상법」 제462조 제1항에 따른 이익배당을 할 수 있는 한도 이내이어야 한다.

③ 주권상장법인은 제1항의 방법 또는 「상법」 제341조 제1항 각 호의 어느 하나에 해당하는 방법으로 자기주식을 취득하는 경우에는 같은 조 제2항에도 불구하고 이사회의 결의로써 자기주식을 취득할 수 있다.

④ 주권상장법인은 제1항에 따라 자기주식을 취득(자기주식을 취득하기로 하는 신탁업자와의 신탁계약의 체결을 포함한다)하거나 이에 따라

취득한 자기주식을 처분(자기주식을 취득하기로 하는 신탁업자와의 신탁계약의 해지를 포함한다)하는 경우에는 대통령령으로 정하는 요건·방법 등의 기준에 따라야 한다.

자본시장법시행령

제176조의2(자기주식의 취득·처분기준) ① 주권상장법인이 법 제165조의3에 따라 자기주식을 취득 또는 처분하거나 신탁계약을 체결 또는 해지하려는 경우 이사회는 다음 각 호의 사항을 결의하여야 한다. 다만, 주식매수선택권의 행사에 따라 자기주식을 교부하는 경우와 신탁계약의 계약기간이 종료한 경우에는 그러하지 아니하다.

1. 법 제165조의3 제1항 제1호에 따라 자기주식을 취득 또는 처분하려는 경우에는 취득 또는 처분의 목적·금액 및 방법, 주식의 종류 및 수, 그 밖에 금융위원회가 정하여 고시하는 사항
2. 법 제165조의3 제1항 제2호에 따른 신탁계약을 체결 또는 해지하려는 경우에는 체결 또는 해지의 목적·금액, 계약기간, 그 밖에 금융위원회가 정하여 고시하는 사항

② 주권상장법인은 다음 각 호의 어느 하나에 해당하는 기간 동안에는 법 제165조의3에 따른 자기주식의 취득 또는 처분 및 신탁계약의 체결 또는 해지를 할 수 없다.

1. 다른 법인과의 합병에 관한 이사회 결의일부터 과거 1개월간
2. 유상증자의 신주배정에 관한 기준일(일반공모증자의 경우에는 청약일) 1개월 전부터 청약일까지의 기간
3. 준비금의 자본전입에 관한 이사회 결의일부터 신주배정기준일까지의 기간
4. 제205조 제1항 제5호에 따른 시장조성을 할 기간
5. 법 제174조 제1항에 따른 미공개중요정보가 있는 경우 그 정보가 공개되기 전까지의 기간
6. 처분(신탁계약의 해지를 포함한다) 후 3개월간 또는 취득(신탁계약의 체결을 포함한다) 후 6개월간. 다만, 다음 각 목의 어느 하나에 해당하는 경우에는 그러하지 아니하다.
   가. 임직원에 대한 상여금으로 자기주식을 교부하는 경우
   나. 주식매수선택권의 행사에 따라 자기주식을 교부하는 경우

다. 법 제165조의3 제2항에 따른 한도를 초과하는 자기주식을 처분하는 경우

라. 임직원에 대한 퇴직금·공로금 또는 장려금 등으로 자기주식을 지급(「근로복지기본법」에 따른 사내근로복지기금에 출연하는 경우를 포함한다)하는 경우

마. 「근로복지기본법」 제2조 제4호에 따른 우리사주조합에 처분하는 경우

바. 법령 또는 채무이행 등에 따라 불가피하게 자기주식을 처분하는 경우

사. 「공기업의 경영구조개선 및 민영화에 관한 법률」의 적용을 받는 기업이 민영화를 위하여 그 기업의 주식과의 교환을 청구할 수 있는 교환사채권을 발행하는 경우

아. 국가 또는 「예금자보호법」에 따른 예금보험공사로부터 자기주식을 취득한 기업이 그 주식과 교환을 청구할 수 있는 교환사채권을 발행하는 경우(자목의 경우는 제외한다). 이 경우 교환의 대상이 되는 자기주식의 취득일부터 6개월이 지난 후에 교환을 청구할 수 있는 교환사채권만 해당한다.

자. 아목에 따른 기업이 교환사채권을 해외에서 발행하는 경우로서 자기주식을 갈음하여 발행하는 증권예탁증권과 교환을 청구할 수 있는 교환사채권을 발행하는 경우

차. 자기주식의 취득일부터 금융위원회가 정하여 고시하는 기간이 경과한 후 자기주식을 기초로 하는 증권예탁증권을 해외에서 발행하기 위하여 자기주식을 처분하는 경우

카. 법 제165조의3 제1항 제2호에 따라 자기주식을 취득하는 경우

③ 주권상장법인이 법 제165조의3 제1항 및 제2항에 따라 자기주식을 취득하려는 경우에는 법 제391조에 따라 이사회 결의 사실이 공시된 날의 다음 날부터 3개월 이내에 금융위원회가 정하여 고시하는 방법에 따라 증권시장에서 자기주식을 취득하여야 한다.

④ 이 조를 적용할 때 주권상장법인이 「상법」 제469조 제2항 제2호에 따라 소유하고 있는 상장증권 중 자기주식을 교환대상으로 하거나 자기주식으로 상환하는 사채권을 발행한 경우에는 그 사채권을 발행하는 때에 자기주식을 처분한 것으로 본다.

⑤ 주권상장법인이 금전의 신탁계약에 따라 신탁업자에게 자기주식을 취

득하게 한 경우 제2항 제1호부터 제5호까지의 어느 하나에 해당하는 기간이 개시되는 때에는 지체 없이 그 신탁업자에게 그 기간이 개시된다는 사실을 통보하여야 한다.

제176조의3 삭제 <2013.7.5.>

제176조의4 삭제 <2013.7.5.>

증권의 발행 및 공시 등에 관한 규정

제5-1조(자기주식취득·처분에 관한 이사회결의 사항) 주권상장법인이 영 제176조의2 제1항 제1호에 따라 이사회결의를 거쳐야 할 사항은 다음 각 호와 같다.

1. 취득의 경우
   가. 취득의 목적
   나. 취득예정금액
   다. 주식의 종류 및 수
   라. 취득하고자 하는 주식의 가격
   마. 취득방법
   바. 취득하고자 하는 기간
   사. 취득 후 보유하고자 하는 예상기간
   아. 취득을 위탁할 투자중개업자의 명칭
   자. 그 밖에 투자자 보호를 위하여 필요한 사항
2. 처분의 경우
   가. 처분목적
   나. 처분예정금액
   다. 주식의 종류 및 수
   라. 처분하고자 하는 주식의 가격
   마. 처분방법
   바. 처분하고자 하는 기간
   사. 처분을 위탁할 투자중개업자의 명칭
   아. 그 밖에 투자자 보호를 위하여 필요한 사항

제5-2조(신탁계약에 의한 자기주식취득·처분에 관한 이사회결의 사항) 주권상장법인이 영 제176조의2 제1항 제2호에 따라 이사회결의를 거쳐야 할 사항은 다음 각 호와 같다.

1. 신탁계약의 체결의 경우
   가. 체결목적
   나. 체결금액
   다. 계약일자 및 계약기간
   라. 계약을 체결하고자 하는 신탁업자의 명칭
   마. 그 밖에 투자자 보호를 위하여 필요한 사항
2. 신탁계약의 해지(일부해지를 포함한다. 이하 같다)의 경우
   가. 해지목적
   나. 해지금액
   다. 해지일자
   라. 해지할 신탁업자의 명칭
   마. 그 밖에 투자자 보호를 위하여 필요한 사항

제5-3조(증권예탁증권 발행을 위한 자기주식의 처분제한기간) 영 제176조의2 제2항 제6호 차목에서 "금융위원회가 정하여 고시하는 기간"이라 함은 자기주식취득일로부터 제5-8조에 따른 자기주식의 취득에 관한 결과보고서(이하 "취득결과보고서"라 한다)를 제출한 날까지의 기간을 말한다.

제5-4조(자기주식의 취득기간등) ① 주권상장법인은 취득결과보고서를 제출한 경우에 한하여 자기주식 취득에 관하여 새로운 이사회 결의를 할 수 있으며, 영 제176조의2 제3항에 따른 기간 이내에 결의한 취득신고주식수량을 모두 취득하지 못한 경우에는 해당 취득기간 만료 후 1월이 경과하여야 새로운 이사회 결의를 할 수 있다. 다만, 보통주를 취득하기 위하여 취득에 관한 이사회 결의를 하였으나 다시 「상법」 제344조의3 제1항에 따른 의결권 없거나 제한되는 주식을 취득하고자 하는 경우에는 후단의 규정을 적용하지 아니한다.

② 주권상장법인이 주식매수선택권 행사에 따라 자기주식을 교부하기 위하여 자기주식을 취득하고자 하는 경우로서 다음 각 호의 요건을 충족하는 경우에는 제1항 전단의 규정에 불구하고 자기주식 취득에 관하여 새로운 이사회 결의를 할 수 있다.

1. 종전의 이사회결의에 따른 자기주식 취득이 주식매수선택권의 행사

에 따라 자기주식을 교부하는 것을 목적으로 하지 않을 것

2. 새로운 이사회 결의일 현재 주식매수선택권의 행사가능일이 이미 도래하였거나 행사가능일이 3월 이내에 도래하는 경우로서 주식매수선택권 행사에 따라 자기주식을 교부하기로 한 수량 이내에서 취득할 것. 이 경우 해당 주권상장법인은 그 사실을 입증할 수 있는 서류를 법 제161조에 따른 주요사항보고서에 첨부하여야 한다.

③ 주권상장법인이 주식매수선택권의 행사에 따라 교부할 목적으로 취득하고 있는 자기주식은 해당 취득에 대한 취득결과보고서 제출전이라도 이를 취득목적에 따라 교부할 수 있다. 이 경우 교부된 자기주식은 제5-9조 제3항 및 제5-11조 제1항의 규정을 적용함에 있어 취득결과보고서 제출시점까지는 처분되지 않은 것으로 본다.

제5-5조(자기주식의 취득을 위한 매수주문의 방법) ① 법 제165조의3에 따라 주권상장법인이 「상법」 제341조 제1항 제1호의 방법으로 자기주식을 취득하기 위하여 매수주문을 하고자 할 때에는 다음 각 호의 방법에 따라야 한다.

1. 거래소가 정하는 바에 따라 장개시 전에 매수주문을 하는 경우 그 가격은 전일의 종가와 전일의 종가를 기준으로 100분의 5 높은 가격의 범위 이내로 하며, 거래소가 정하는 정규시장의 매매거래시간 중에 매수주문(정정매수주문을 포함한다. 이하 같다)을 하는 경우 그 가격은 법 제393조 제1항에 따른 거래소의 증권시장업무규정에서 정하는 가격의 범위 이내로 할 것. 이 경우 매매거래시간 중 매수주문은 거래소가 정하는 정규시장이 종료하기 30분전까지 제출하여야 한다.

   가. <삭제 2016.6.28>

   나. <삭제 2016.6.28>

2. 1일 매수주문수량은 취득신고주식수 또는 이익소각신고주식수의 100분의 10에 해당하는 수량과 이사회결의일 전일을 기산일로 하여 소급한 1개월간의 일평균거래량의 100분의 25에 해당하는 수량 중 많은 수량 이내로 할 것. 다만, 그 많은 수량이 발행주식총수의 100분의 1에 해당하는 수량을 초과하는 경우에는 발행주식총수의 100분의 1에 해당하는 수량 이내로 할 것

3. 매수주문일 전일의 장 종료 후 즉시 제4호의 규정에 의한 위탁 투

자중개업자로 하여금 1일 매수주문수량등을 거래소에 신고하도록 할 것

4. 매수주문 위탁 투자중개업자를 1일 1사로 할 것(자기주식 취득 또는 이익소각에 관한 이사회결의상의 취득기간 중에 매수주문을 위탁하는 투자중개업자는 5사를 초과할 수 없다)

② 주권상장법인이 다음 각 호의 어느 하나에 해당하는 경우에는 제1항 제1호 및 제2호에 불구하고 거래소가 정하는 시간외 대량매매의 방법에 따라 자기주식을 취득할 수 있다.

1. 정부, 한국은행, 예금보험공사, 한국산업은행, 중소기업은행, 한국수출입은행 및 정부가 납입자본금의 100분의 50 이상을 출자한 법인으로부터 자기주식을 취득하는 경우
2. 정부가 주권상장법인의 자기주식 취득과 관련하여 공정경쟁 촉진, 공기업 민영화등 정책목적 달성을 위하여 허가·승인·인가 또는 문서에 의한 지도·권고를 하고 금융위에 요청한 경우로서 금융위가 투자자보호에 문제가 없다고 인정하여 승인하는 경우

③ 주권상장법인이 제5-4조 제2항에 따라 새로이 자기주식 취득에 관한 이사회 결의를 한 때에는 제1항·제2항·제5-6조 제1항의 규정은 각각의 이사회 결의를 기준으로 적용한다.

제5-6조(자기주식취득을 위한 매수주문의 특례) ① 거래소는 시장상황 급변 등으로 투자자 보호와 시장안정을 유지하기 위하여 즉각적인 조치가 필요한 경우 제5-5조 제1항 제2호에 불구하고 1일 매수주문수량을 이사회결의 주식수 이내로 하여 주권상장법인이 자기주식을 취득(이익소각을 위하여 자기주식을 취득하는 경우를 포함한다. 이하 같다)하도록 할 수 있다.

② 거래소는 제1항의 조치를 취하거나 이를 변경할 경우에는 금융위의 승인을 받아야 한다.

제5-7조(위탁의 거부) 자기주식의 취득을 위탁받은 투자중개업자는 해당 주권상장법인이 영 제176조의2 제2항에 위반하여 자기주식의 매수를 위탁하는 것임을 안 경우에는 그 위탁을 거부하여야 한다.

제5-8조(자기주식 취득결과의 보고) ① 법 제165조의3에 따라 주권상장법인이 자기주식의 취득을 완료하거나 이를 취득하고자 하는 기간이 만료된

때에는 그 날부터 5일 이내에 자기주식의 취득에 관한 결과보고서(이하 "취득결과보고서"라 한다)를 금융위에 제출하여야 한다.

② 취득결과보고서에는 다음 각 호의 서류를 첨부하여야 한다.

1. 매매거래의 내역을 증명할 수 있는 서류
2. 취득에 관한 이사회 결의 내용대로 취득하지 않았을 경우에는 그 사유서 및 소명자료

제5-9조(자기주식 처분기간 등) ① 제5-4조 제1항 및 제5-8조의 규정은 자기주식의 처분에 관하여 이를 준용한다. 이 경우 "취득"은 "처분"으로 보며 처분기간은 법 제391조에 따라 이사회 결의 사실이 공시된 날의 다음날부터 3월 이내로 한다. 다만, 주식매수선택권의 행사에 따라 자기주식을 교부하는 경우에는 이를 준용하지 아니하며, 자기주식을 교환대상으로 하는 교환사채 발행을 통하여 처분하는 경우에는 제5-8조를 준용하지 아니한다.

② 주식매수선택권의 행사에 따라 자기주식을 교부하는 경우에는 동일한 주주총회 또는 이사회결의로 부여한 주식매수선택권의 최초 행사에 대하여 자기주식을 교부하는 날의 5일전까지 동 주식매수선택권의 행사기간 중 행사가능한 자기주식수에 대한 주요사항보고서를 제출하여야 하며, 이 경우 주요사항보고서를 제출한 때에 자기주식을 처분한 것으로 본다.

③ 주권상장법인이 자기주식을 교환대상으로 하는 교환사채의 발행을 완료한 때에는 그 날로부터 5일 이내에 자기주식의 처분에 관한 결과보고서(이하 "처분결과보고서"라 한다)를 제출하여야 하며, 동 처분결과보고서에는 처분(교환사채 발행)내역을 증명할 수 있는 서류를 첨부하여야 한다.

④ 주식매수선택권의 행사에 따라 자기주식을 교부하는 경우와 신탁계약의 계약기간이 종료된 경우에는 그 처분결과보고서의 제출을 생략할 수 있다.

⑤ 법 제165조의3에 따라 취득한 자기주식을 처분하고자 하는 주권상장법인이 증권시장을 통하여 자기주식을 처분하기 위하여 매도주문을 할 때에는 다음 각 호의 방법에 따라야 한다.

1. 거래소가 정하는 바에 따라 장개시전에 매도주문을 하는 경우 그 가격은 전일의 종가와 전일종가를 기준으로 2 호가가격단위 낮은 가격의 범위 이내로 하며, 거래소가 정하는 정규시장의 매매거래시간

중에 매도주문(정정매도주문을 포함한다. 이하 같다)을 하는 경우 그 가격은 법 제393조 제1항에 따른 거래소의 증권시장업무규정에서 정하는 가격의 범위 이내로 할 것. 이 경우 매매거래시간 중 매도주문은 거래소가 정하는 정규시장이 종료하기 30분전까지 제출하여야 한다.

2. 1일 매도주문수량은 처분신고주식수의 100분의 10에 해당하는 수량과 처분신고서 제출일 전일을 기산일로 하여 소급한 1개월간의 일평균거래량의 100분의 25에 해당하는 수량 중 많은 수량 이내로 할 것. 다만, 그 많은 수량이 발행주식총수의 100분의 1에 해당하는 수량을 초과하는 경우에는 발행주식총수의 100분의 1에 해당하는 수량 이내로 할 것
3. 매도주문일 전일의 장 종료 후 즉시 제4호의 규정에 의한 위탁 투자중개업자로 하여금 1일 매도주문수량등을 거래소에 신고하도록 할 것
4. 매도주문 위탁 투자중개업자를 1일 1사로 할 것(처분에 관한 이사회결의에 정한 처분기간중에 매도주문을 위탁하는 투자중개업자는 5사를 초과할 수 없다)

⑥ 법 제165조의3에 따라 취득한 자기주식을 거래소가 정하는 시간외대량매매의 방법으로 처분하고자 하는 경우에는 제5항 제1호 및 제2호의 규정은 적용하지 아니한다. 이 경우 매도주문의 호가는 당일(장 개시 전 시간외대량매매의 경우에는 전일을 말한다) 종가를 기준으로 100분의 5 낮은 가격과 100분의 5 높은 가격의 범위 이내로 하여야 한다.

⑦ 법 제165조의3에 따라 자기주식을 취득한 주권상장법인이 법 제78조의 다자간매매체결회사를 통하여 자기주식을 처분하기 위하여 매도주문을 할 때에는 제5항의 방법을 준용한다.

1. <삭제 2013.9.17>
2. <삭제 2013.9.17>
3. <삭제 2013.9.17>
4. <삭제 2013.9.17>

⑧ 자기주식의 처분을 위탁받은 투자중개업자는 해당 주권상장법인이 영 제176조의2의 규정에 위반하여 자기주식의 매도를 위탁하는 것임을 안 경우에는 그 위탁을 거부하여야 한다.

제5-10조(신탁계약에 의한 자기주식의 취득상황보고 및 해지결과의 보고 등) ①

자기주식 취득에 관하여 신탁계약을 체결한 주권상장법인은 해당 계약을 체결한 후 3월이 경과한 때에는 그날부터 5일 이내에 신탁계약에 따라 신탁업자가 취득하여 보유하고 있는 자기주식 상황보고서(이하 "신탁계약에 의한 취득상황보고서"라 한다)를 금융위에 제출하여야 한다.

② 주권상장법인이 자기주식 취득에 관한 신탁계약을 해지하거나 신탁계약이 기간만료로 종료된 때에는 신탁계약이 해지 또는 종료된 날부터 5일 이내에 신탁계약의 해지결과보고서(이하 "신탁계약해지결과보고서"라 한다)를 금융위에 제출하여야 한다.

③ 제1항의 규정에 의한 신탁계약에의한취득상황보고서에는 보고대상 기간 중 해당 신탁계약을 통하여 취득한 자기주식의 취득 결과를 확인할 수 있는 서류를 첨부하여야 하며, 제2항의 규정에 의한 신탁계약해지결과보고서에는 신탁계약 해지사실을 확인할 수 있는 서류를 첨부하여야 한다.

④ 신탁계약에 따라 자기주식을 취득하여 보유하고 있는 주권상장법인은 자기주식 보유상황을 해당연도 각 분기말을 기준으로 사업보고서 및 분·반기보고서에 기재하여야 한다.

제5-11조(자기주식 취득금액한도의 산정기준) ① 주권상장법인이 법 제165조의3에 따라 자기주식을 취득할 수 있는 금액의 한도는 직전 사업연도말 재무제표를 기준으로 「상법」 제462조 제1항에 따른 이익배당을 할 수 있는 한도의 금액에서 제1호부터 제3호까지의 금액을 공제하고 제4호의 금액을 가산한 금액으로 한다.

1. 직전 사업연도말 이후 「상법」 제341조의2, 제343조 제1항 후단, 법 제165조의3에 따라 자기주식을 취득한 경우 그 취득금액(자기주식의 취득이 진행 중인 경우에는 해당 최초취득일부터 취득금액한도 산정시점까지 발생한 자기주식의 취득금액을 포함한다)
2. 신탁계약이 있는 경우 그 계약금액(일부해지가 있는 경우에는 해당 신탁계약의 원금 중에서 해지비율 만큼의 금액을, 직전 사업연도말 현재 해당 신탁계약을 통하여 취득한 자기주식이 있는 경우에는 해당 신탁계약의 원금 중에서 취득한 자기주식에 해당하는 금액을 각각 차감한 금액을 말한다)
3. 직전 사업연도말 이후의 정기주주총회에서 결의된 이익배당금액 및

「상법」 제458조 본문의 규정에 따라 해당 이익배당에 대하여 적립하여야 할 이익준비금(법 제165조의12에 따라 이사회에서 결의된 분기 또는 중간배당금액 및 해당 분기 또는 중간배당에 대하여 적립하여야 할 이익준비금을 포함한다)

4. 직전 사업연도말 이후 「상법」 제342조·법 제165조의3 제4항·제165조의5 제4항에 따라 처분한 자기주식(상법 제343조 제1항 후단에 따라 소각한 주식은 제외한다)이 있는 경우 그 처분주식의 취득원가(이동평균법을 적용하여 산정한 금액으로 한다)

② <삭제 2013.9.17>

③ 신탁계약을 체결하고 있는 주권상장법인으로서 자기주식 취득금액한도를 초과하게 된 경우에는 해당 주권상장법인은 신탁계약을 체결하고 있는 신탁업자에 해당 사실을 지체없이 통보하여야 한다.

제5-12조(주식의 소각을 위한 주식의 취득 방법 등에 대한 준용) <삭제 2013.9.17>

참고문헌

1. 국내 문헌

강위두·임재호, 「상법강의(상)[제3전정판]」, 형설출판사, 2009.

국중권, 「적대적 M&A 방어법제에 관한 연구」, 성균관대학교대학원 법학박사학위논문, 2006.

국회 법제사법위원회(강병훈 전문위원), "상법 일부개정법률안(박용진 의원 대표발의, 제837호) 검토보고", 2016. 11.

________________________________, "상법 일부개정법률안(박영선의원 대표발의, 제106호) 검토보고", 2016. 11.

국회 법제사법위원회(심태규 전문위원), "상법 일부개정법률안(김기준 의원 대표발의) 검토보고", 2015. 6.

국회 법제사법위원회, 「상법 일부개정법률안 검토보고」, 2008. 11.

________________, "상법 일부개정법률안(정부제출) 검토보고", 2007. 11.

권기범, 「현대회사법론[제7판]」, 삼영사, 2017.

_____, 「기업구조조정법[제4판]」, 삼영사, 2011.

_____, "주식소각에 의한 자본감소 소고", 「상법연구의 향기(정희철 교수 정년 20년 기념)」, 2004.

권재열, "개정상법상 주식관련제도의 개선내용과 향후과제", 「선진상사법률연구」 제56호, 2011.

_____, "현행 상법상 주식소각제도의 문제점과 개선방안", 「상사법연구」 제29권 제3호, 2010.

권종호, "2001년 개정상법 및 증권거래법상의 주식소각제도", 「현대상사법 논집(우계 강희갑 박사 화갑기념), 2001.

_____, "[토론요지] 자기주식의 이익소각제도에 대한 몇가지 시사점", 「비교사법」 제8권 제2호, 한국비교사법학회, 2001.

금융감독원, 「기업공시 실무안내」, 2018.

김건식·노혁준·천경훈, 「회사법[제3판]」, 박영사, 2018.

김건식·정순섭, 「자본시장법[제3판]」, 두성사, 2013.

김건식 외 6인, 「21세기 회사법 개정의 논리」, 소화, 2007.

김병연, 「자기주식의 처분 및 활용방안」, 한국상장회사협의회, 2005.

김순석, 「주식 및 자본금 제도」, 전남대학교출판부, 2015.

______, "상법개정안상 자기주식 및 주식소각 제도의 검토", 「일감법학」 제18호, 건국대학교 법학연구소, 2010.

______, "미국의 배당규제와 자기주식 제도", 「비교사법」 제13권 제2호, 2006.

김순석·심영·권종호·최병규·곽관훈, 「주요국 회사법」, 전국경제인연합회, 2009.

김이수, "타인명의, 회사계산에 의한 자기주식 취득의 판단기준에 관한 고찰–대법원 2011.4.28. 선고 2009다23610 판결을 대상으로–", 「상사판례연구」 제25집 제2권, 2012.

김재문, "주식회사의 이익배당에 관한 법적 고찰–이익배당의 기준을 중심으로–", 상사법연구 제14집 제2호, 1995.

김정수, 「자본시장법원론[제2판]」, SFL그룹, 2014.

______, 「자본시장법원론」, SFL그룹, 2011.

______, 「현대증권법원론」, 박영사, 2002.

김정호, 「회사법[제4판]」, 법문사, 2015.

______, "자기주식의 처분과 경영권 방어", 「경영법률」 제24집 제3호, 한국경영법률학회, 2014.

김지환, "삼각합병의 활용과 법적 과제", 「기업법연구」 제25권 제4호, 한국기업법학회, 2011.

김홍기, "2011년 개정상법 및 동법시행령상 회사재무분야의 주요쟁점과 해석 및 운용상의 과제", 「기업법연구」 제26권 제1호, 2012.

김홍식, 「M&A 개론」, 박영사, 2009.

노혁준, "기업구조조정과 자기주식의 쟁점 및 입법적 개선방안", 「법학연구」 제28권 제1호(연세대학교 법학연구원, 2018).

______, "기업재편의 활성화와 그 딜레마 – 회사분할, 주식양수도에 관한 회사법 개정안들을 중심으로 –", 「상사법연구」 제34권 제3호, 한국상사법학회, 2015.

______, "기업재편제도의 재편: 합병, 주식교환 및 삼각합병제도를 중심으로", 「경제법연구」 제13권 제2호, 한국경제법학회, 2014.

______, "자기주식과 기업의 합병, 분할", 「증권법연구」 제9권 제2호, 한국증권법학회, 2008.

______, "상법상 주식교환·주식이전에 관한 소고", 「증권법연구」 제3권 제1호, 2002.

박선희, "자기주식과 기업구조조정", 「BFL」 제87호, 서울대학교 금융법센터, 2018.

박원선·이정한, 「전정 회사법」, 수학사, 1983.

박정구, "상법상 자기주식취득·처분제도에 대한 고찰—자기주식 취득·처분의 불공정성문제를 중심으로—", 「법학연구」 제22권 제1호, 2014.

박 준, "타인명의 자기주식 취득과 "회사의 계산", 「상사법연구」 제37권 제1호, 한국상사법학회, 2018.

법무부, 「상법 회사편 해설」, 2012

변제호 외 4인, 「자본시장법」, 지원출판사, 2009.

서돈각·정완용, 「상법강의(상)[제4전정판]」, 법문사, 1999.

서정갑, 「주석실무 개정상법총람」, 홍문관, 1984.

서헌제, 「사례중심체계 상법강의(상)」, 법문사, 2007.

손주찬, 「상법(상)[제15보정판]」, 박영사, 2004.

송옥렬, 「상법강의[제8판]」, 홍문사, 2018.

______, "자기주식의 경제적 실질과 그에 따른 법률관계", 「법경제학연구」 제11권 제1호, 2014.

______, "2011년 개정 회사법의 해석상 주요쟁점—기업재무 분야를 중심으로—" 「저스티스」 제127호, 2011.

송종준, "M&A 활성화를 위한 개정 「상법」 해설자료", 「선진상사법률연구」 제74호, 2016.

______, "삼각주식교환제도의 법리와 운용상의 쟁점", 「저스티스」 통권 제152호, 한국법학원, 2016.

______, "상장회사의 자기자본질서 변화와 법적 과제" 「상사법연구」 제31권 제2호, 2012.

______, 「적대적 M&A의 법리」, 도서출판 개선, 2008.

______, "자기주식의 처분절차규제 관한 소고", 「법률신문」 제3504호, 2006.

신우진, "경영권 방어를 위한 자기주식의 제3자에 대한 처분의 법적 문제점", 「기업법 연구」 제21권 제1호, 한국기업법학회, 2007

신현탁, "개정상법에 의한 자기주식취득 제도의 변화" 「경영법률」 제23권 제4호, 2013.

안성포, "기업재편과 취득한 자기주식의 처분과 소각 – 수권자본제도의 관점에서–", 「법학연구」 제20집 제4호(인하대학교 법학연구소, 2017).

______, "자기주식취득의 허용에 따른 법적 쟁점", 「상사법연구」 제30권 제2호, 2011.

양동석, "자기주식취득의 제한에 관한 고찰", 「기업법연구」 제9집, 2002.

염춘필, "자본감소절차 및 등기실무에서 발생하는 제문제–사례별 실무내용 소개와 검토의견을 중심으로–", 「법무사저널」, 서울지방법무사협회, 2008.

오성근, "자기주식의 취득·처분 내부자거래의 규제", 「비교사법」 제19권 제3호, 2012.

옥무석, "자기주식의 이익소각제도에 대한 몇가지 시사점", 「비교사법」 제8권 제2호, 한국비교사법학회, 2001.

왕순모, "일본 상법의 최근 개정동향–일본의 '금고주 해금 등에 관한 상법 개정'과 우리 법에의 시사–", 「법조」 제548호, 2002.

윤영신, "삼각합병제도 도입과 활용상의 법률문제", 「상사법연구」 제32권 제2호, 한국상사법학회, 2013.

______, "EU 회사법상 자본제도에 관한 제2지침 개정 동향", BFL 제13호, 2005.

윤은경, "자기주식처분에 대한 규제 – 서울중앙지방법원 2015.7.7. 자 2015카합80597 결정 및 서울고등법원 2015.7.16. 자 2015라20503 결정을 중심으로 –", 「홍익법학」 제16권 제4호, 2015.

윤희웅·감가영, "삼각합병에 대한 법적 검토", 「증권법연구」 제14권 제2호, 한국증권법학회, 2013.

이범찬, 「자기주식취득규제에 관한 연구」, 한국상장회사협의회, 1993.

이범찬·임충희, "자기주식취득의 규제에 관한 몇 가지 문제", 「현대상사법의 제문제(일석박상조교수화갑기념)」, 한올출판사, 1998.

이영철, “2014년 상법개정안의 삼각주식교환제도에 관한 법적 검토”, 「기업법연구」 제29권 제3호, 한국기업법학회, 2015.

이창우·김갑순·정도진·조형득, 「IFRS 회계원리[제4판]」, 도래, 2011.

이철송, 「회사법강의[제26판]」, 박영사, 2018.

______, “2011년 개정 자기주식제도의 입법적 보완방안”, 「선진상사법률연구」 통권 제69호, 2015.

______, 「회사법강의[제22판]」, 박영사, 2014.

______, 「회사법강의[제18판]」, 박영사, 2010.

______, “불공정한 자기주식거래의 효력－주식평등의 원칙과 관련하여”, 「증권법연구」 제7권 제2호, 2006.

임재연, 「회사법Ⅰ, Ⅱ[개정5판]」, 박영사, 2018.

______, 「2018년판 자본시장법」, 박영사, 2018

______, 「회사법Ⅰ[개정판]」, 박영사, 2014.

______, 「증권거래법」, 박영사(전정판), 2008.

임홍근, 「회사법[개정판]」, 법문사, 2001.

전준영, “삼각조직재편과 자회사의 모회사 주식 취득에 따르는 법적 쟁점”, 「금융법연구」 제13권 제3호, 한국금융법학회, 2016.

정동윤, 「상법(상)[제6판]」, 법문사, 2012.

______, 「회사법[제7판]」, 법문사, 2001.

정준우, “2011년 개정상법상 자기주식의 취득·처분과 그 규제”, 「한양법학」 제23권 제2집, 2012.

정찬형, 「상법강의(상)[제21판]」, 박영사, 2018.

정희철, 「상법학(상)」, 박영사, 1989.

조현덕·박병권, “자기주식의 법적 지위”, 「BFL」 제87호, 서울대학교 금융법센터, 2018.

채이식, 「상법강의(상)[개정판]」, 박영사, 1996.

최기원, 「신회사법론[제14대정판]」, 박영사, 2012.

최문희, “자기주식과 경영권에 관한 판례 및 상법 개정안의 검토 － 자기주식의 처분, 활용에 관한 법적 쟁점 －”, 「선진상사법률연구」 통권 제78호, 법무부, 2017.
최승재, “합병법제의 개정과 합병세제의 조화에 관한 관견”, 「선진상사법률연구」 제67호, 법무부, 2014.
최준선, 「회사법[제13판]」, 삼영사, 2018.
______, “개정상법상 자기주식의 취득과 처분”, 「상사법연구」 제31권 제2호, 2012.
______, 「2011 개정상법 회사편 해설」, 한국상장회사협의회, 2011
______, 「회사법강의[제5판]」, 삼영사, 2010.
최준선·김순석, 「회사법 개정방향에 관한 연구」, 한국상장회사협의회, 2004.
한국상사법학회, 「주식회사법대계 I, Ⅲ[제2판]」, 법문사, 2016,
______________, “자기주식의 취득 및 처분”, 「주식회사법대계 I」, 법문사, 2013.
한국증권법학회, 「자본시장법[주석서 I][개정판]」, 2015.
______________, 「자본시장법[주석서 I]」, 박영사, 2009.
황남석, “회사분할과 자기주식”, 「조세법연구」 제21집 제1호, 한국세법학회, 2015.
______, “상법상 배당가능이익에 의한 자기주식취득의 쟁점”, 「상사법연구」 제31권 제3호, 2012.
______, “기업회계기준의 법규성 재고(再考)”, 「상사법연구」 제31권 제1호, 2012.
홍복기, “M&A에 대한 상법상 규제와 몇 가지 문제점 : 합병, 분할, 주식의 포괄적 교환을 중심으로”, 선진상사법률연구 제67호, 법무부, 2014.
황현영, “개정상법상 자기주식 관련 해석상·실무상 쟁점 검토”, 「선진상사법률연구」 제60호, 2012.

2. 일본문헌

江頭憲治郎, 「株式會社法·有限會社法[第4版]」, 有斐閣, 2005.
__________, 「株式會社法[第7版]」, 有斐閣, 2017.
江頭憲治郎 外 編, 「改正會社法セミナー[株式編]」, 有斐閣, 2005.
江頭憲治郎·中村直人, 「論点體系 會社法 5」, 第一法規, 2012.

關西法律特許事務所·成和共同法律事務所 編,「詳解新會社法の理論と實務」, (株)民事法硏究會, 2006.

大隅健一郎·今井宏,「會社法論·中[第3版]」, 有斐閣, 1992.

藤田友敬, "自己株式の法的地位",「商事法への提言－落合誠一先生還暦記念(小塚荘一郎·高橋美加 編)」, 商事法務, 2004.

弥永真生, "ヨーロッパ諸國における「金庫株」法制[上]",「商事法務」第1586号, 2001.

上柳克郎·鴻常夫·竹内昭夫 編,「新版注釋會社法(3) 株式(1)」, 有斐閣, 1986.

________·______·_______ 編,「新版注釋會社法(3)」, 有斐閣, 1986.

相澤 哲·岩崎友彦, "株式會社の計算等",「商事法務」第1746号, 2005.

相澤 哲,「一問一答新會社法」, 商事法務, 2005.

相澤哲·豊田祐子, "株式(株式の併合等·單元株式數·募集株式の發行等·株券·雜則)",「立法擔當者による新·會社法の解說(相澤 哲 編)」, 別冊商事法務 No. 295, 2006.

_____·_______, "株式(株式會社による自己の株式の取得)",「立法擔當者による新·會社法の解說(相澤 哲 編)」, 別冊商事法務 No. 295, 2006.

相澤哲·葉玉匡美·郡谷大輔,「論点解說新·會社法」, 商事法務, 2006.

森本滋, "自己株式の取得規制",「金融法務事情」第1813号, 2007.

_____, "自己株式取得規制の改正－平成13年6月商法改正の評價",「金融法務事情」第1643号, 2002.

森本滋 編,「比較會社法硏究」, 商事法務, 2003.

矢沢惇, "株式の消却一特に償還株式について",「松本先生古稀記念企業法の諸問題」, 有斐閣, 1981.

神田秀樹,「會社法[第11版]」, 弘文堂, 2009,

神田秀樹·武井一浩 編,「新しい株式制度」, 有斐閣, 2002,

新井誠,「信託法[第3版]」, 有斐閣, 2008.

鈴木竹雄·石井照久,「改正株式會社法解說」, 日本評論社, 1950.

鈴木竹雄·竹內昭夫,「會社法[第3版]」, 有斐閣, 1994.

玉井裕子,「合併ハンドブック」, 商事法務, 2010.

龍田節, "会社の計算による自己株式の取得",「法学論叢」第138巻 第4·5·6号,

1996.

_____, 「會社法大要」, 有斐閣, 2007.

牛丸與志夫·黑沼悅朗·近藤光男·田村詩子·正井章筰·行澤一人, "資本準備金による自己株式の取得と消却[中]", 商事法務 No. 1499, 1998.

原田晃治·泰出啓太·君谷大輔, "自己株式の取得規制等の見直しに係る商法改正の解説", 「商事法務」 제1607号, 2001.

伊藤雄司, 「會社法コメンタール 4－株式[2](山下友信 編)」, 商事法務, 2009.

伊藤靖史, 「逐條解說會社法 第2巻 株式·1(酒巻俊雄/龍田 節 編)」, 中央經濟社, 2008.

太田 洋, "「金庫株」の解禁問題に關する論点整理[Ⅰ]－米國の關係規制からの示唆－", 商事法務 No. 1586, 2001.

______, "「金庫株」の解禁問題に關する論点整理[Ⅱ]－米國の關係規制からの示唆－", 商事法務 No. 1587, 2001.

______, "「金庫株」の解禁問題に關する論点整理[Ⅲ]－米國の關係規制からの示唆－", 商事法務 No. 1588, 2001.

______, "「金庫株」の解禁問題に關する論点整理[Ⅳ]－米國の關係規制からの示唆－", 商事法務 第1589号, 2001.

3. 구미문헌

ABA, Model Business Corporation Act Annotated 4th ed., vol. 1, 2008.

Barbara Black, Corporate Dividend and Stock Repurchases, Westlaw DB CORPDIVSR (updated to December 2014).

Richard A. Booth, Financing the Corporation (Supp. 2005, West).

Eugene F. Fama & Kenneth R. French, "Disappearing Dividends: Changing Firm Characteristics or Lower Propensity to Pay?", 60 J. Fin. Econ. 3 (2001).

David Ikenberry et al., "Stock Repurchases in Canada: Performance and Strategic Trading", 55 J. Fin. Econ. 2373, 2000.

Richard O. Kummert, "State Statutory Restrictions on Financial Distributions by Corporations to Shareholders", 59 Wash. L. Rev. 185, 1984.

Saleem Sheikh, A Guide to the Companies Act 2006, Routledge·Cavendish, 2008.

Ok-rial Song, "Hidden Social Costs of Open Market Share Repurchases", 27 J. Corp. L. 425, 2002.

Craig A. Peterson & Norman W. Hawker, "Does Corporate Law Matter? Legal Capital Restrictions on Stock Distribution", 31 Akron L. Rev. 175, 1997.

Rodman Ward, Jr., Edward P. Welch & Andrew J. Turezyn, Folk on the Delaware General Corporation Law 4th. ed., vol. Ⅰ, Aspen, 2005.

찾아보기

ㅊ

• 저자 약력

김순석(金淳錫)

성균관대학교 법과대학 및 동 대학원 졸업
미국 Southern Methodist Law School LL.M.
미국 University of Pennsylvania Law School LL.M.
성균관대학교대학원 법학박사
기획재정부 과징금부과심의위원회 위원
공정거래위원회 규제개혁심의위원회 위원
한국거래소 유가증권시장 상장·공시위원회 위원장
한국거래소 코스닥시장 공시위원회 위원장
대한상사중재원 중재인
사법시험위원, 입법고등고시위원
독일 프랑크푸르트대학교 방문교수
일본 와세다대학교 방문교수
미국 뉴욕주 변호사
한국기업법학회 회장
한국증권법학회 회장
현 전남대학교 법학전문대학원 원장
(사)법학전문대학원협의회 이사장
(사)한국상사법학회 회장

자기주식의 법리

2019년 2월 20일 인쇄
2019년 2월 27일 발행

지은이 | 김순석
펴낸이 | 정병석

펴낸곳 | 전남대학교출판문화원
주소 | 61186 광주광역시 북구 용봉로 77
전화 | (062) 530-0571~3 팩스 | (062) 530-0579
등록 | 1981. 5. 21. 제53호
홈페이지 | http://www.cnup.co.kr
이메일 | cnup0571@hanmail.net

값 18,000 원

ISBN 978-89-6849-620-2 (93360)

이 도서의 국립중앙도서관 출판예정도서목록(CIP)은 e-CIP홈페이지(http://www.nl.go.kr/ecip)와
국가자료공동목록시스템(http://www.nl.go.kr/kolisnet)에서 이용하실 수 있습니다.
(CIP제어번호: CIP2019007179)